학교는
민주주의를
가르치지 않는다

학교는 민주주의를 가르치지 않는다

박민영 지음

우리가 배운 모든 악에 대하여

인물과
사상사

학교 밖은 없다

중학교 때 며칠 가출을 해본 적이 있다. 정확히 말하면 '가출家出'이 아니라 '교출校出'이었다. 학교에 가기 싫은데 집에 있으면 학교에 안 갈 수 없으니, 집에도 안 들어갔던 것이다. 당시 휴학 중이던 친구 집에서 지낸 것으로 기억한다. 막상 학교를 안 가니 좋았다. 걸핏하면 잔소리하고 매질하는 선생들 안 보니 좋았고, 재미도 없는 수업을 듣느라 지루하게 책상에 앉아 있지 않아도 되니 좋았다. 햇볕은 또 얼마나 좋던지, 학교 밖이 눈부시게 밝았다.

그런데 막상 학교 바깥으로 나와 보니, 그 풍경이 말할 수 없이 쓸쓸하고 적막했다. 갈 데도, 만날 친구도, 놀 것도, 할 수 있는 것도, 아무것도 없었다. 하릴없이 길거리를 배회하는 것, 그것이 다였다. 지나가는 어른들은 '학생인 것 같은데, 왜 이 시간에 학교 안 가고 여기 있지?' 하는 눈빛으로 쳐다보았다. 그때 확실히 깨달았다. '학교 밖은 없다'는 것이다. 청소년에게 학교 밖은 없다. 학교는 청소년들에게 세계의 전부다.

내가 이런 이야기를 하는 것은, 우리가 학교에 대해 객관적으로 인식하기가 얼마나 어려운지를 이야기하기 위해서다. 우리는 대부분 성장기에 학교를 떠나본 적이 없다. 학교는 지극히 당연한 성장 환경이었다. 학교가 제공하는 세계관, 사고방식, 생활구조에 잘 적응한 결과로 우리는 성인이 되었다. 그리고 성인이 되어서는 후세대에게 다시 학교에 잘 적응하라고 권한다. 학교를 객관적으로 보기 위해서는 학교 밖에서 거리를 두고 바라보아야 한다. 그런데 우리는 그런 적이 없으므로 학교를 객관적으로 인식하기가 매우 어렵다.

나는 학창시절 곧잘 말썽을 피웠는데, 그럴 때마다 선생들은 "이유 없는 반항이냐?"라고 다그쳤다. 세상에 이유 없는 반항이 어디 있겠는가. 그러나 이 말을 들을 때마다 머릿속이 하얘졌다. 무슨 할 말이 많은 것 같은데, 막상 하려 하면 마땅한 말을 찾을 수 없었다. 지금 생각하면 내가 아무 말도 못 한 것이 당연하다. 이 질문에 답하려면 거대 담론이 필요하기 때문이다. 이 책은 "이유 없는 반항이냐?"라는 질문에 내가 나름으로 찾은 답을 정리한 것이다. 그러기까지 30년이 걸린 셈이다.

『학교는 민주주의를 가르치지 않는다』는 한마디로 '학교 폭력'에 대한 책이다. 아니, 정확하게 말하자면 '폭력 학교'에 대한 책이다. 흔히 학교에서 발생하는 폭력 사건을 '학교 폭력'이라 하지만, 학교 자체가 폭력기구라는 점에서 나는 '폭력 학교'라는 말을 쓴다. 폭력은 학교에서 발생하는 일탈적 사건이 아니라, 학교의 본질을 구성하는 요소다. 온갖 폭력과 인권침해가 난무하는 학교는 민주적 사회에 남아 있는 비민주적 영역이 아니다. 오히려 우리가 민주적이라고 믿고 있는 사회의 원형이 비민주적인 학교에서 나왔다고 본다.

학교는 단순한 교육기구가 아니다. 계급 재생산 기구이자 기득권층 지배의 정당성을 합리화하는 기구다. 또한 어릴 때부터 지배적 질서와 규범을 숙지시키고 체화시키는 역할을 한다. 학교가 없다고 생각해보라. 대중은 왜 기득권 세력의 지배를 받아들여야 하는지 알 수 없고, 지배적 질서 역시 붕괴될 것이다. 학교에서 공정한 룰rule에 따라 성적 경쟁에서 승리한 사람들이 지배층이 된다는 신화를 믿는 한 지배 질서 역시 안전하다. '공정한 경쟁→승리→기득권층 편입'의 신화 속에서 학교는 지배 권력을 합리화한다. 그 과정에서 폭력과 억압은 학생들을 효과적으로 길들이는 기능을 한다.

학교의 본질은 예나 지금이나 변한 것이 없다. 이 책에는 내가 학교 다녔을 때 있었던 일부터 최근의 사건까지 다양한 사례가 등장하지만, 옛날 일이라고 해서 담론의 유효기간이 지난 것은 아니다. 극단적으로 보이는 사례도 많이 등장한다. 그것을 두고 '왜 일반적이지 않은 사건을 주로 언급하면서 이야기하는가?'라고 반문할지도 모르겠다. 그러나 그것은 학교의 본질을 더 '적나라하게' 드러내는 예로 언급되었을 뿐이다.

이 책에는 교사와 학부모를 부정적으로 묘사한 대목이 적지 않다. '세상에는 좋은 교사와 학부모도 많다는 것을 알고 있다'고 부연하면 그에 대한 미안함을 면피할 수 있을 것이다. 하지만 그러지 않겠다. 세상에 좋은 아이와 나쁜 아이가 따로 있는 것이 아니듯이, 좋은 교사·학부모와 나쁜 교사·학부모가 분리되어 있는 것이 아니기 때문이다. 똑같은 사람이라도 어떤 조건에서는 착하게 행동하고 다른 조건에서는 악하게 행동한다는 것을 잘 알고 있다. 사회적 조건이 올바르면 어리석은 자도 화禍를 면한다. 중요한 것은 사회적 조건이다.

크게 보면 교사와 학부모 역시 학교 시스템의 피해자다. 국가권력은 학생들을 볼모로 교사·학부모의 의식과 생활을 식민화한다. 교사와 학부모들은 자신들이 (자유인으로서) 학생(자녀)을 '공부시킨다'고 생각하지만, 국가권력의 입장에서 보면 학생과 더불어 의식과 생활을 식민화하기 용이한 대상일 뿐이다. 교사와 학부모들은 어릴 적 학교를 다니면서 의식과 생활이 식민화되었고, 그 후 교사와 학부모가 되어 다시 한번 의식과 생활을 지배당한다. 학교를 다니며 성장한 사람이 결혼을 해서 아이를 낳아 학부모가 되는 과정을 생각하면, 두 차례 국가에서 의식과 생활을 관리당하는 셈이다. 이것도 말이 쉬워 두 차례지, 자신이 유치원부터 대학 졸업 때까지 교육받는 근 20년, 그리고 자녀 교육 시키느라 보내는 근 20년을 합쳐, 40년 가까운 기간을 학교에 발목 잡혀 사는 꼴이다.

이 책은 월간 『인물과사상』에 연재했던 원고를 고쳐서 엮은 것이다. 귀한 지면을 할애해준 출판사와 나이가 들수록 까탈스러운 나를 상대하느라 마음고생한 편집부 직원들에게 감사의 말을 전한다.

2017년 7월
박민영

제2부 학교 폭력이 아니라 폭력 학교다

제1장 사학 비리가 청소년에게 미치는 영향 ①

제2장 사학 비리가 청소년에게 미치는 영향 ②

제3장 특수학교, 학교인가 수용시설인가?

제1부

최후의 식민지에 갇힌 청소년

1

교복을 입는다는 것

교복은 구속복이다

'나무위키'에는 '구속복'에 대한 설명이 이렇게 실려 있다.

1770년 프랑스에서 첫선을 보였다. 원래는 자해를 습관적으로 일삼는 사람들에 대한 '치료용'으로 개발되었으나, 구속 능력이 매우 뛰어나 환자들 '통제용'으로 널리 쓰이게 되었다. 주로 가죽이나 염화비닐수지 같은 유연성이 있으면서도 튼튼한 재질로 만들어진다. 보통은 프리사이즈로 만들어진다.……착용 중엔 팔의 행동이 '봉인'되므로 활동을 보조해줄 사람이 반드시 필요하다.……사람을 제압하는 것이라서 'BDSM(구속과 순종, 지배와 굴복, 사디즘과 마조히즘을 뜻하는 약어) 플레이'에도 사용된다. (일부 문맥 정리)

나는 이것을 교복에 대한 설명으로 읽어도 무방하다고 본다. 정부와 학교는 청소년들의 일탈 방지, 교육, 선도를 명분으로 청소년들에게 교복을 입힌다. 청소년들을 비정상적인 교육환경에 몰아넣고, 그로 인해 각종 일탈 행위가 발생하면 그것을 빌미로 통제를 강화한다. 교복은 구속복과 마찬가지로 통제장치 중 하나다. 교복은 구속복과 달리 튼튼한 재질로 만들어지지는 않는다. 외견상으로는 다른 옷과 별다를 바 없다. 그러나 자기 마음대로 입고 벗을 수 있는 옷이 아니라는 점에서 '튼튼하다'. 통제장치로서 교복은 구속복보다 더하면 더했지, 못하지 않다. 구속복은 신체만 통제하지만, 교복은 신체와 정신을 둘 다 통제한다.

구속복이 프리사이즈로 만들어져 몸집이나 체형에 상관없이 입힌다는 것도 교복에 대한 은유로 읽힌다. 사실 교복은 프리사이즈는 아니다. 몸의 크기에 맞게 입을 수 있는 치수가 있다. 그러나 각기 다른 외모, 성격, 기질, 관심, 취향을 모두 동일한 색깔, 모양, 크기로 감싼다는 점에서 교복은 '프리사이즈'다. 나무위키의 구속복 설명에는 착용 중엔 "행동이 '봉인'되므로 활동을 보조해줄 사람이 반드시 필요하다"고 쓰여 있다. 이것도 교복에 대한 비유로 읽을 수 있다.

구속복을 입은 사람은 그것을 입기 전에는 자신의 신체를 자기 마음대로 쓸 수 있는 '자유인'이었을 것이다. 그에게 활동을 보조해줄 사람이 필요하게 된 것은 오로지 구속복 때문이다. 교복이 하는 역할도 비슷하다. 교복을 입지 않았을 때, 청소년의 언행과 생각은 자유롭다. 그러나 교복을 입으면 언행이 부자연스러워진다. 감시와 통제, 훈육의 대상이 되기 때문이다. 교복을 입은 청소년은 학교로 상징되는 권력체계가 하라는 대로 생각하고, 말하고, 행동해야 한다. 청소년은 자신이 가진 고유한 에너지를 잃어버린다. 어찌 보면 청소년을 무기력하게 만드는 것은 교복으로 상징되는 교육 시스템인 셈이다. 그런데도 학교는 그 청소년들의 무기력 극복을 자신이 도와야 한다고 말하고 있는 것이다.

지금의 교육체제는 다분히 사디즘적이다. 아이들에게 무한한 고통과 절망을 안겨준다. 교육관료와 권력자들은 고통스러워하는 아이들을 보며 사랑과 동정의 눈물을 흘리는 척하면서, 속으로는 쾌감에 몸을 떠는 변태성욕자 같다고나 할까? 교육과정을 말없이 따르는 학생들에게서는 자신의 지배 의도가 성실히 관철되는 데서 오는 쾌감을 느낀다. 교육과정을 미처 쫓아오지 못하는 학생들이나 그에 저항하는 학생들에게는 모진 학대를 가한다. 그리고 아이들의 몸과 마음을 파괴하는 데서 오는 쾌감을 즐기는 것 같다.

교복은 포르노에도 자주 등장한다. 왜 그럴까? 피지배자의 의복이기 때문이다. 주요한 변태적 성행위 중 하나는 성적 자극에 지배욕을 결합하는 것이다. 타인을 완전히 지배하고, 타인의 의지를 무력화하며, 타인을 마음대로 농락하는 데서 오는 쾌감. 그것이 성적 자극과 결합하면 쾌감은 극대화될 수 있다. 교복은 성적으로는 성숙하지만 사회적으로는 미성숙한 자, 독립적이고 주체적인 존재로 인정되지 않는 자, 정치경제적으로 아무런 권리가 주어지지 않는 자, 성인成人의 명령에 늘 따라야 하는 의무만 주어진 자의 의복이다. 교복이 구속과 순종, 지배와 굴복, 사디즘과 마조히즘의 구도를 보여주는 변태적 포르노에 자주 등장하는 것은 우연이 아니다.

청소년을 보호관찰 대상으로 만든다

지금도 기억난다. 중학교 첫 등교일이었다. 나는 영화 〈친구〉에 나오는 까까머리에 일본식 검은 교복을 입고 학교에 갔다. 당시에는 남녀공학이 드물었다. 교실은 국민학생(초등학교) 티를 벗지 못한 장난꾸러기들의 잡담과 장난으로 소란스러웠다. 첫 수업 시작종이 울렸다. 그러나 웬일인지 선생님은 들어오지 않았다. 대신 덩치 큰 학생들이 난입했다. 그들은 팔에 완장을 두르고, 손에는 몽둥이를 들고 있었다. "다들 똑바로 앉아! 내 말 안 들려. 이런 XXX들이. 야! 너이리 나와!"

다짜고짜 욕이었다. 행동이 굼뜬 아이들이 매타작을 당했다. 그들은 선도부였다. 나중에 안 사실이지만, 선도부는 학교 유도부를 중심으로 구성되어 있었다. 불과 1, 2년 선배들이었지만 힘과 덩치가 웬만한 어른 못지않았다. 1학년 때 맞추어 입었을 교복은 폭발적인 발육성장에 단추가 터질 듯했다. 모습은 위압적이고, 기괴해보였다. 갑작스러운 공포 분위기에 교실이 쥐 죽은 듯 조용해지자, 선도부들은 복장 검사를 하기 시작했다. 후크 하나를 안 잠갔다고, 배지가 틀어졌다고, 소매를 접어 올렸다고 몇 명이 불려나가 매타작을 당했다.

등교 첫날 첫 시간부터 교실은 욕설과 폭력으로 얼룩졌다. 그제야 나는 국민학교(초등학교) 때와는 또 다른, 야만의 세계에 들어와 있음을 직감했다. 지금 생각해보면, 복장 지도는 단지 명분에 불과했다. 복장 지도가 목적이었다면, 신입생이 잘 몰라 그런 것이니 올바른 복장에 대해 설명해주고 바로잡아주면 될 일이었다. 그것은 일종의 신고식이자, 기강 잡기였다. 아마 학기 초반에 신입생들을 바짝 잡아놓지 않으면 안 된다는 학교의 방침하에 선도부가 난입한 것이 아닌가 싶다. 그렇지 않고서야 수업 시작을 알리는 종소리가 울렸는데도 선도부가 마음대로 교실에 들어와 아이들을 팰 수 없었을 것이다.

일반적으로 훈계와 처벌은 어떤 '행위' 때문에 이루어진다. 그러나 복장 단속에는 행위가 필요하지 않다. 별다른 행위가 없어도 훈계와 처벌이 가능하다. 복장 단속은 행위가 아니라 '상태'를 문제 삼는다. 그런 점에서 복장 검사가 학생들에게 가하는 심리적 압박은 크다. 등교할 때나 조회하러 운동장에 나갈 때, 교사들이 통로에 서서 누구는 두발, 누구는 신발 하는 식으로 정해놓고 검사를 하면, 학생들은 잘못한 것이 없는데도 괜히 죄인처럼 위축된다. 이러한 심리적 위축감은 사회 같으면 공포정치 상황에서나 생길 법한 것이다. 그러나 학교에서는 일상이다.

'걸리기 싫으면 규정대로 따르면 되는 것 아니냐'라고 생각할 수도 있다. 그 규정이라는 것을 학교 당국자들이 만들고 일방적으로 따르라고 강요하는 것도 문제지만, 더 큰 문제는 그 규정을 따르는 것도 쉬운 일은 아니라는 것이다. 배경내의 『인권은 교문 앞에서 멈춘다』에는 한 학생의 이런 증언이 나온다.

커피색 스타킹을 신거나 안 신으면 흰색 커버양말을 신어야 되고요. 겨울에는 검정색 학생용 스타킹만 신어야 돼요. 검정색 스타킹이나 양말을 신었을 때만 검정색 운동화가 되고요, 나머지는 다 흰색 운동화를 신어야 돼요. 구두도 되는데요, 검정색 하고 갈색만 되고, 굽이 3cm 이내여야 돼요.……요즘은 구두가 다 굽이 높게 나오니까 교칙에 맞는 구두를 사기가 힘들어요. 또 똑같이 양말은 두 번 접어서 복숭아뼈까지 와야 된다는 건 너무 심해요. 너무 올라와도 안 되고 너무 내려가도 안 되고, 딱 정해 주니까 그런 게 싫어요. (인문고1, 여)[1]

심지어 여학생들에게 '머리를 묶을 수 있는지 없는지, 묶을 때에는 어떤 방식으로 묶어야 하는지'까지 정해주는 경우도 있다. 학생들은 외우기도 힘든 너무 많은 규정 속에서 생활해야 한다. 언제, 어떤 상황에서 외모와 관련해 꼬투리를 잡힐지 몰라 불안해하며 살아야 한다. 통제와 간섭은 학교 안에서만 이루어지지 않는다. 가정에서는 부모에게, 바깥에서는 학원 선생, 경찰, 방범대원, 청소년 지도사, 일반 어른들에게 "학생이 옷차림이 그게 뭐야", "머리가 그게 뭐냐" 하는 식의 간섭을 언제라도 받을 수 있다. 교복은 아무런 죄를 짓지 않은 학생을 사회 전체로부터 '보호관찰(감시)'당하는 대상으로 만든다.

효과적인 통제 수단

사람을 통제하는 데 효과적인 방법 중 하나는 제복을 입히는 것이다. 교복도 마찬가지다. 구체적으로 어떤 점이 통제효과를 내는지

---

1   배경내, 『인권은 교문 앞에서 멈춘다』(우리교육, 2000), 83쪽.

보자.

첫째, 교복을 입히면 다른 사람들과 금방 구별이 된다. 교복은 일종의 '아파르트헤이트Apartheid(분리, 격리)' 기능을 한다. 둘째, 똑같은 옷을 입히면 외양이 조금만 남과 달라도 금방 눈에 띈다. 이를테면 머리 염색을 한다거나, 치마가 짧다거나 하는 위반사항을 적발하기에 좋다. 셋째, 교복은 학교에 대한 소속감을 높인다. 정확하게 말하면 단일한 정체성이 강요된다. 교복은 각자의 개성을 사라지게 만든다. 드러나는 것은 '어느 학교 학생'이라는 집단적 정체성뿐이다. 넷째, 교복을 행동 통제의 매개로 삼을 수 있다. 학교를 다녔던 사람들은 모두 기억할 것이다. 예를 들어 교문에서 "너, 복장이 이게 뭐야" 하고 복장 단속에 걸린 학생은 그것으로 끝나는 것이 아니라, "너 담배도 피지? 가방 열어봐"라면서 소지품 검사도 당하는 풍경. 복장 불량, 담배 발견 등을 이유로 두드려 팬 후, "가봐" 하는 말을 들었을 때, 삐딱하게 인사하고 들어가면 "너, 이 자식, 인사하는 태도가 그게 뭐야, 이리 와" 하고 불러서 또 맞는다. 교복 단속이 교사에 의한 학교 폭력의 방아쇠 역할을 한다. 다섯째, 교복을 입으면 자기 검열이 심화한다. 사복을 입었을 때에는 신경 쓰지 않았던 것도 교복을 입으면 '이렇게 행동해도 될까?', '내가 이런 상태로 있어도 될까?' 하면서 자신을 자꾸 검열하게 된다.

14세기까지 유럽에서는 노예가 도망가면 '절도죄'가 성립되었다. '자신의 몸을 훔쳐갔다'는 것이 이유였다. 학생들의 처지도 다르지 않다. 학생들은 마음대로 교복에서 자신의 몸을 빼낼 수 없다. 학교는 교복을 매개로 신체와 신체의 움직임을 규격화, 표준화, 획일화한다. 개인의 주체적인 의지와 상관없이 교복을 입히고 복장과 두발 단속을 하는 것은, 그 자체로 신체에 대한 자기결정권 침해이자 인권침해다. 교복, 학교 배지, 명찰 색깔은 어느 학교 다니는 몇 학년의 누구인지 다 알려준다. 불특정 다수에게 자신의 신상정보를 다 까발리는 셈이다. 이런 복장을 강요하는 것은 그 자체로 프라이버시 침해다.

흔히 "학생은 학생답게 옷차림이 단정한 것이 좋고, 그것이 공부하는 데에도 좋다"고 주장한다. 그러나 학생들은 오히려 너무 많은 규제에 신경 쓰느라 공부에 방해받고 있다. 교복을 입히는 것은 공부에 도움이 되어서가 아니라 학교의 권위와 관료주의에 순종하도록 만들기 위해서다. 지배적인 사회구조를 유지하고 강화하는 데 가장 중요한 것은 사회적 권위와 관료주의에 순종적인 인간을 양성하는 것이다. 그 최전선에 학교가 있다.

영국의 록그룹 핑크 플로이드Pink Floyd의 '어너더 브릭 인 더 월Another Brick in the Wall'이라는 노래가 있다. 뮤직비디오에는 교복을 입고 공장(학교) 복도에 일렬로 발맞추어 걸어 들어가는 학생들이 등장한다. 곧이어 일정한 공정(교육)을 거친 학생들이 컨베이어 벨트로 운반된다. 그런데 학생들의 얼굴에는 눈, 코, 입이 없다. 자기 얼굴도, 표정도 없는 비인간적 존재로 변한 것이다. 컨베이어 벨트로 운반된 얼굴 없는 존재들은 차례로 반죽기로 떨어진다. 반죽기에서는 소시지가 만들어져 나온다. 학생들은 권력자들의 의도대로 반죽되어, 본래의 형태를 찾아볼 수 없는 생산물이 된다. 이 뮤직비디오는 학교의 기능을 명시적으로 보여준다.

교복은 개성적인 생각과 발상을 용납하지 않는다. 학생들은 매일 아침 똑같은 옷을 입고 학교에 간다. 학생들은 똑같은 정신을 가진 사람으로 새로 태어나기 위해 교과서를 외운다. 김용택 시인은 「학교가 감옥인가」라는 글에서 한 아이가 이런 노래를 부르는 것을 들었다고 썼다. "학생이라는 죄로, 학교라는 교도소에서, 교실이라는 감옥에 갇혀, 출석부라는 죄수 명단에 올라, 교복이라는 죄수복을 입고, 공부라는 벌을 받고, 졸업이라는 석방을 기다린다." 이것이 현실이 아니라고 누가 말할 수 있을 것인가. 학교는 감옥이다. 그것도 일정한 연령대가 되었다는 이유만으로 모조리 잡아 가두는 이상한 감옥, 보편적인 국민 감옥이다.

'변형 교복'의 진짜 주범

요즘에는 멋을 위해 타이트하게 교복을 줄여 입는 학생들이 많다. 부모들은 당연히 이에 반대한다. 반대하는 이유는 많다. 활동이 불편하고 건강에 안 좋을 것 같다, 저러다 날라리로 선생님에게 찍히거나, 나쁜 일에 연루되거나, 성적이 떨어지는 것 아닌가 등등. 그러나 학생들은 아랑곳하지 않는다. 인터넷 교복 중고거래 사이트를 보면 "하의 실종, H라인 25cm 똥치 삽니다", "짧치에 주름까지 넣어 예쁘게 수선한 회색 교복치마 팔아요" 하는 식의 글이 넘쳐난다. '짧치'는 짧은 치마, '똥치'는 엉덩이가 보일 정도로 더 짧은 치마, '빡치'는 몸에 딱 달라붙는 치마(빡바지에서 유래)를 일컫는다.

어느 시대에나 멋을 부리려는 학생들은 있었다. 그러나 그 수는 많지 않았다. 지금은 어떤가. 대부분의 학생이 외모에 신경을 쓴다. 소위 '날라리'가 아니더라도, 외모에 신경 쓰지 않는 학생은 거의 없다. 학교 일선에서는 여학생들의 짧은 치마 때문에 남자교사들이 천장을 바라보며 수업한다는 말이 나올 정도다. 강원도교육청의 경우, 앞에서 여학생의 다리가 보이지 않도록 아예 책상 아래에 가림판을 설치했다. 외모에 대한 학생들의 감수성은 예전과는 비교가 안 될 정도로 예민해졌다.

교복 줄여 입는 문제로 자녀와 실랑이해본 부모들은 '얘가 왜 이러는지 모르겠다'며 자녀를 나무란다. 그러나 외모에 대한 감수성을 예민하게 만든 것도, '변형 교복'을 대대적으로 유행시킨 것도 '대기업'이라는 사실을 알아야 한다. 본래 교복시장은 중소기업들이 주도하던 시장이었다. 그런데 1990년대 교복시장에 본격 진출한 제일모직, 에스케이 등 대기업들이 기존 업체들과의 차별화를 위해 몸매를 강조하는 교복을 생산하기 시작했다. '교복이 패션'이 된 것도 이때부터였다. 그것은 색깔과 모양만 비슷한 '변형 교복'이었다. 대기업 교복 광고에 등장한 연예인들이 보여준 '핏감'은 기존 업체의 교복과는 확연히 달라보였다. 이에 학생들이 열광한 것은 당연했다.

대기업 교복업체들은 하이틴 스타들을 기용해 광고를 했고, 그 외에 청소년이 등장하는 각종 TV 드라마와 영화, 뮤직비디오에도 적극 협찬했다. 거기에 등장하는 교복들은 실제 파는 교복보다 육체적 매력이 돋보이도록 '따로 제작'된 것들이었다. 이를 쫓아 교복을 변형하는 학생들도 다수 생겨났다. 엔터테인먼트 산업의 주된 타깃인 청소년들이 브랜드 교복업체의 엄청난 물량의 광고와 마케팅에 영향을 받지 않는다면, 그것이 오히려 이상한 일이다.

대기업의 광고와 마케팅은 청소년에게만 영향을 줄까? 아니다. 부모나 교사도 이에 영향을 받는다. 특히 TV의 영향력이 엄청나다. 학생들이 교복을 고쳐 입는 것에 대해 경기를 일으키던 부모나 교사라도 TV에 멋진 교복을 입은 스타들이 등장하는 광고, 드라마, 뮤직비디오, 오락 프로그램이 넘쳐나면, 부지불식간에 그것을 불가항력의 흐름으로 인정하게 된다. 그렇다고 해서 학교의 복장 지도가 사라지지는 않지만, 그 훈계와 처벌 기준은 훨씬 완화된다. 내 기억에 교복 문화에 결정적인 변화를 불러일으킨 것은 2009년 방영되어 큰 인기를 끌었던 학원 드라마 〈꽃보다 남자〉였다.

우리나라 교복은 이 드라마 이전과 이후로 나뉜다고 해도 과언이 아니다. 일제 강점기를 연상시키는 검정 교복이 사라진 이후 최고의 변화였다. '귀족 명문 사립학교'를 배경으로 한 이 드라마에 등장한 교복은 그야말로 패셔너블했다. 비싼 정장 같은 남학생 교복과 귀엽고 섹시한 여학생 교복은 학생들의 허영심을 잔뜩 자극했다. 이후, 교복시장은 급속하게 고급화되고 세련되어졌다. 특히 여학생 교복의 변화가 컸다. 여학생의 교복 상의는 더 타이트하게 올라붙고, 치마 길이는 더 짧아졌다. 스타일리시한 교복에 어울리는 가방, 신발, 화장법, 헤어스타일, 액세서리 시장도 폭발했다.

결국 교복 변형을 촉발하고 멋진 교복에 대한 학생들의 집착을 만들어낸 것은 대기업과 방송사였다. 학생들이 교복을 몸에 딱 붙게 입는 것은 교복업체로서는 환영할 만한 일이다. 청소년은 한창 자랄 때인 까닭에, 딱 붙게 입으면 금방 옷이 작아져 졸업할 때까지 여러

벌의 교복을 사야 하기 때문이다. 교복을 줄여 입는 학생들이 많아지는 것도 좋다. 줄여 입다가 학교에서 '불량 복장'으로 단속되어 그것을 빼앗기게 되면 교복을 다시 사야 한다. 학교가 단속을 하면, 교복업체는 매출이 오르는 구조다.

요즘 학생들에게 가고 싶은 학교 1순위는 '교복이 멋진 학교'다. 학생들은 유명 디자이너가 디자인한, 세련된 교복을 입히는 학교를 선호한다. 학교도 이를 잘 알고 있다. 그래서 저마다 유명한 디자이너에게 디자인을 의뢰하고, 더 멋진 교복을 채택하기 위해 서로 경쟁한다. 이 과정에서 교복이 섹시해진다. 특히 여학생의 교복이 섹시해진다. 교복이 멋진 학교는 일반적으로 여학생의 치마 길이도 짧다. 그런 학교는 짧은 치마를 공식적으로 권하는 꼴이 된다. 짧은 치마가 싫은 여학생도 입어야 한다. 학생에게 교복을 안 입을 자유가 없기 때문이다.

이것은 학교가 여학생들의 성적 대상화에 매우 보수적으로 반응한다는 것이 사실이 아님을 말해준다. 교복이 성적 기호가 되는 것을 학교가 원한다고 할 수는 없지만, 그보다 중요한 것은 학교의 이익이다. 학생들이 가고 싶어 하는 학교가 될 수 있다면, 교복이 성적 기호가 되는 일 따위는 그리 중요한 일이 아니다. 섹시한 교복이 학교의 이익에 도움이 된다면 학교는 이를 얼마든지 조장 혹은 방조할 수 있다. 물론 그런 학교에서도 '더욱 섹시하게 교복을 고쳐 입은' 학생들을 훈계하고 처벌할 수 있다. 그러나 원래 섹시하게 디자인된 교복을 입은 학생과 그것을 더욱 섹시하게 고쳐 입은 학생 간의 차이가 뭐 그리 크겠는가. 이런 학교에서도 복장 단속은 이루어진다.

그러나 그것은 교복이 성적 기호가 되는 것을 막고자 하는 것보다는 학생에 대한 통제력을 유지하려는 목적이 크다.

교복이 학교 이미지에 미치는 영향은 크다. 학생들 눈에는 교복이 멋지면, 학교도 근사해 보인다. 학생들의 학교에 대한 자부심은 교육의 질에 따른 것이어야 한다. 그러나 획일적인 입시교육 속에서 그런 자부심은 생겨나기 어렵다. 이에 학교들은 교복이 주는 번지르르한 이미지에 기대어 학생의 자부심을 높이려 한다.

평등이 아니라 차별의 수단

두발·복장에 대한 자유가 허용되었던 때가 있었다. 1983년 전두환 정권의 '두발복장 자율화 조치'가 그것이다. 그러나 그것도 잠시. 이 조치는 1986년 학교장의 재량에 따라 교복 착용 여부를 결정할 수 있게 한 이른바 '복장자율화 보완조치'로 유명무실화되었다. 교장들이 대부분 보수적인 상황에서 '자율'은 사실상 교복 부활을 의미했다. 복장자율화 보완조치, 즉 교복을 부활시킨 명분 중 하나는 '교복이 빈부 격차에 따른 위화감을 줄여준다'는 것이었다. 서민들이 적극 지지한 부분이기도 했다. 그러나 그것도 교복값이 별로 비싸지 않았을 때에만 맞는 말이었다. 1990년 중반 대기업의 교복 시장 진출로 교복값이 폭등하면서 그 효과도 끝났다. 지금은 브랜드 교복값이 70만 원에 육박, 웬만한 어른 정장보다 비싸다. 교복은 오히려 빈부 격차를 확인시켜주는 수단이 되었다.

교복이 이렇게 비싼 이유는 무엇보다 '안 살 수 없기 때문'이다.

학교가 교복을 입히기로 결정하고, 아이들이 학교에 볼모로 잡혀 있는 한, 부모는 무조건 교복을 사야 한다. 가격 대비 품질이 만족스럽지 않아도 그렇다. 시간적 여유도 없다. 입학하면 바로 사줘야 한다. 이런 물건을 업체들이 싸게 팔 이유가 없다. 게다가 기왕 사주는 거 '내 자식 학교에서 기죽지 않게' 좋은 것으로 사줘야 한다. 이러한 생각을 기업이나 장사꾼들이 더욱 부추긴다. 장사꾼들은 이렇게 말한다. "요즘은 이 정도는 사줘야 친구들한테 기 안 죽습니다."

교복시장은 2013년 기준 3,500억~4,000억 원대 규모다. 아이비클럽 · 엘리트 · 스마트 · 스쿨룩스 4개사가 이 시장의 75~80퍼센트를 차지하고 있다. 명실공히 독과점 상태다. 당연히 여러 업체가 경쟁할 때보다 가격 담합 가능성이 훨씬 높아진다. 실제로 매년 교복 가격은 가파르게 오르고 있고, 그때마다 업체 간 담합 혐의에 대한 기사들이 흘러나온다. 오른 교복값은 고스란히 학부모의 몫이다. 애초 교복은 의류비 부담을 줄이고, 빈부 격차 해소를 위해 도입된 것이었다. 그러나 지금의 교복은 학부모가 기업의 '봉鳳'임을 확인시켜 줄 뿐이다.

학생들이 교복에 많은 신경을 쓰는 것은 단지 '멋'이나 '유행' 때문이 아니다. 거기에는 좀 더 중요한 이유가 있다. 그것은 '또래집단에서 소외되는 것에 대한 공포' 때문이다. 또래 내 소외를 불러일으키는 명분은 참으로 다양한데, 교복도 그중 하나다. 만약 졸업할 때까지 입을 요량으로 넉넉한 교복을 입었다가는 그 자체로 우리 집의 가난을 광고하고 다니는 꼴이 된다. 교복을 줄여 입는 것도 그렇다. 남들 다 줄여 입는데 자기만 안 줄이면 '찐따(찌질이+왕따)'가 된다.

소외되지 않으려면 외모가 깔끔해야 할 뿐 아니라, 유행에 민감해야 한다.

교복을 입으면 '동일성의 비동일성'을 강조할 수밖에 없다. 언뜻 보기에는 같지만, 자세히 보면 다른 맵시가 드러나야 한다. 그것이 개인의 자존심, 서열, 소속 그룹에 영향을 미친다. 브랜드 교복은 이러한 현실을 영악하게 파고든다. 브랜드 교복은 바지의 금속장식, 주머니 덮개, 외투 안감의 색상, 소매의 마감처리, 라벨의 위치 등이 싸구려 교복과 다르다. 그것을 본 학생들은 어떤 교복이 브랜드인지 아닌지, 어느 브랜드인지, 얼마짜리 교복인지를 안다. 브랜드 교복은 여러 장식과 디테일에 변화를 줘 올해 나온 신제품인지 아닌지도 구별되게 해놓았다.

지금의 교복은 결코 평등의 수단이 아니다. 학생과 교사들은 교복만 봐도 '있는 집 아이'인지, '없는 집 아이'인지를 안다. 이로 인해 중소기업의 교복을 입은 학생, 교복을 물려 입은 학생은 학기 초부터 자존심에 상처를 입은 채로 학교를 다닌다. 학생들은 중·고교 시절부터 작은 차이에 예민하게 반응하고, 그것을 '차별의 명분으로 삼는 것'에 익숙해져 있다. 요즘 대학생들이 자신보다 수능점수가 낮은 지방대생이나 분교생을 차별하는 것은 물론, 동문이라도 수시충, 편입충, 지균충(지역균형선발전형 입학), 기균충(기회균등선발전형 입학)으로 미세하게 분류해 차별하는 것도 우연이 아니다. 그것은 이미 중·고교 시절부터 학습한 결과다.

교복을 벗지 못하는 성인들

교복을 비롯한 모든 제복은 권력에 의해 '입혀진다'. 소방관이나 경찰 같은 사람들도 그렇다. 그런 측면에서 보면 교복과 비슷해 보인다. 소방관이나 경찰도 학생과 마찬가지로 국가의 통제를 받고, 그 제복이 자유를 제한한다. 제복을 입고 있을 때에는 학생과 마찬가지로 함부로 행동하기 힘들다는 점에서 그렇다. 그렇다고 해서 교복이 소방관이나 경찰 제복과 같은 기능을 하는 것은 아니다. 소방관이나 경찰은 제복을 입음으로써 공무를 수행하는 자로서의 권력을 행사한다. 즉 소방관이나 경찰의 제복은 국가권력의 명령을 받는 신분임을 의미하는 동시에 일반 시민에 대해 일정한 공권력을 행사할 수 있는 신분임을 의미한다. 그러나 교복을 입은 학생에게는 아무런 권력과 권한이 없다. 모든 권력과 권한을 거의 완전히 박탈당한 존재라는 점에서 오히려 수의囚衣 입은 죄수와 비슷하다. 오로지 통제받기 위한 제복을 입는 집단은 죄수와 청소년밖에 없다.

제복은 배제와 차별을 유발한다. 배제와 차별은 제복을 입은 사람과 입지 않은 사람 사이에 적용되기도 하지만, 제복을 입은 집단 내부에 적용되기도 한다. 제복을 입은 집단은 대개 철저한 상하 서열 관계로 이루어져 있다. 우리 사회에는 엄격한 선후배 문화가 있는데, 그것도 교복이 가진 차별의 원리에 익숙해진 결과다. 교복을 입으면 누가 교사이고 학생인지, 누가 선배이고 후배인지 금방 알 수 있다. 그에 따라 같은 또래인 1년 선후배 사이에도 엄격한 위계질서가 생겨난다. 학교는 학생을 민주적 시민으로 양성한다고 말한다. 그러나 위계를 강조하는 교복 문화 속에서 평등하고 민주적인 관계는 형성되기 힘들다.

몇 년 전 중·고교 졸업식에서의 '알몸 뒤풀이'가 사회적 이슈가 되었다. 당시 언론의 집중포화를 맞고 경찰의 엄한 단속으로 지금은 사라졌지만, 이 문화(알몸 뒤풀이)가 의미하는 것은 두 가지다. 하나는 지긋지긋한 학교로부터 해방된 것을 축하한다는 의미. 그래서 교복을 찢는 퍼포먼스를 벌인다. 사실 교복을 찢거나 계란과 밀가루를 던져 엉망으로 만드는 것은 예전에도 흔히 있는 퍼포먼스였다. 알몸을 만들 정도로 과격하지는 않았지만. 그러나 알몸이 되는 것 못지 않게 주목해야 할 퍼포먼스가 있다. (팬티만 입은 채로) 괴성을 지르며 거리를 질주하는 등의 객기를 부리는 뒤풀이 퍼포먼스다.

이러한 소위 '알몸 뒤풀이'는 주로 선배들이 주도했다. 피해학생들은 '문자메시지로 뒤풀이에 참석하라는 연락을 받았다. 참석하지 않으면 선배들에게 혼날 것이 두려웠다'고 경찰에 진술했다.[2] 알몸 뒤풀이가 보여주는 엄격한 선후배 문화, 이것이 또 하나의 의미다. '알몸 뒤풀이'에는 학교 교육에 대한 반감과 학교가 심어준 엄격한 선후배 문화가 절묘하게 결합되어 있다. 추측컨대 '알몸 뒤풀이'에 연루된 학생들은 학교에 대한 반감이 심한 학생들일 것이다. 우리는 그런 학생들조차 학교가 부여한 선후배 간 위계질서를 고스란히 따르는 아이러니에 주목해야 한다.

우리 사회는 유행에 민감하다. 이를 두고 혹자는 '변화를 두려워하지 않고 시대적 변화에 적극적으로 응대하는 우리 한국인의 기질

---

2   이경환, 「중학교 졸업식 알몸 뒤풀이 "선배 강요 때문"」, 『쿠키뉴스』, 2010년 2월 15일.

을 보여준다'는 식으로, 긍정적으로 평가하기도 한다. 그러나 내막을 들여다보면, 우리가 특별히 섬세한 문화적 감수성을 갖고 있어서가 아니라, 획일적인 문화에 익숙해서 그렇다는 것을 알 수 있다. 사람들은 유행을 따르지 않으면 집단으로부터 소외되지 않을까, 어떤 불이익이 있지 않을까 막연히 두려워한다. 획일적인 문화에 복종하는 것, 그것을 따르지 않았을 때의 두려움은 중·고교 시절 학습된 것이다. 유행을 따르는 것은 사회가 강요하는 또 다른 유니폼을 입는 것이다. 이에 대해 박노자는 이렇게 쓴 적이 있다.

> 가끔 귀국하여 서울에서 지하철을 탈 때 필자는 적지 않은 이질감을 느낀다. 왜 그리도 양복 정장 입은 사람들이 많은지……양복의 본고장인 구미에서는 본인의 의사에 따라 평상복을 입거나 넥타이는 안 매는 곳 등 복장 규칙이 훨씬 덜 엄격하다.……하지만 우리나라에서는 양복 정장이 마치 샐러리맨의 제복처럼 되어 있고 수염 없는 '단정한' 외모가 정상적인 남성의 필수조건인 양 인식되어……나아가 옷을 '제멋대로' 입거나 외모가 '단정'하지 못한 사람을 자기도 모르게 '괴짜' '튀는 놈' '뭔가 못 믿을 자' '군기 빠진 이'로 여기게 되는 것이다.[3]

이렇게 단조로운 복장문화는 민주주의 사회에서는 보기 드문 현상이다. 남성 직장인들의 단조로운 복장문화와 유행을 따르는 것에 대한 강박이 공존하는 것을 어떻게 봐야 할까? 두 현상은 정반대처

---

3   박노자, 「제복을 강권하는 사회」, 『한겨레』, 2005년 2월 14일.

럼 보인다. 그러나 그 뿌리는 같다. 획일성과 수동성이다. 그 중심에는 중·고교 시절의 교복 문화가 있다. 시민들의 태도는 마치 형무소 자물쇠를 벗기고 '이제 자유로운 몸이니까 가고 싶은 곳으로 가라'고 말했는데도, 감옥에 남기로 결정한 죄수 같다. 교복 문화는 졸업한다고 사라지는 것이 아니다. 교복 문화는 우리 사회의 획일성과 보수성의 근간이 되고 있다.

2

청소년들은 왜 욕을 입에 달고 살까?

'패드립'을 아시나요?

'패드립'이라고 들어보았는가. 패드립은 '패륜'과 '애드리브'의 합성어로 부모나 어른을 욕설 및 성적 비하의 소재로 삼는 것을 말한다. 예를 들면 이렇다.

"우리 할매미(할머니) 명절만 되면 그냥 가만히 누워서 멍때리고 있다가 그냥 처자 XXX. 예전에는 침대에서 안자고 바닥에서 재웠더니 일어나지 못하고 누워서 오줌지려 XXX."

"느금마(너희 엄마) 전봇대에 머리 박아서 과다 출혈로 사망."

"부모XX라고 나에게 해주는 것이 뭐가 있냐."

"공부하라고 머리 때리는 에미X, 내가 죽여버리고 만다."

"니 할매미(할머니)가 몸 팔아서 번 돈으로 니 매미(엄마) 키우고 니 매미(엄마)가 몸 팔아서 번 돈으로 니년이 자랐구나!"

십대들의 이런 패드립은 소셜네트워크서비스(SNS)나 인터넷 게시판, 게임 사이트에서 어렵지 않게 찾아볼 수 있다. 패드립을 하는 데 별로 윤리적 문제의식도 느끼지 않는다. 십대들은 인터넷 패드립 카페나 카카오톡에서 누가 더 패드립을 잘하는지 서로 배틀을 벌이기도 한다. 새로우면서도 가장 자극적이고 지독한 패드립을 던진 사람은 '패드립 종결자'로 인정받는다. 십대들은 패드립을 하는 이유를 '재미있기' 때문이라고 말한다.

십대들은 부모에게 욕만 하지 않는다. 슬프게도 폭력을 함께 휘두르는 경우가 늘고 있다. 아이들은 컴퓨터 게임을 그만하란다고, 밥 먹으라고 너무 귀찮게 한다고, 도대체 말귀를 못 알아듣는다고, "공부, 공부" 하는 것이 지겹고 끔찍해서 부모에게 '씨XX' 'X나' 같은 욕설을 퍼붓는다. 어떤 요구를 거절당하면 "죽여버리겠다"고 덤비고, 침을 뱉거나 주먹으로 얼굴을 쳐서 멍들게 한다. 책이나 CD를 집어던지는 것은 예사다.[1]

교사도 제자에게 폭행을 당한다. 2014년에도 여교사 폭행 사건이 있었다. 광주의 한 중학교에서 있었던 일이다. A교사는 수업을 진행하기 전 책을 가져왔는지를 거수를 통해 확인했다. 책을 가져오지 않은 학생에게 "뒤로 나가 서 있으라"고 시켰고, B학생은 책을 가져오지 않아 교실 뒤에 서 있게 되었다. 그러나 B학생은 이 상황에서 휴대전화를 사용했고, 이를 본 A교사가 사용을 제지하면서 꾸짖는 과정에서 이 학생으로부터 주먹으로 한두 차례 폭행을 당한 것으로

---

1   박선이, 「엄마 때리는 아이…멍드는 가정 는다」, 『조선일보』, 2006년 11월 23일.

알려졌다. A교사는 임신 6개월이었다.[2]

청소년들이 가장 욕을 많이 하는 대상은 뭐니 뭐니 해도 또래 친구들이다. 2011년 방송된 EBS 다큐멘터리 〈욕해도 될까요?〉는 이런 실태를 잘 보여주었다. 제작진은 등교 이후 점심시간까지 중고생 각 2명씩 4명의 윗옷 호주머니에 소형 녹음기를 넣어 다니게 했다. 학생들에게는 '신체 활동량을 조사하는 기구'라고 했다. 4시간 동안 주고받은 말을 녹음한 결과, 학생 1명이 내뱉은 욕설은 평균 194.3회였다. 1시간에 49번, 75초에 한 번씩 욕을 내뱉은 셈이다. 반드시 악의가 있어야 욕을 하는 것이 아니다. 그냥 일상적인 대화에서도 욕을 섞어서 말한다. 청소년들은 욕을 섞지 않으면 대화가 어색하고 불편하다고 말하는 지경이다.

청소년의 게토화와 욕

모름지기 억압과 불만이 있는 곳에 욕이 있다. 청소년의 욕을 양산하는 가장 큰 주범은 입시 스트레스다. 입시제도는 예전부터 있었는데, 그것이 왜 새삼 문제가 되느냐고 반문할 수도 있겠다. 그러나 요즘 청소년들이 겪는 입시 스트레스의 강도는 기성세대가 겪었던 것과는 비교가 안 되게 높다. 아이들은 아침 7시부터 밤 12시, 심하면 새벽 2~3시까지 공부를 한다. 0교시, 정규수업, 야간자율학습,

---

2 온라인이슈 팀, 「수업 도중 여교사 폭행, 임신 6개월 선생님에 주먹질 "무서운 중학생"」, 『아시아경제』, 2014년 8월 6일.

학원, 과외, 학교 숙제, 학원 숙제로 이어지는 일정은 그야말로 숨이 턱턱 막힐 지경이다. 가혹한 훈육체계에서 아이들이 일상적으로 경험하는 억압과 차별, 고통과 불안은 종종 견딜 수 있는 임계점을 뛰어넘는다.

아이들의 욕이 학교생활과 입시 스트레스와 관련이 있다는 것은 분명하다. KBS 한국어진흥원과 국립국어원이 2011년 9월 전국 14~19세 청소년 1,518명을 대상으로 실시한 설문조사 결과, 욕설을 처음 사용한 시기에 대해 73퍼센트가 '초등학교 때부터'라고 답했다.[3] 멀쩡했던 아이들이 학교에 입학하면서 욕을 하기 시작하는 것이다. 욕을 하는 시기도 점점 빨라지고 있는데, 이는 입시경쟁체제에 편입되는 연령이 낮아지는 추세와 관련이 있다.

아이들의 욕은 기본적으로 비인간적이고 폭압적인 입시교육 시스템을 향한 비명이다. 자발성과 삶에 대한 자기결정권을 완전히 박탈당한 아이들의 비명, 산 채로 죽어가는 아이들의 비명이다. 청소년들에게 교사는 스승이 아니라 간수다. 공무원으로서 청소년의 통제를 주로 담당하는 간수. 부모도 마찬가지다. 이승욱·신희경·김은산이 『대한민국 부모』에서 쓴 것처럼 "대한민국 가정의 가장 큰 목표는 '화목'도 아니고 '건강'도 아니고 '일류대 입학'이다." 가정은 기숙사이고, 부모는 일류대 입학을 위해 자식을 감시하고 채찍질하는 사감이다. 아이들의 욕이 스승과 부모에게 하는 것이라면 패륜이 맞다. 그러나 간수와 사감에게 한 것이라 생각하면 어떤가? 이해가

3   서동철, 「욕하는 청소년 73% "초등때부터 욕설"」, 『서울경제』, 2011년 11월 30일.

될 것이다.

여기에 청소년의 열악한 사회적 위치가 욕을 양산한다. 일반적으로 사회적 스트레스는 위에서 아래로 전가된다. 부와 권력과 지위가 있는 사람에게서 없는 사람에게로, 어른에게서 어린 사람에게로 전가된다. 청소년에게는 아무런 부와 권력, 지위가 없다. 게다가 나이도 어리다. 같은 미성년자라도 유아나 어린이는 보호 대상으로 취급한다. 그러나 청소년은 다르다. 청소년은 가장 만만한 사회적 스트레스 전가 대상이다. 청소년은 사회적 스트레스가 가장 집중되는 지점에 서 있다고 해도 과언이 아니다.

하위집단의 특성 중에 대표적인 것이 욕이다. '욕을 많이 쓰는 하위집단' 하면 무엇이 떠오르는가? 감옥의 수감자나 조직폭력배 정도가 떠오를 것이다. 청소년들은 이들보다 욕을 더하면 했지, 덜하지 않는다. 그것은 무엇을 말하는가? 어떤 면에서 청소년은 이들보다도 하위집단일 수 있음을 보여주는 것이다. '청소년'이라는 존재영역은 '게토ghetto(빈민가)'나 다름없다. 게토가 그렇듯, 청소년들은 사회에서 생성되는 사회적 스트레스를 온몸으로 받아 안아야 한다. 그 부당한 폭력과 대우에 대한 반작용으로 욕이 튀어나온다.

교사에게 욕을 배우는 아이들

내가 고2 때의 일이다. 우리 반에 평소 까불기 좋아하는 친구가 있었다. 하루는 담임이 그 친구를 나무랐다. 무슨 일 때문이었는지는 기억이 나지 않는다. 기억나지 않는 것으로 보아 큰일은 아니었을 것이다. 그런데 그 친구의 태도가 좀 삐딱했다. 그것을 본 담임이 평소와 달리 버럭 화를 냈다. "너, 내가 하는 말이 우습게 들리지? 이리 나와." 그러더니 뺨을 몇 대 때렸다. "돌아가." 돌아가는 그 친구의 눈빛과 걸음걸이가 다소 껄렁했다. 그것을 본 담임은 "야! 다시 나와. 이 XX가 오늘 나 열 받게 하네. 너 지금 나한테 개기냐?"라면서 시계를 풀어 교탁 위에 놓고는 갑자기 주먹과 발로 무차별 구타하기 시작했다. 교실 맨 앞에서 맨 뒤까지 몰아가며 때렸다.

집이 부유하지도 않았고, 공부도 잘하지 못했지만, 늘 밝은 친구였다. 그 친구는 잠시 후 학교를 빠져나갔다. 그것으로 끝이었다. 그 친구는 다시는 학교로 돌아오지 않았다. 결국 무단 장기결석으로 퇴학 처리되었다. 지금 생각해도 담임이 왜 그렇게 심하게 욕을 하고 때렸는지 알 수 없다. 아마 그날 담임에게 뭔가 스트레스 받는 일이 있지 않았을까 짐작할 뿐이다. 그랬다면 그 친구는 화풀이 대상에 불과한 것이 된다. 단지 화풀이를 당했다고 보기에는 후과後果가 너무 컸다. 그 친구는 그 일로 '중졸'이 되었을 것이기 때문이다.

교사의 욕설이나 폭언은 내 시절만의 일이 아니다. 지금도 그렇다. 아이들은 교사를 통해 욕과 폭언을 많이 배운다. 교사가 하는 폭언들을 분류해보면 이렇다. 첫째, 통상적인 욕. "미친년" "싸가지 없는 놈" "대갈빡에 피도 안 마른 새끼가" 등. 둘째, 자기 비하를 유발하는 폭언. "돌대가리" "멍청한 자식" "병신" "쓰레기 같은 것들" 등. 성적이 반 평균을 깎아먹는다고 친구들 앞에서 "나는 기생충이다"를 복창하게 하는 경우도 있다. 셋째, 비아냥거림. "니 꿈이 가당키나 한 줄 아냐" "넌 도대체 할 줄 아는 게 뭐냐?" "일찌감치 포기해.

다른 애들한테 피해 주지 말고" 등. 넷째, 협박. "나한테 걸리면 죽어" "맞기 전에 알아서 기어" "쫑알대지 말고 입 닥쳐" 등. 다섯째, 낙인. "넌 뭘 해도 안 되는 놈이야" "너는 구제불능이야" 등. 여섯째, 모욕. "네 부모가 그렇게 가르치디?" "애비 없이 큰 자식이 그러면 그렇지" 등. 심지어 "니 에미가 어떤 여자인지 보고 싶다"고 하는 경우도 있다.

이런 폭언은 비열하다. 교사는 아이들의 발전을 꾀해야 하는 사람이다. 그런 교사가 오히려 아이들의 약점을 파고들어, 무자비하게 마음에 상처를 낸다는 점에서 비열하다. "네 부모가 그렇게 가르치디?" 같은 말은 아이를 가르치는 교사로서 '책임 회피'이자 '책임 전가'다. 폭언은 주로 돈 없고 빽 없는 서민이나 하층민의 자식들에게 집중된다. 부와 권력을 갖고 있는 집의 아이를 함부로 대하는 교사는 없다. 설사 그런 집의 자식이 말썽을 피우고 공부를 못한다 하자. 그러면 어떻게 하는가? 대개는 욕설이나 체벌 대신 "네 어머니, 아버지를 봐서라도 네가 이러면 안 되지"라고 점잖게 타이른다. 명백한 계급차별이다.

교사의 폭언이나 체벌은 서민이나 하층민 아이의 열정, 의지, 기대를 꺾는다. 그 아이들은 입시경쟁에서 일찌감치 도태된다. 중산층과 상류층 아이들은 그로 인해 입시경쟁에서 더 수월하게 승리하게 된다. 교사들 중에는 아이들의 성적을 올리기 위해 일부러 모욕감을 준다고 말하는 경우도 있다. 그것은 거짓말이거나 심각한 착오다. 폭언과 체벌에 시달리는 아이들 중 공부를 더욱 열심히 하게 되는 경우는 거의 없기 때문이다. 그런 아이들은 대개 자존감이 낮아지고, 부정적인 자아상을 갖게 된다. 학교와 교사에 대한 적대감이 생기고, 공부는 더욱 하기 싫어진다. 그런 아이는 결국 공부를 안 하게 된다. 그것이 서민 출신 아이들이 공부를 못하는 가장 큰 이유다.

그렇게 "니 꿈이 가당키나 한 줄 아냐", "너는 구제불능이야" 같은 폭언은 '자기충족적 예언self-fulfilling prophecy'이 된다. 예언의 영향으로 인해, 발생하지 않을 수도 있었던 일이 예언대로 실현된다는 말이다. 폭언이나 체벌은 학교의 '계급 재생산 기능'에 충실히 부응한다. 교사 개인이 이를 인식하고 있든 그렇지 않든 상관없이 그렇다. 혹자는 이런 폭언과 체벌이 자극제가 되어 성적이 오른 학생들이 있다고 반문할지 모르겠다. 설사 일부 학생의 성적이 오른다 하자. 그런다 해도 문제는 남는다. 아이들의 존엄성과 인격을 짓밟고, 아이들의 발전 가능성을 무시한 대가로 올린 성적이 무슨 교육적 가치가 있을까? 그것은 지적 성장과 상관없다. 잔소리와 체벌이 싫어서 공부를 '해드린' 결과일 뿐이다. 그렇게 공부를 억지로 '해드린' 아이들이 나중에 어떤 인성과 가치관, 에너지를 갖고 살게 될지 고민해봐야 한다.

우리는 '학교 폭력' 하면 일진이나 문제아들을 떠올린다. 그러나 학교에서 가장 많은 폭언과 폭력을 행사하는 사람은 교사다. 우리는 지금도 '교사' 하면 옛날 서당 훈장 같은 이미지를 떠올린다. 그러나 옛날 스승이 어디 욕을 내뱉는단 말인가. 이렇게 야비하고 천박한 언어를 쓰는 스승은 없다. 이것은 스승의 언어가 아니라 죄수를 다루는 간수의 언어다. 아이들은 교사에게서 욕과 폭력만 배우는 것이 아니라, 비열한 삶의 태도도 함께 배운다. 지금의 상태로는 학교 자체가 '폭력기구'다. 사회는 십대들이 이 폭력기구로부터 벗어날 수 없게 정밀하게 구조화되어 있다. 그것이 십대들의 욕을 양산하는 근본적인 이유다.

전교 1등은 왜 엄마를 죽였나

2011년, 고등학교 3학년인 아들이 집에서 엄마를 살해한 후 8개월 동안 시체를 방치한 사건이 있었다. 고등학생에 의한 존속살해라는 점도 놀라웠지만, 더욱 화제가 된 것은 범인인 지모 군의 성적이었다. 지 군은 초등학교 6학년 때 이미 토익 900점을 넘었고, 중학교 때는 전교 1등이었으며, 고2 때는 텝스(TEPS)에서 가장 높은 1+등급(900점 이상)을 받을 정도로 성적이 우수했다. 이런 학생이 왜 존속살해범이 되었을까?

이웃의 증언에 의하면 평소 엄마가 툭하면 애를 잡는 게 말도 못 했다고 한다. "집 밖에서 담배 피우고 있으면 그 집 엄마가 소리치는 게 다 들렸다"는 것이다. 이런 점은 검찰 조사에서도 확인되었다. 지 군은 검찰 조사에서 "욕설 섞인 어머니의 잔소리를 30분 동안 들으면 살기가 싫어졌다"고 말했다. 어머니 박 씨의 친구는 "한번은 지 군이 학교 끝나고 친구들하고 농구를 했는데, (이 사실을 모른) 박 씨가 아들이 평소에 오는 시간보다 늦는다며 학교에 전화하고 울고불고했다"고 말하기도 했다. 지 군에 대한 박 씨의 집착이 심했음을 알 수 있다.

박 씨는 지 군이 어렸을 때부터 체벌을 했다. 공부도 감시하기 좋게 자기 방이 아닌 거실에서 하게 했다. 중학생 때부터는 매일 새벽 1~2시까지 공부해야 했다. 그러다 지 군이 중2였을 때, 아버지는 박 씨와의 불화로 집을 나가 다른 여자와 동거에 들어갔다. 그러자 지 군에 대한 박 씨의 집착은 더욱 심해졌다. 박 씨는 지 군에게 "내게는 너밖에 없다", "네가 가장으로서 책임감을 가져야 한다", "네가 좋은 학교에 들어가야 날 버린 친가 쪽 사람들을 굽실대게 할 수 있다"고 말했다. 그리고는 "서울대 법대를 가라", "전국 1등을 해야 한다"고 압박했다.

박 씨는 성적이 떨어지거나 공부를 하지 않으면 지 군을 굶겼고 야구방망이나 홍두깨로 체벌을 했다. 학년이 올라갈수록 매의 강도와 빈도는 높아졌다. 지 군의 반항도 없지는 않았다. 가위로 자신의 손목을 긋기도 했고, 체벌에 못 이겨 홍두깨로 어머니를 때린 적도 있다. 그 일로 박 씨는 머리를 꿰매고, 팔꿈치에 철심을 박는 수술을 받았다. 그러나 폭언과 체벌은 여전했다. 고2가 되자, 한 달에 안 맞고 지나가는 날이 2~3일 정도밖에 안 되었다. 지 군의 성적은 조금씩 떨어졌다. 수능 모의고사 기준 전국 1만~3만등으로 여전히 상위권이었지만, 서울대에 갈 수준은 되지 못했다.

그러자 지 군은 성적표를 위조하기 시작했다. 전국 석차 백분위 90.58퍼센트를 99.58퍼센트로 고치는 식이었다. 사건이 일어난 다음 날은 '학부모 방문의 날'이라 어머니가 학교에 오기로 되어 있었다. 지 군의 두려움은 최고조에 달했다. 교사와 상담을 하다 성적표 위조한 사실을 알면 '엄마가 자신을 때려죽일 것'이라고 생각했다. 여기에 박 씨의 혹독한 학대가 겹쳤다.

사건 발생 3일 전, 박 씨는 "정신력을 길러야 한다. 밥의 소중함을 알아야 한다"며 지 군을 굶겼다. 사건 발생 2일 전에도 공부하다 존다고 밤새 때렸다. 사건 전날도 마찬가지였다. 밤 11시부터 사건 당일 아침 8시까지 10시간을 잠도 안 재우고 때리고, 폭언하고, 때리기를 반복했다. 지 군은 다섯 차례에 걸쳐 골프채로 엉덩이를 200대가량 맞았다.

밤새 지 군을 괴롭히던 박 씨는 낮잠을 잤다. 이 틈을 타 지 군은 부엌에서 흉기를 가져와 박 씨의 왼쪽 눈을 찔렀다. 박 씨가 저항하자 다시 목을 졸랐다. 이때 박 씨는 "이 XX야, 이러면 너 정상적으로 못 살아"라고 말했다. 이에 지 군은 "엄마는 몰라, 엄마는 내일이면 나를 죽일 거야"라고 하면서 다시 목을 찔렀다. 박 씨는 그 자리에서 숨졌다.

지 군의 범행은 아버지에 의해 확인되었다. 이혼 소송 중이던 박 씨의 행방이 묘연하자, 이를 수상하게 여긴 아버지가 119소방대에 연락해 문을 열고 들어가 사체를 발견한 것이다. 이때 지 군이 방에서 나와 아버지를 보자마자 한 말은 이랬다. "아빠, 무슨 일이 있어도 나 안 버릴 거지?"

물론 이 사례는 극단적인 경우에 속한다. 그러나 정도의 차이가 있을망정 부모가 자녀의 일거수일투족을 간섭하고, 정신을 검열하며 폭언과 폭력을 휘두르는 일은 흔하다. 박 씨는 죽기 전까지 "정상" 운운했다. 그 "정상"이란 무엇일까? 서울대에 가서, 돈 많이 벌고, 남 보기 좋게 떵떵거리며 사는 것이었을 것이다. 그것은 모든 부모가 바라는 것이기도 하다. 박 씨의 욕망에 지 군의 존엄과 영혼은 무참히 망가졌다. 그리고 '엄마를 죽이지 않으면 엄마가 나를 죽일 것'이라는 공포 속에서 엄마를 죽였다. 그것은 '내가 엄마 안에서 사라져버릴 것'이라는 두려움, '엄마가 나를 삼켜버릴 것'이라는 실존적 두려움이었다.

부모에게 욕을 배우는 아이들

교사의 언어폭력보다 아이들에게 더 큰 영향을 미치는 것이 부모의 언어폭력이다. 아이들은 전적으로 부모에 의지해야만 살아갈 수 있다. 그런 구조에서 부모가 아이에게 미치는 영향력은 결정적이다. 아이들은 부모의 절대적인 통제와 관리 아래서 생활하고 있으며, 그것은 사회적으로 당연한 것으로 받아들여진다. 이런 상황에서 부모가 폭언과 폭력을 일삼을 경우, 아이도 그런 사고방식과 문제 해결 방식을 스펀지같이 빨아들여 내면화한다. 그것은 청소년기만의 문제가 아니다. 성인이 되어서 닮기 싫었던 부모의 언행을 따라하는 자신을 발견하고 흠칫 놀라는 때가 얼마나 많은가.

교사가 쓰는 욕은 대부분 부모도 쓴다. 교사나 부모나 똑같이 감독관 노릇을 하니 폭언의 내용도 비슷할 수밖에 없다. 다른 것이 있다면 "네 부모가 그렇게 가르치디?" 같은 말이 "지 애비/에미 닮아가지고"로 변환되는 정도랄까. 여기에 부모만이 할 수 있는 폭언이 추가된다. "어쩌다 너 같은 게 나한테 태어나서", "그렇게 너 멋대로 할 거면 쳐 나가라", "이제 엄마라고 부르지도 마." 그것을 '애정의 철회'라고 부른다. 이런 말은 부모에 의존해서 살아야 하는 아이에게 엄청난 공포를 불러일으킨다.

부모는 아이와 함께 생활한다. 그래서 마음만 먹으면 교사보다 훨씬 많은 욕과 잔소리를 할 수 있다. 공부, 친구 관계, 심지어 먹는 것과 입는 것까지 모두 폭언의 소재가 될 수 있다. 부모들 중에는 '자식에게는 마음대로 욕해도 된다', '자식에게 하는 욕은 욕이 아니'라고 생각하는 사람들이 의외로 많다. 아이가 "내가 엄마 소유물이야? 욕 좀 하지 마" 하면 "그럼 네가 내 자식이지, 남의 자식이냐?"라고 말하는 경우도 있다. 자식을 애지중지하는 것과 폭언과 폭력을 퍼붓는 것은 정반대처럼 보인다. 그러나 자식을 애지중지하는 것과 폭력은 얼마든지 공존할 수 있다. 자식을 애지중지할수록 폭력이 심해지는 경우도 흔하다.

부모가 자식을 애지중지하다가도 어느 순간 돌변해 폭언을 퍼붓는다면, 그것은 자식을 소유물로 생각하기 때문이다. 자식을 애지중지하는 것도 내 소유물이기 때문에 그러는 것이고, 폭언과 폭행을 하는 것도 내 소유물이므로 마음대로 해도 된다고 생각하기 때문이다. 정반대로 보이는 두 현상이 실은 하나의 심리적 소인素因에서 비롯된 것이다.

부모에게 의존해서 살도록 구조화된 사회에서 청소년은 언제라도 부모의 온갖 굴절된 욕망, 불안, 분노, 결핍감, 열등감, 강박, 변덕, 스트레스의 희생양이 될 수 있다. 혹은 자기 삶의 주체가 아니라 부모의 욕구불만을 채워줄 대리인으로 살 것을 강요받을 수 있다.

부모가 아이에게 욕과 폭력을 행사하는 심인心因은 다양하다. 그러나 부모가 주장하는 알리바이는 놀라울 정도로 천편일률적이다. "다

너 좋으라고, 너 잘되라고 그런다"는 것이다. 교사는 학생들을 위해 '자신이 희생한다'고 생각하지 않는다. 그러나 자식을 위해 자신을 희생하고 있다고 생각하는 부모들은 우리 주변에 넘쳐난다. 그런 피해의식은 자녀에 대한 폭언과 폭력을 더욱 부추기는 경향이 있다. '내가 너를 위해 얼마나 희생하고 있는데' 이런 욕이나 매질쯤은 얼마든지 할 수 있다고 생각한다. 어떤 엄마들은 자식이 힘으로 제압되지 않으면, 남편을 동원해 아이를 잡기도 한다.

십대들의 패드립에 유독 엄마 욕이 많은 데에는 이유가 있다. 자녀 양육과 교육을 엄마가 맡고 있는 경우가 많기 때문이다. 당연히 아이와 마찰을 빚는 대상도 주로 엄마가 된다. 『솔로계급의 경제학』을 펴낸 우석훈은 언론과의 인터뷰에서 이런 말을 했다. "책 쓰면서 많은 사람들을 인터뷰했는데 예상하지 못한 현상을 발견했어요. 30대보다 20대, 그리고 이들보다 10대들에게서 더 강하고 보편적인 여성 혐오증이 발견됐어요."[4] 실제로 십대들 사이에서 여성 혐오가 전반적으로 증가하고 있다. 십대들의 여성 혐오가 이렇게 높은 데에는 엄마에 대한 증오도 한몫을 하는 것으로 보인다.

엄마는 자신을 입시경쟁에서 아이가 성공할 수 있도록 도와주는 '파트너'로 여긴다. 그러나 아이들이 느끼는 엄마는 '간수'다. 입시경쟁이 심화함에 따라 엄마에게 요구되는 관리감독자 역할은 더욱 커지고 있다. 엄마들은 그 요구에 맞추어 아이들을 가혹하게 대하

---

4   정원식, 「"낮은 가사분담률과 여성 혐오…현재 20세 청년 절반은 결혼하기 어려울 것"」, 『경향신문』, 2014년 10월 4일.

는 경우가 많다. 교사라는 간수는 매년 사람이 바뀌지만, 엄마라는 간수는 변함없이 그대로다. 누구에 대한 반감이 더 많이 축적되겠는가? 당연히 엄마다. 학년이 올라갈수록 엄마에 대한 감정은 애착에서 애증으로, 애증에서 증오로 변해갈 수 있다. 입시제도가 멀쩡하던 엄마와 자식 사이를 이간질하는 것이다.

3

청소년의 일그러진 생존법, 쿨

세월호 학생들의 이상한 반응

장면 1. 김동협 군의 휴대전화 동영상.

"내가 왜에 수학여행을 와서! (친구들의 웃음소리) 나는 꿈이 있는데! 나는 살고 싶은데!……아, 씨! 나 어떡해요. 왓 캔 아이 두.……마지막으로 내 라임을 한번 뽐내보겠습니다. (친구들의 웃음소리. 동협 군이 랩을 하기 시작한다.) 내가 지금 탄 세월호! 이 미친놈들의 항해사 ('옙!' 하고 친구가 옆에서 추임새를 넣는다.) 너 때문에 나는 즉사!"

장면 2. 김시연 양의 휴대전화 동영상.

"커튼이 이만큼 젖혀졌다는 거는 지금 거의 수직이라는 말입니다. 롤러코스터 위로 올라갈 때보다 더 짜릿합니다. 우리 반 아이들 잘 있겠지요?⋯⋯부디 한 명도 빠짐없이 안전하게 갔다 올 수 있도록 예수 님의 이름으로 기도드렸습니다. (장난기어린 톤으로) 아멘~"

장면 3. 박예슬 양의 휴대전화 동영상.

"(예슬 양이 과자를 먹으며) 야, 심하다. 이 정도는.⋯⋯ (카메라를 보고 웃으며 손을 흔든다.) 헬리콥터 와요. 얘들아~. (친구들을 부르며 카메라를 돌리자 한 친구가 손으로 V자를 그려 보인다.)⋯⋯(방송에서 '구명동의 끈 제대로 묶였는지 확인하라'고 하자, 예슬양 장난스럽게 두 주먹을 흔들며) 와! 바다로 뛰어 내린다~. 와~.⋯⋯(수희라는 친구가 울먹이며) 으앙, 나, 무서워 어떡해. 아빠 미안해, 엄마도 미안하고. (그것을 본 예슬양, 박수치며 웃는다.) 살 건데, 뭔 개소리야. 살아서 보자."

장면 4. 박수현 군의 휴대전화 동영상.

"(희범이라는 친구가 기울어진 선실을 거슬러 올라오며) 쏠림 장난 아니야. 그냥 힘 빼면 이쪽으로 가.⋯⋯(학생들 장난치고, 웃고, 떠드는 소리. 희범이 다시 선실을 거슬러 올라오며) 적응, 적응 완료!⋯⋯야, 물들어오면 졸라 재밌겠다. (친구들의 웃음소리. 희범이 기울어진 침대에 똑바로 서서) 이런 거 찍어야 돼. '중력을 무시한 사나이' 하면서.⋯⋯타이타닉 된 거 같아. (그 말을 듣고 누군가 타이타닉 주제가를 부른다)⋯⋯이 상황에서 폰질 중이야. 패기의 한국인이다, 우리는."

세월호 참사로 희생된 단원고등학교 학생들이 침몰하는 배 안에서 찍은 휴대전화 동영상 내용이다. 동영상들에는 공통점이 있다.

학생들이 예상외로 심각하지 않다는 것이다. 동영상 속 학생들은 웃고, 떠들고, 장난치고, 노래를 부른다. 물론 동영상에는 "나 죽기 싫습니다", "살려줘", "나 지금 개무섭습니다" 같은, 죽음에 대한 불안과 공포를 드러내는 말도 나온다. 그러나 그런 말도 장난기 어린 말투로 표현된다. 전체적으로 보아 이런 반응은 자연스럽지 않다. 죽을지도 모르는 일촉즉발의 위기 상황에서 불안과 두려움을 드러내는 것은 인지상정이다. 그런데 기울어가는 배 안에서 학생들의 반응은 어찌된 셈인지 그렇지 않다. 놀이기구를 탔을 때와 비슷한 반응을 보이는 것 같기도 하다.

학생들의 반응을 설명하는 견해로는 이런 것들이 있었다. 학생들이 얼마나 위급한 상황인지 몰랐거나 실감이 나지 않아 그랬다는 것, 친구들끼리 모여 있는 상황 자체가 공포와 불안을 덜어주었을 것, 한창 발랄한 나이라 그렇다는 것, 구조 시스템에 대한 믿음이 있어 안심했을 것, 평소 전자매체에 중독되어 있는 십대들이 실제와 가상을 구분하는 능력이 떨어져 그렇다는 것 등. 그러나 이런 점을 십분 감안한다 해도 학생들의 천진해 보이는 태도를 설명하기에는 충분치 않다.

TV에 출연한 한 전문가는 '단원고 학생들이 실은 극도로 떨고 있지만, 정상적인 상황인 듯 행동함으로써 불안과 공포를 이겨내려 한 것'이라고 설명했다(내가 아는 한, 이것이 언론에서 단원고 학생들의 정서적 태도를 다룬 유일한 말이었다). 일리가 없는 말은 아니다. 그러나 이 설명은 학생들의 태도를 특정 상황에 대한 반응으로 국한시킨다는 점에서 틀렸다. 학생들의 태도는 특정 상황에 국한된 것이 아니다. 평소의 정서적 태도가 재난 상황에서도 그대로 재현되었다고 보는 것이 옳다. 그 태도란 무엇인가? 바로 '쿨Cool'이다.

노예의 쿨과 청소년의 쿨

딕 파운틴과 데이비드 로빈스의 『세대를 가로지르는 반역의 정신 COOL』에는 쿨한 태도를 이루는 주요 개념으로 '역설적 초연함'이 언급된다. 역설적 초연함이란 자신의 감정을 숨기기 위해 그와 반대되는 행동을 취하는 것을 말한다. 단원고 학생들의 반응이 그렇다. 학생들이 동영상 속에서 장난치고, 웃고, 노래를 부르고, 무언가를 먹는 것은 결코 의연해서가 아니다. 어려서도 아니다(고2면 일 년 하고 조금만 더 있으면 대학에 입학할 나이다). 그것은 불안과 공포를 숨기는 행동으로 '역설적 초연함'이라 할 수 있다.

역설적 초연함이 십대들에게 보편적이고 일상적이라는 것은 인터넷을 뒤져봐도 금방 알 수 있다. 십대들은 인터넷 게시판에 우울하고 심각한 이야기를 쓸 때에도 흔히 "ㅋㅋㅋ"를 붙인다. 이런 식이다.

"엄마랑 아빠랑 이혼한데요ㅋㅋㅋ. 이혼이래 XX."

"엄마가 나 아홉 살 때 집 나갔거든요. 멀리서 일하는 아빠는 엄마가 애들 냅두고 나간다니 얼마나 당황했을지ㅋㅋㅋ."

"제가 요즘 심리적으로 너무 힘들어요. 정말 죽어버리고 싶고 이 세상에 제가 없었으면 좋겠어요. 혹시 왕따냐고요? 아니요ㅋㅋㅋ. 저 친구들 정말 많은데 왜 이러죠. 왜 자꾸 죽고 싶을까ㅋㅋㅋ. 누가나 안락사라도 시켜줬으면. 딱 그 심정이에요ㅋㅋㅋ."

여기서 "ㅋㅋㅋ"는 자신이 처한 상황이 어이없어 웃는 웃음이라기보다는 자기감정을 은폐하기 위한 것이다. 십대들이 "아, 눈물 나. 막 이래"라고 말할 때도 마찬가지다. "막 이래"라는 말로 남의 이야기하듯 하면서, 자기감정을 숨긴다. 자기감정을 드러내는 것은 잘못이 아니다. 그럼에도 청소년들은 왜 그래서는 안 되는 것처럼 행동하는 것일까? 우리는 그 답을 『세대를 가로지르는 반역의 정신 COOL』에서 어느 정도 찾을 수 있다. 이 책에 따르면, '쿨'한 정서와 태도는 기본적으로 방어기제다.

쿨은 본래 아프리카에서 잡혀 온 노예들의 정서와 태도였다. 흑인 노예들은 백인들이 만들어놓은 야만적인 제도와 구조에서 벗어날 수 없었고, 그에 복종하며 살아야 했다. 노예들이 백인들의 가혹한 억압, 착취, 차별을 견디며 살아가기 위해서는 자신을 너무 비참한 기분에 빠뜨려서는 안 되었고, 함부로 분노해서도 안 되었다. 어떠한 학대와 모욕에도 자신의 감정을 억누르고 초연함과 침착함을 유지하는 것이 중요했다. 그것을 잃는 것은 곧 죽음을 의미했다. 쿨한 태도는 기본적으로 노예들의 생존전략이었다.

쿨은 노예들의 성공전략이기도 했다. 백인의 야만적 질서를 거부하거나 그에 대항하면 죽음을 면하기 힘들었지만, '세상이 뭐 다 그렇지' 하는 식으로 쿨한 태도를 취하는 노예는 주인의 인정을 받으며 다른 노예들보다 높은 지위를 차지할 수 있었다. 주인이 어떻게 대해도 자신의 감정과 거리를 유지하며 침착함을 잃지 않는 모습은 주인의 심기를 건드리지 않았을 뿐 아니라, 때로 그 정신력에 감화된 주인의 존중을 낳기도 했다. 쿨은 노예들에게 자신의 신변과 자존을 지키는 지혜로운 태도이자 덕목이었던 것이다.

십대들의 쿨도 그렇다. 그것은 기본적으로 억압과 차별, 폭력과 폭언이 난무하는 입시경쟁과 그로 인한 극심한 스트레스로부터 자신을 지키려는 방어기제다. 독립성과 자율성을 허용하지 않는 교육방식 속에서 청소년들은 쿨하지 않으면 살아남을 수 없고, 버틸 수 없고, 성공할 수 없다. 이유야 어쨌든 두려움, 불안, 슬픔을 느끼는 것은 나약하고 인내심과 정신력이 부족하다는 반증으로 여긴다. 이에 청소년들은 강해져야 한다. 아니, 강한 척해야 한다. 십대들이 노예들의 덕목이었던 쿨을 행동강령처럼 따르는 것에는 이유가 있다. 그것은 십대의 처지가 흑인 노예와 다르지 않기 때문이다.

문화산업이 조장하는 청소년의 쿨

청소년들에게 '쿨하다'는 말은 '멋있다'와 거의 동의어로 쓰인다. 그만큼 쿨은 청소년들이 선망하는 품성이다. 엄밀하게 말하면, 쿨은 현대인 모두의 이상적 기질이자 코드가 되었다. 그러나 이러한 정서가 체화되는 시기는 청소년기다. 청소년들이 쿨을 멋있게 보는 이유는 무엇일까? 그것은 쿨이 무엇에도 얽매이지 않는 '저항'과 '자유'의 이미지를 갖고 있기 때문이다. 그러나 쿨이 이런 이미지를 얻게 된 것은 순전히 대중문화산업 때문이다. 문화산업이 노예의 정서였던 쿨을 멋지게 포장해 흥행 코드로 삼기 시작한 것은 오래전 일이다.

쿨한 정서를 '멋진 것'으로 대중에게 처음 각인시킨 것은 제임스

딘 주연의 〈이유없는 반항〉(1955)이었다. 이 영화의 세계적 성공을 기점으로 쿨을 청(소)년의 주된 정서로 그리는 영화들이 대거 쏟아지기 시작했다. 우리나라에서도 이런 흐름에 편승한 영화가 제작되었다. 그 첫 성공작이 일본 영화 〈진흙투성이의 순정〉을 리메이크한 신성일 주연의 〈맨발의 청춘〉(1964)이었다. 영화 속에서 쿨은 이런 식으로 표현된다. 서두수(신성일 분)는 가죽점퍼를 입고 껄렁대며 음악다방에 들어온다. 다방에는 베토벤 음악이 흐른다. 서두수는 마음에 들지 않는다는 듯, 뚜벅뚜벅 걸어가 레코드판을 내려놓는다. 갑자기 음악이 꺼지자 손님들이 아연실색한다. 그러나 서두수는 무슨 일이 있었냐는 듯 자리에 앉아 쿨하게 주위를 둘러볼 뿐이다.

이후 쿨은 〈고교 얄개〉(1976), 〈엽기적인 그녀〉(2001), 드라마 〈꽃보다 남자〉(2009)처럼 다소 경쾌하게 그려지기도 하고 〈바보들의 행진〉(1975)이나 〈비트〉(1997), 〈친구〉(2001), 드라마 〈학교〉(1999)처럼 다소 무겁게 그려지기도 했다. 그러나 쿨이 청(소)년 주연의 영화, 드라마, 광고 그리고 청소년을 타깃으로 삼은 대중음악의 지배적 정서로 군림해온 것에는 변함이 없다. 쿨의 정서와 태도는 1950년대 이후 지금까지 청소년들의 열광적 지지를 받았다. 그것은 아무리 현실이 가혹하고 비참해도 우울에 빠지지 않고, 폼 나고 재미있으며 낭만적으로 살 수 있음을 보여주는 것 같았기 때문이다.

오늘날 문화산업이 쿨을 구현하는 주요 방식은 나르시시즘 narcissism(자기애)이다. 나르시시즘은 특히 대중음악에서 심하다. 예컨대 이런 식이다.

다른 애들보다 좀 더 핫해……얼굴도 섹시하니/성격도 쿨하잖
니……춤을 추러 가도 돈 안내/시크한 매력에 빠져 드니……머리부터
발끝까지/내가 원래 좀 예뻐……태어났을 때부터/난 원래 이렇게 예
뻐. (레이디스 코드의 〈예뻐 예뻐〉 중)

숨겨도 트윙클 어쩌나/눈에 확 띄잖아/베일에 싸여 있어도/나는 트
윙클 티가 나/딴 사람들도 다/빛나는 나를 좋아해……칙칙한 옷 속에
서도/나는 트윙클 태가 나. (태티서의 〈트윙클〉 중)

머리부터 발끝까지 핫이슈/내 모든 것 하나하나 핫이슈……생각 없
이 늘 내가 내가 신은 슈즈/내 맘대로 또 자꾸자꾸 하는 포즈/아무렇게
나 살짝살짝 바른 루즈……내 스타일 하나하나 모두 다 부럽니/그렇게
어설프게 따라할 순 없지……멈추지 않는 플래시……너보다 잘록한
허리 쫙 빠진 매끈한 다리/누구보다 더 퍼스트 레이디. (포미닛의 〈핫이
슈〉 중)

요즘 유행하는 힙합 용어 '스웨그swag'도 나르시시즘을 드러낸다.
스웨그는 잘난 체하기, 허세 부리기, 허풍 떨기, 도도하게 굴기, 거만
하게 굴기, 뻐기기를 뜻한다. 여기서 스웨그는 '쿨하다'와 마찬가지
로 '멋지다'는 뉘앙스를 갖는다. 그러면 무엇으로 잘난 체하고, 뻐기
는 것일까? 자신의 외모, 멋, 재능, 부, 권력 같은 것이다. 이를 자랑
하는 것은 더 이상 부끄러운 일이 아니다. 오히려 그럴 수 없는 것이
창피한 일이 된다. 스웨그는 미덕으로 인식된다. 자신의 외모, 멋, 재

능, 부, 권력을 드러내놓고 자랑하는 것은 오히려 솔직함의 표현이기 때문이다.

잘난 체하고, 허세를 부리는 주체가 사회적 약자라면, 자존심 때문에 (남에게 무시당하는 것이 싫어) 그럴 수도 있을 것이다. 그러나 스웨그는 이런 것만 의미하지 않는다. 남들이 부러워할 만한 외모와 부를 가진 사람도 스웨그를 한다. 스웨그를 하면서 상대방의 가난과 외모를 차별한다. 나아가 그 차별과 배제를 멋으로 치장한다. 그런 점에서 보면 스웨그는 결코 진보적인 정서가 아니다. 무엇보다 차별과 배제를 근간으로 삼는 신자유주의적 정서와 매우 잘 어울린다.

현재 청소년의 세계는 협력과 우애가 아니라 극심한 경쟁과 서열화가 지배하는 세계다. 학생들은 우선 성적에 따라 서열화된다. 성적이 안 되면 외모, 부모의 돈과 빽, 춤 실력이나 유머 등으로 자신의 존재를 어필해야 한다. 그렇지 않으면 차별과 소외를 당한다. 이러한 약육강식의 정서를 조성하는 것은 일차적으로는 교육제도다. 그러나 문화산업도 큰 역할을 한다. 문화산업의 나르시시즘은 강자에 대한 선망을 조장하고, 약자에 대한 억압과 차별을 정당화한다. 그 영향을 받은 청소년들은 아무런 양심의 가책도 없이 약자를 비웃는다. 그리고 그것을 '쿨하다'고 생각한다.

히피들의 쿨이 보수화된 이유

저항과 자유의 이미지는 일반적으로 진보적으로 인식된다. 그러면 그러한 이미지를 갖고 있는 쿨도 진보적일까? 그렇지 않다. 쿨은 전반적으로 보수적이었다. 쿨이 진보적인 색채를 띤 적이 있기는 하다. 1960~1970년대 미국에서 그랬다. 당시 미국은 베트남전쟁 반대운동, 흑인 인권운동, 동성애 자유화 운동, 여성해방운동으로 들끓었다. 이런 사회운동과 맥을 함께하며 반문화Counter-culture운동을 전개한 히피들의 주된 정서가 쿨이었다. 히피들은 억압적이고 권위적인 기존의 정치질서와 도덕 관습 그리고 물질 중심적 생활을 비웃으며, 새로운 대항문화를 창출하려 했다. 그것이 반문화운동이었다.

반문화운동은 록이나 포크 같은 대중음악 뿐 아니라 영화나 패션으로 번져나갔다. 그것은 일대 혁신을 가져오는 듯했다. 그러다 1974년 석유파동으로 시작된 세계적 경제 침체와 함께 급격히 쇠퇴했다. 히피들의 반국가적 정서는 1980년대 레이건 집권과 더불어 도래한 신자유주의가 주장하는 '시장 자유'의 논리, 기업 중심의 소비체제에 빠르게 흡수되고 말았다. 진보적 쿨의 정서는 그걸로 끝이었다. 이후로 지금까지 쿨은 보수적 정서에 가까운 것이었다. 돌아보면 히피들의 쿨한 정서에는 몇 가지 보수화되기 좋은 특징이 내재해 있었다.

첫째, 개인주의. 히피들은 코뮌을 조직해 시골 농장에서 자연 친화적 생활을 하기도 했다. 그러나 히피들의 기본 성향은 개인주의적이었다. 히피들 중에는 미국 사회 주류층인 와스프WASP(앵글로색슨계 백인 신교도)의 자식들이 많았다. 히피들이 무엇보다 중시한 것은 개성과 독창성이었다. 이런 점이 히피의 개인주의적 성격을 이루었다. 개인주의에 경도된 대중은 사회적 저항이 어렵다. 공동체가 아니라 개인으로 파편화되어 있는 사람의 의식은 통제하기도 좋다. 경제적으로도 개인주의가 발달하면 소비 단위는 세분화되고, 자본의 이익도 커진다.

둘째, 쾌락주의. 엄숙한 기독교적 도덕 관습에 대한 반항이었던 히피들의 쾌락주의는 춤과 노래를 즐기는 것뿐 아니라, 마약 복용과 프리섹스도 거리낌 없을 정도로 극단적인 방향으로 나아갔다. 이러한 쾌락주의는 사회적 거부감을 불러일으켰고, 히피들의 정치적 관심을 쇠퇴시키면서 운동 역량에 심대한 타격을 주었다. 이후 쾌락주의는 기업 중심의 소비체제로 흡수되었다. 물론 기업과 관료를 비롯한 보수층은 마약이나 프리섹스를 옹호하지 않는다. 그러나 고객에게 끊임없이 즐거움을 제공하는 것, 혹은 그런 것처럼 보이는 이미지 확립은 자본 축적을 위해 기업과 자본권력이 포기할 수 없는 것이다.

셋째, 문화산업에 대한 의존. 히피들의 관심은 주류 문화에 반하는 대항문화 건설에 있었다. 히피들의 문화는 아웃사이더적이었다. 그러나 그들이 열광한 음악, 패션, 영화는 제도권 바깥에 있는 것이 아니었다. 히피의 아웃사이더적 문화는 빠르게 문화산업에 흡수되어 갔다. 그들의 음악, 패션, 영화도 산업이었다. 그것은 언제라도 자본의 논리에 휘둘릴 위험이 있었다. 실제로 당시 음반사들은 록 음악과 페스티벌의 폭발성과 대중성을 적극 이용했다. 문화가 산업화되는 것은 그 자체로 반혁명적이다.

넷째, 반反이성주의. 히피들은 이성보다 감성, 그중에서도 미적인 감성을 중시했다. "씨팔, 체제!Fuck the System!"라는 말은 그들의 반이성주의 정서를 잘 보여준다. 자본의 비인간성을 상대하는 것은 정치에 속하는 일이다. 그런데도 히피들은 미적인 것, 예술적인 것으로 정치적인 것을 극복하려 했다. 미적인 것, 예술적인 것이 언제라도 자본의 포로가 될 수 있는 상황에서 예술적 운동만으로 자본주의 체제를 극복하는 것은 그 자체로 불가능한 일이었다. 감성적 저항만으로 혁명적 변화를 이루는 것은 불가능했다. 반이성주의는 이성적 대안 모색에 소홀하게 했고, 그 결과로 히피들의 반문화운동을 비롯한 68혁명은 결국 실패했다.

이제까지 말한 개인주의, 쾌락주의, 문화산업에 대한 의존, 반이성주의는 소비체제에 편입되기 쉬웠고, 실제로 그렇게 되었다. 내가 히피들의 쿨과 그 보수적 변화를 다소 길게 이야기한 것은, 그 특성들이 지금의 청소년들에게 그대로 재현되고 있기 때문이다. 쿨은 저항과 자유의 이미지를 갖고 있지만, 그렇다고 해서 진보적인 것은 아니다. 이 이미지들은 시장을 통해 소비됨으로써 얼마든지 포용 가능한 수준에서 관리되고 있다.

학생들은 사실 쿨하지 않다

기성세대가 청소년을 볼 때, 속 터져하는 것 중 하나가 매사 심드렁하게 반응한다는 점이다. 청소년들은 "아, 몰라" "귀찮아" 같은 말을 달고 산다. 그것은 기본적으로 학생의 지적 관심사와 상관없이 일방적으로 진행되는 교육과 관료적 관리체계에 대한 불만과 피로를 담고 있다. 초등학교 때에는 이런 시스템에 멋모르고 따른다. 그러다 학년이 올라갈수록 심화되는 인권침해에 참다못해 분노를 폭발시킨다.' 그러다 이내 이길 수 없는 싸움이라는 것을 깨닫고 대개는 자포자기하게 된다. "아, 몰라" "귀찮아" 같은 말은 '제발, 나 좀 가만 놔두라'는 항변이다. 그것은 노력→저항→자포자기를 반복하다 무기력에 빠져버린 청소년들의 심리를 반영한다.

교육을 명분으로 청소년에 대한 일상적인 인권침해를 당연하게 만든 것은 권력이다. 청소년들은 부모를 비롯, 기성세대 전체가 한 패가 되어 자신들을 통제한다는 느낌을 받는다. 당연히 기성세대 전체에 대한 거부감과 불신이 높아질 수밖에 없다. 청소년들은 어른들이 하는 모든 말에 시니컬하게 반응하게 된다. 청소년들은 기존의 어떤 가치 담론에 대해서도 무차별적으로 쿨한 태도를 보인다. 어떤 문제에 대해 진지하게 논하려 하면, "재미없어요", "썰렁해요" 하고 반응하거나 "아이고, 썹선비 납셨네"라며 비웃는다. 모든 가치 담론을 어른들의 잔소리와 동일시한다.

기본적으로 교육체제가 학생들 내면의 성장에 관심이 없다. 교사나 부모의 관심은 오로지 '성적 올리기'에 있다. 숫자로 표기되는 등수와 성적 그 자체는 아무런 가치가 없다. 그런데도 그 등수와 성적이 모든 가치를 짓누른다. 그런 교육을 십몇 년간 받다보면 일정한 가치 지향 없이, 정신이 '공동화空洞化'된다. 학생들은 어떤 정신적 가치, 사회적 가치에 대해서도 진지하게 토론하고 고민해본 적이 없다. 타인의 고통에 관심을 갖고 왜 그런 일이 벌어지는지 살펴본 적

---

1 그 시기가 중2쯤 된다. '중2병'이라는 말이 생겨난 이유다. '중2병'이라는 용어는 피해자인 학생에게 잘못을 덮어씌운다는 점에서 잘못된 것이다.

도 없다. 숨 가쁘게 돌아가는 학업 일정과 스펙 쌓기는 그럴 만한 기
회와 여유 자체를 말살해버린다.

1995년 일본을 떠들썩하게 했던 사건 중에 '도쿄 지하철 사린 사
건'이 있다. 일본 사이비 종교 옴진리교 간부들의 주도로, 화학무기
로 사용되는 신경가스 사린sarin이 지하철에 살포되어 시민 12명이
사망하고 5,510명이 중경상을 입은 사건이다. 이 사건과 관련해 권
혁태의 『일본 전후의 붕괴』에는 이런 대목이 나온다. 사건 이후 한
어머니가 도쿄대학을 졸업한 아들이 옴진리교 신자인 것을 알게 되
었다. 깜짝 놀란 어머니는 아들에게 물었다. "지금 생활에 뭐가 불만
이니? 뭐든지 다 사주었고 하고 싶은 일은 다 하게 해주었잖아. 아무
런 부족함 없이 자유롭게 키웠는데." 아들이 답했다. "부모님은 이것
저것 간섭은 했지만 남녀관계라든가 사람이 산다는 것이 무엇인지
같은 것은 전혀 가르쳐주지 않았다"고.[2]

일본 최고의 명문대를 졸업한 청년이 만화영화에나 나올 법한 황
당무계한 종말론으로 무장하고, 대낮에 무고한 시민을 테러하는 사
이비 종교에 빠지는 현실. 나는 이것이 남의 나라 일이 아니라고 생
각한다. 지금 이 상태라면 머지않아 우리나라에서도 이와 같은 일이
벌어질 것이다. 아무런 윤리적 가치, 사회적 가치도 갖지 못한 일본
젊은 세대의 정신은 국가주의로 흡수되었다. 그것이 일본 청년들의
우경화로 나타난다.

우리나라의 '일베 현상'도 마찬가지다. 불만과 분노가 팽배한 사

---

2   권혁태, 『일본 전후의 붕괴』(제이앤씨, 2013), 107~108쪽.

회에서는 당연히 혐오와 공격성이 커진다. 그러나 혐오와 공격의 방향은 순전히 가치관의 문제다. 공격의 대상은 진보일 수도 있고, 보수일 수도 있다. 기득권층일 수도 있고, 소수자일 수도 있다. 그런데도 왜 일베는 진보와 약자를 공격할까? 흔히 일베의 공격성이 보수적 가치관에 기반한 것이라고 한다. 그러나 나는 그것이 십대와 이십대의 '가치 결여'의 결과라고 생각한다. '텅 빈 정신'을 채우는 것은 사회의 지배적인 가치관, 즉 국가와 자본에 의해 일상적으로 강요된 가치관일 수밖에 없다. 그 결과 권력에 의해 가장 많은 피해를 보는 십대, 이십대가 오히려 권력에 동조하는 아이러니가 발생한다.

사실 청소년들은 쿨하지 않다. 높은 자살률과 정신질환이 그것을 반증한다. 지금 이 땅에는 뜨겁게 사랑하며 살고 싶어도 그럴 수 없는, 우울하고 외로운 청춘들이 있을 뿐이다. 청소년들은 살인적인 입시경쟁으로 친구와 진정한 우애를 나눌 수도 없고, 관료화된 교사를 존경할 수도 없으며, 일거수일투족을 감시하는 사감이 된 부모를 사랑할 수도 없다. 청소년들은 고립되어 있다. 안정되고, 믿을 수 있으며, 사랑을 나누는 인간관계는 불가능하다. 어차피 혼자일 수밖에 없다면 '혼자인 것이 오히려 좋다'고 마음먹는 편이 낫다. 그것이 상처받지 않는 유일한 길이다. 이러한 심리가 쿨로 나타난다.

공부를 잘하는 학생들은 성적을 올리기 위해, 다른 모든 것에 대한 신경을 끈다. 그러면 '딴짓하지 않고' 공부만 한다고 부모도 좋아하고 선생도 칭찬해준다. 그것이 공부 잘하는 학생들의 쿨이다. 공부 못하는 학생들의 쿨은? 그런 학생들은 미래에 대한 희망과 꿈을 갖기 힘들다. 미래에 무엇이 되고 싶다, 어떤 일을 하고 싶다는 꿈은 집안의 경제적 사정과 각종 학위 및 자격증에 꽁꽁 묶여 있기 때문이다. 일단 입시경쟁에서 승리하지 않으면 어떤 꿈도 시도하기 힘들도록 제도화된 것이 현실이다. 미래에 대한 가능성 자체를 부정당한 청소년들은 자신과 사회에 대해서 냉소하게 된다.

지금의 사회는 계급 상승의 기회가 거의 차단되어 있다고 해도 과언이 아니다. 서민이나 하층민의 자식들은 아무리 노력해도 계급 상승이 어렵다는 것을 부모의 삶을 통해서 깨닫는다. 그런 아이들은 '무기력한 비관주의'에 빠진다. '어차피 해도 안 될 거 뭐 하러 노력하나?'라는 생각이 드는 것이다. 그것이 또한 매사에 쿨의 정서로 나타난다. 쿨은 청소년의 무관심, 무기력, 불만, 분노를 광범위하게 흡수해간다.

4

유학이 탈출구가 될 수 있을까?

조기유학과 가정 해체

2006년, 50대 '기러기 아빠'가 친딸을 3년간 상습적으로 성폭행해 구속된 사건이 있었다. 사건의 개요는 이랬다. 인기 학원 강사였던 김모 씨는 월수입이 1,000만 원에 육박하는 고소득자였다. 가정도 단란한 편이었다. 그러나 아내가 아이들을 해외로 유학 보내고싶어 하면서 갈등이 생겼다. 김 씨는 아이들의 성적 때문이라면 "차라리 여기서 고액 과외를 시키는 게 어떠냐"고 했지만, 아내는 "아이의 장래를 위해 해외유학을 다녀와야 한다"는 뜻을 굽히지 않았다. 아내를 설득하지 못한 김 씨는 결국 2002년, 아내와 딸 셋을 캐나다 토론토로 조기유학을 보내게 되었다. 유학에 반대하기는 했지만, 자식들이 잘되기만 한다면 그깟 고생쯤이야 대수이랴 싶었다.

토론토로 간 아내는 집을 사자고 했다. 김 씨는 경제적으로 그것은 무리이니 집을 임대하자고 했지만, 아내는 '집을 사는 것이 여러 모로 낫다'며 한국의 아파트를 처분, 현지에 수억 원에 달하는 집을 구입했다. 김 씨는 작은 단칸방으로 이사하지 않으면 안 되었다. 가족을 유학 보낸 후, 김 씨의 수입은 줄었다. 그는 한 달에 600만 원 정도 벌었지만, 아내에게 송금하기로 한 돈은 매달 800만 원이었다. 그는 부족한 돈을 충당하기 위해 오전부터 밤늦게까지 학원에서 강의했다. 퇴근 후 개인 과외도 뛰었다. 그래도 돈이 모자라면 부모와 친지들에게 손을 벌려야 했다.

딸들이 공부를 열심히 했다면 그래도 괜찮았을 것이다. 그러나 가끔씩 캐나다에 가서 보면 유학생활의 성과도 별로 없는 것 같았다. 무엇보다 자신은 가족을 위해 갖은 고생과 수모를 견디며 사는데, 수억 원짜리 고급 주택과 고급 승용차를 굴리며 호화생활을 하는 아내에 대한 반감이 컸다. 갈수록 부부 사이는 멀어졌고 싸움이 잦아졌다. 한번은 캐나다에서 부부싸움을 하던 중, 큰딸의 신고로 현지 경찰이 출동하는 바람에 김 씨는 격리조치까지 당했다. 아내는 김 씨를 풀어주는 조건으로 "1년에 한두 번씩 캐나다에 찾아오던 것도 그만두고, 그럴 돈 있으면 송금할 것"을 요구했다. 김 씨는 요구를 수용하지 않을 수 없었다.

돈 벌어다주는 노예로 전락한 느낌을 받은 김 씨는 이대로는 살 수 없다고 판단, 아내에게 이혼을 요구했다. 그러나 거절당했다. 그러자 김 씨는 2003년 "경제적으로 힘들기도 하고, 특히 큰딸이 유학생활을 잘하고 있는 것 같지 않으니, 개라도 한국에 들어오는 게 좋겠다"고 설득해 큰딸을 한국으로 불러들였다. 그러나 큰딸은 귀국해서도 공부보다는 외박을 일삼았다. 그것을 본 김 씨는 그간 혼자 고생했던 것이 너무 억울하고 분한 생각이 들었다. 그로부터 몇 개월 뒤, 가족에 대한 배신감과 복수심은 딸에 대한 성폭행으로 나타났다.

큰딸은 2년간 성폭행에 시달리다 고3이던 2005년 캐나다로 돌아갔다. 그리고 이듬해 5월, 경제적 어려움으로 더 이상 유학생활이 불가능해지자 모두 귀국했다. 그러나 가족들이 함께 사는 와중에도 김 씨의 성폭행은 계속되었다. 견디다 못한 큰딸은 그간의 일을 엄마에게 털어놓았고, 김 씨는 부부싸움을 한 뒤 집을 나가 도피행각을 벌이다 결국 체포, 구속되었다. 유학에 실패하고 돌아온 아내와 딸들은 갖고 있던 재산을 모두 써버려 성남의 반지하 월세방에서 어렵게 살고 있는 것으로 알려졌다.

물론 이러한 예는 극단적인 경우에 속한다. 그러나 유학으로 인한 가족 해체는 드문 일이 아니다. 일반적으로 기러기 아빠가 되면 남자들은 얼마 동안은 해방감을 느낀다. 술 먹고 늦게 들어오건, 실컷 골프를 치건, 늦잠을 자건, 뭐라 할 사람이 없기 때문이다. 그러나 그것도 잠시. 썰렁한 빈집에 돌아올 때면 곧 쓸쓸하고 외로워진다. 외롭다는 이유로 다른 이성에게 호감을 느끼거나 바람이 나는 경우도 많다. 실제로 기러기 아빠들이 모이면 농담 반 진담 반으로 "좋은 여자 있으면 하나 소개시켜줘. 애인이나 하게" 같은 이야기가 오간다.

기러기 엄마도 위험하기는 마찬가지다. 한 기러기 아빠는 자신의 경험담을 이렇게 전했다. "가족을 만나러 캐나다에 갔더니 아내가 재미있다는 듯 '옆집 아줌마는 골프 코치랑 바람났고 뒷집 엄마는 캐나다 사람이랑 열애중이고…' 등등을 전해주더군요. 서양인에게는 동양 여성들이 신비해보이고 연령대도 잘 파악하지 못해서인지 한국 기러기 엄마들도 인기라는 거예요. 이웃 기러기 엄마들과 식사를 하는 자리에서 한 어머니가 '이혼하고 그 위자료 받아 이곳에 정착하겠다'고 하는데 제 아내도 그런가 걱정도 됐는데, 마침 아이가 고등학교에 입학해서 기숙사에 넣고 아내를 데리고 왔죠.”[1]

기러기 엄마 · 아빠는 서로 떨어져 있는 까닭에 갈등이나 오해가 생겨도 충분한 대화를 통해 해소하기 힘들다. 유학생활 중 부모가 이혼하는 경우, 아이에게 미치는 영향은 치명적이다. 자기 교육 때문에 부모가 서로 떨어져 지내다 생긴 문제이므로, 아이에게 '나 때문에 부모가 이혼했다'는 자책감이 생기기 쉽다. 그것은 평생 지울 수 없는 상처로 남는다. 기러기 아빠는 자녀와도 소원해질 가능성이 높다. 특히 어릴 때부터 유학을 하는 경우, 자식과 생활방식과 사고, 언어가 달라져 깊은 대화를 나누기 어렵게 된다. 심지어 자녀가 '영어 못하는 나를 무시한다'는 느낌을 받는 아빠도 있다. 설사 성공적인 유학생활을 한다고 해도 오랫동안 떨어져 지낸 자식의 부모에 대한 애정은 적을 수밖에 없다.

조기유학을 보내는 부모들의 태도

자녀를 유학 보내는 이유는 크게 다섯 가지로 나눌 수 있다. 첫째,

---

1   유인경, 「영어로 대화하는 자식들 낯설어요」, 『뉴스메이커』 713호(2007년 2월 27일).

기득권을 유지하고 확장시키기 위해서 자녀를 유학 보낸다. 정·관계, 재계, 학계, 언론계, 문화예술계 등 거의 모든 분야에서 유학파가 사회적 자원을 독차지하는 상황에서 기득권층에게 유학은 거의 필수처럼 여겨지고 있다. 둘째, 우리나라 공교육에 대한 불신과 실망 때문이다. 지금의 공교육은 아이들의 흥미와 관심을 불러일으킬 수도, 다양한 적성과 욕구를 만족시킬 수도, 다양한 꿈과 재능을 펼치게 할 수도 없다. 이에 자녀의 지적 성장과 능력 계발에 관심이 많은 부모들이 적극적으로 유학을 고려한다. 셋째, 높은 사교육비 때문이다. 자녀들에게 들어가는 사교육비가 너무 많은 까닭에 부모들은 차라리 그 돈이면 유학을 보내는 것이 낫겠다는 유혹에 빠지기 쉽다. 다른 여러 가지 문제는 도외시한 채 경제적 효율성만을 고려해 유학을 보내는 것이다. 넷째는 도피성 유학이다. 자녀의 성적이 안 좋거나 일탈에 빠지는 경우, (부모가 보기에) 질이 안 좋은 친구들과 떼어 놓기 위해, 혹은 환경이 바뀌면 좀 나아지지 않을까 하는 막연한 기대로 유학을 보낸다. 입시 스트레스와 부모와 교사의 통제에서 벗어나고자 하는 아이들도 부모에게 곧잘 유학을 보내달라고 떼를 쓴다. 다섯째는 부모, 특히 엄마가 외국 생활에 대한 기대와 욕구를 갖고 있는 경우이다. 기러기 엄마는 자녀 뒷바라지를 핑계 삼아 외국 생활을 즐길 수 있다.

조기유학을 보내는 이유는 한 가지만이 아니다. 몇 가지 이유가 중첩되어 유학이 결정되는 경우가 많다. 부모들이야 자녀가 잘되기만을 바라며 보낼 것이다. 그러나 조기유학생의 실패율은 70퍼센트에 달한다. 유학이 실패하면 부모들은 대개 아이를 잡는다. 아이의 의지와 태도가 잘못되었기 때문이라는 것이다(국내에서는 아이가 잘못되거나 성적이 오르지 않으면 해당 교육기관을 찾아가 고압적인 태도로 따지던 부모들도 외국의 교육기관에 대해서는 그러지 못한다).

"너 때문에 이제까지 들어간 돈이 얼만데, 돈이 하늘에서 떨어지는 줄 알아!" 하면서 호통치는 일도 예사다. 돈 대느라 고생한 부모의 심정이야 이해가 간다. 그러나 양육과 교육은 장사가 아니다. 무엇보다 그것은 '책임 전가'다. 초등학생은 물론 중고생이라 하더라도, 어린 나이에 외국의 유학생활에서 겪을 여러 가지 어려움을 예상하는 것은 불가능하다. 설사 아이가 원했다 하더라도 유학을 결정하는 사람은 결국 부모다. 유학 컨설턴트들은 부모가 아이의 나이와 기질, 정서적·육체적 성숙도, 자립심, 그리고 학습 능력과 의지를 고려해 결정해야 한다고 조언한다. 그러나 아무리 그런 점을 고려한다 해도 어린아이에게 성인이 가질 만한 능력과 태도를 기대하기는 힘들다.

유학을 보낼 때 부모들이 가장 많이 신경 쓰는 것은 '어떤 학교에 보낼 것인가'이다. 그러면서 유학 보낼 학교에 관한 정보만 열심히 뒤진다. 상대적으로 유학의 궁극적인 목적이 무엇인지, 유학이 자녀에게 어떤 의미가 있는지는 심사숙고하지 않는다. 무엇을 배우는지에 대해서도 무관심하다. 외국 학교 중에는 학부모 수업 참관 프로그램을 운영하는 데가 많다. 그러나 여기에 참가하는 한국 부모는 거의 없다. 대다수 한국 부모는 홈스테이에 들어갔다가도 음식이 맞지 않고 답답하다면서 금방 호텔로 옮긴다. 이것은 무엇을 말하는가? 어른인 자신도 힘든 일을 자녀에게 강요하는 꼴이다.

부모들 중에는 빠른 외국어 습득을 위해 '한국 학생이 전혀 없는 학교'를 원하는 경우도 있다. 그것도 어릴 때 보낼수록 효과가 좋다며, 초등학생 때 유학을 보낸다. 부모의 손길이 한창 필요한 때 목에 이름표를 두르고 유학 중개인의 손에 이끌려 유학을 가는 어린아이들. 그것은 명백한 부모의 '직무 유기'다(그런데도 이런 부모들은 오히려 자신이 부모 노릇을 누구보다 잘하고 있다고 믿는다). 말이 통하는 친구 하나 없는 학교, 썰렁한 기숙사에 아이를 혼자 던져놓고 부모들은 전화로 "공부 잘하라"는 말만 되풀이한다.

'빡센 환경에 몰아넣을수록 아이가 정신 차리고 공부할 확률이 높다'고 믿는 부모들. 부모가 아니라 동물 조련사, 혹은 자식의 고통을 보면서 쾌감을 느끼는 사디스트처럼 보인다면, 과한 말일까? 부모의 애정과 관심(여기서 말하는 '애정과 관심'은 자식에 대한 것이어야 한다. 성적에 대한 것이 아니라)이 미칠 수 없는 먼 타지에 자식을 위탁해놓고, '내가 이만큼 자식을 위해 돈을 대고 있으니, 자식은 이제 저절로 훌륭한 사람이 될 것'이라고 믿는 부모. 그것은 노력에 대한 대가가 아니라 요행수를 노리고 있다고 보는 것이 과한 일일까?

조기유학생이 겪는 어려움

조기유학은 대부분 '강제 유학' 아니면 '도피성 유학'일 수밖에 없다. 외국의 교육 시스템과 생활방식에 대해 아는 것이 없는 어린아이가 스스로 학습계획과 미래에 대한 전망을 세우고, 학습의지를 불태우며 출국할 리 만무하기 때문이다. 조기유학은 대부분 부모의 욕망과 판단이 작용한 결과다. 아이 스스로 유학가고 싶다고 말한 경우라 해도, 공부보다는 학교와 부모의 간섭에서 벗어날 수 있다는 기쁨과 기대가 클 것이다. 강제 유학이든 도피성 유학이든 공부하는 주체, 즉 아이의 의지나 열정과는 별로 관계없다. 이런 상황에서 자녀의 적응도와 학업 성취는 떨어질 수밖에 없다.

조기유학은 나무를 뿌리째 옮겨 심는 것과 같다. 어린 나이에 부모와 떨어져 객지에서 혼자 생활한다는 자체가 큰 심리적 부담과 불안을 불러일으킨다. 어린 나이에 장기간 부모의 사랑을 받지 못하는 것은 인격과 정서 형성에 부정적인 영향을 미친다. 낯선 문화에 적응하는 일도 쉽지 않다. 더구나 우리나라 아이들은 대부분 보호와 교육을 명분으로 독립성과 자율성을 침해받으면서 자란다. 그래서 작은 환경의 변화에도 잘 적응하지 못하는 경우가 많다. 그런 아이들이 외국처럼 완전히 낯선 환경에 적응하기란 더욱 어려울 것이다.

언어가 달라 자기표현이 마음대로 안 되는 것은 단지 불편한 문제가 아니다. 그것은 욕구불만과 피해의식, 소외감과 열등감, 나아가 정서불안이나 우울증을 낳기 쉽다. 외국 학생들은 한국의 조기유학생들이 '외국 말을 잘 못하는 것'이 아니라, 그냥 '말을 잘 못하는, 어눌한 아이'로 여기는 경우도 많다. 말도 제대로 못하고, 소극적이고, 공부도 못하는 아이, 우리말로 하면 '찌질한 아이'로 인식되기 쉽다는 말이다. 그 결과 한국에서는 활달하고 적극적이었던 아이가 유학가서 소심하고 소극적으로 변하는 경우도 많다. 게다가 우리말로도 공부를 못하던 학생이라면, 영어로 공부를 잘하기란 더욱 어렵다.

인종차별 문제도 있다. 김순천의 『대한민국 10대를 인터뷰하다』

에는 중1 때 뉴질랜드로 유학 간 남학생의 경험이 이렇게 실려 있다.

한 키위(뉴질랜드 사람을 낮춰 부르는 말)가 수업시간에 저한테 휴지를 던졌어요. 처음에는 참았는데 계속 던지더라구요. 그래서 내가 딱 돌아봤는데 그만 큰 휴지에 얼굴을 정통으로 맞은 거예요. 너무 화가 나서 책상을 엎고 테이프를 던지고 그랬거든요.……그렇게 큰 싸움은 아니었는데 싸우고 나니까 심각해졌어요. 처벌을 받아도 이상하게 저만 받고.[2]

이 학생은 결국 이 싸움 때문에 학교를 그만두어야 했다. 인종차별로 보이는 이런 부당한 대우는 생각보다 흔하다. 미 교육부 통계에 따르면 43퍼센트의 중학교에서 최소한 일주일에 한 번 이상 교내 폭력이 일어나고, 32퍼센트의 고등학생은 자신의 학교에 폭력과 괴롭힘이 존재한다고 대답했다. 미국 조기유학생들 중에는 백인 학생이 자신의 얼굴에 침을 뱉고 갔다고 호소하는 일이 비일비재하다. 이런 일로 인해 유학생은 본의 아니게 폭력 사건에 휘말릴 수 있다. 미국 최고 공립학군 중 한 곳에서는 한국 유학생이 미국 학생의 따돌림에 맞서기 위해 칼을 가방 속에 넣고 다니다가 적발되어 정학을 당하자 사제폭탄을 터트린 사건도 있었다.[3]

조기유학을 가는 학생들은 대부분 중산층 이상의 가정 출신이다.

---

2   김순천, 『대한민국 10대를 인터뷰하다』(동녘, 2009), 335쪽.

3   정동식, 「조기유학의 빛과 그림자」, 『경향신문』, 2004년 1월 25일.

한국에서라면 어디 가서도 홀대받지 않았을 아이들이다. 그런 학생들이 유학 가서 백인들에게 차별과 따돌림을 당하는 경험을 한다. 부모들은 자기 자녀를 현지인, 그중에서도 백인과 동등하게 키우고 싶은 마음에 유학을 보낼 것이다. 그러나 현실은 다르다. 설사 어릴 때 현지 학생들과 잘 어울려 무난히 지냈다고 해도 문제는 남는다. 초등학교 때까지만 해도 스스럼없이 어울려 놀던 외국 학생들이 중학생이 되면 거리를 두기 때문이다. 그때가 되면 한국 유학생은 혼자가 될지, 다른 한국 학생들과 어울릴지를 선택해야 한다.

부모의 관심은 대개 아이가 한국에 있을 때와 마찬가지로 성적에 머문다. 아이가 받는 스트레스에는 무심한 경우가 많다. 아이도 멀리 떨어져 있는 부모에게 어려움과 스트레스를 미주알고주알 이야기하기 힘들다. 설사 말한다 해도 부모가 해줄 수 있는 것이 별로 없기도 하다. 부모는 그저 '잘 견뎌봐', '신경 쓰지 말고 공부나 열심히 하라'는 말만 할 뿐이다. 아이는 현지에서 겪는 모든 문제와 스트레스를 혼자서 이겨내야 한다.

도피성 유학을 보내는 부모들의 마음은 간단히 말해 이렇다. '아이가 외국에서 새롭게 공부에 취미를 붙이면 좋겠지만, 그렇지 않더라도 최소한 영어만은 제대로 배워오겠지.' 그러나 앞서 말했다시피 한국 학생이 아예 없는 곳으로 보낸다면 모를까, 그렇지 않으면 한국 학생들과 몰려다니며 놀다 영어도 제대로 익히지 못할 가능성이 있다(지금은 교육 인프라가 웬만큼 갖춰진 곳에는 우리나라 유학생이 없는 곳이 없다). 애초부터 공부에 뜻이 있어 유학 온 것이 아니기 때문이다. 특히 혼자 유학 온 학생들은 외로움과 소외감 때문에라도 한국 친구들과의 어울림을 뿌리치기 어렵다. 그렇게 몰려다니다 보면, 공부는커녕 현지인과의 대화도 교실 안에서 몇 마디 하는 것이 고작이다. 영어가 늘 리 없다.

물론 나태한 유학생활에 실망한 부모가 아이를 한국으로 불러들일 수 있다. 그러나 그런다고 문제가 해결되는 것은 아니다. 이번에는 외국 생활이 몸에 밴 것이 문제가 된다. 자유로운 외국 생활을 하다가 숨 막히는 입시경쟁과 권위적인 학교문화에 적응하기란 매우 어려운 일이다. 방황이 계속되고, 부모와 학교에 대한 저항도 더 심해지는 경우가 많다.

유학생의 일탈

유학생활에서 벌어지는 일은 한국과 별 관련이 없다고 생각할지 모르겠다. 실제로 일부 유학생은 한국 교육과 절연하기 위해 유학을 온다. 그러나 유학생의 일탈 문제는 한국 교육체제와 밀접한 관련이 있다. 조기유학생들은 낯선 생활에 대한 두려움도 느끼지만, 그보다는 해방감이 더 크다. 그 해방감은 한국 교육의 숨 막히는 입시경쟁과 통제에 대한 반작용이다. 대학생도 그렇지 않은가. 많은 학생이 대학 입학 후, 사실상 공부를 내려놓는다. 지긋지긋하게 입시경쟁과 통제에 심하게 시달려온 만큼, 잠시라도 자유를 누려야 하기 때문이다. 대학생도 그러한데 어린 학생들이 외국에서 느끼는 자유는 더욱 달콤할 수밖에 없다.

유학생들의 일탈은 국내 청소년들보다 강도가 더 세다. 유학생들은 한국 청소년의 하위문화를 고스란히 답습할 뿐 아니라, 마약이나 무분별한 성생활, 퇴폐적인 유흥산업 같은 현지의 하위문화까지 흡수할 수 있기 때문이다. 대부분의 유학생은 부유한 집 자녀로 경제적 지원도 풍부하다. 그럼에도 감시하는 눈은 없거나 느슨하다. 날마다 놀러 다녀도 뭐라 할 사람이 사실상 없다. 사치도 심하다. 유학생들은 한인 야유회나 체육대회가 있을 때 최고급 벤츠나 포르셰 스포츠카를 몰고 나타나기도 한다. 프랑스 파리에는 가라오케가 딱 두 개 있는데, 한국 유학생들이 큰 고객이라 한다.

부모 몰래 이성과 동거하는 유학생도 있다. 동거는 한국 유학생끼리 이루어지기도 하고, 현지인과 이루어지기도 한다. 그러다 한국에서 부모가 오기라도 하면 동거남이나 동거녀의 짐을 옮기느라 분주하다. 그 실태를 잘 보여주는 기사가 있다.

어느 날의 자정 무렵. 프랑스 파리의 재불한인회장이 경영하는 음식점에 잠옷 차림인 채 산발을 한 젊은 한국여성이 뛰어들었다. "아저씨, 저 좀 살려주세요. 동거하는 애가 절 마구 때리고 죽이려 들어요. 부모가 알게 될까 두려워 경찰에 신고할 수도 없어요. 어떻게 좀 해주세요." 스물한 살짜리 여학생의 호소를 들으며 한인회장 L씨는 정신이 아뜩해졌다.

서울에서 대학을 두 차례 떨어진 그 여학생은 부모의 권유에 따라 연극공부를 할 생각으로 파리로 왔다. 간신히 방을 구하고 어학연수학원에 등록도 했지만 1년이 지나도 불어는 별로 늘지 않고 대학은 문턱에도 가볼 수 없었다. 기초학력이 약하니 당연한 노릇이었다. 이때 학원 부근에서 잘생긴 프랑스남성을 사귀게 됐고 몇 달 후에는 동거에 들어갔다. 두려움도 컸지만 솔직히 외로웠고 잘생긴 외국남자에 대한 호기심에다 무엇보다 '말을 배우려면 현지인과의 동거가 제일'이라는 선배들의 얘기가 솔깃하기도 했다.

서울의 부모가 부쳐준 돈은 동거생활비와 유흥비로 쓰였다. 영화사 직원이라고 했던 남자는 알고 보니 실업자에 부랑아였고 정통 프랑스인도 아닌 모로코의 혼혈이민이었다. 어이없이 돈과 몸을 바친 것을 뒤늦게 후회하고 빠져나오려 하자 집요한 공갈 협박과 매질이 시작됐고 이날 밤도 매를 맞다 도망쳐 한인회장의 집에 뛰어들었던 것이다.……한국학생끼리 만나 손쉽게 동거하는 경우가 있고 한국 등 동양 출신 여학생만 골라 등을 치는 프랑스 제비족도 적지 않다. 피해를 본 한국여학생이 자살한 적도 있다.[4]

유학생의 일탈 행위는 다분히 '한국적'이다. 한국에 '일진'이 있듯이, 한국 유학생들 사이에도 '일진회' 같은 폭력조직이 있다. 폭력 사건은 한국 유학생을 따돌리는 현지 학생들을 대상으로 일어나기도 하지만, 한국 유학생들 사이에서 일어나기도 한다. 주지하다시피 구미歐美에서는 나이 차이에 상관없이 친구가 된다. 그러나 한국 유학생들은 외국에서도 여전히 선후배를 엄격하게 따진다. 심지어 유학생 후배가 인사를 하지 않았다고 시비가 붙고, 그것이 패싸움으로 번져 경찰헬기까지 출동한 예도 있다.

4   김기만, 「불(佛)유학 '졸부(猝富)'의 아이들」, 「동아일보」, 1994년 5월 28일.

2007년에는 미국 듀크대학교 경영대학원에 유학 중이던 한국 학생 몇 명이 기말 페이퍼를 베껴 냈다가 퇴학당하는 일이 있었다. 이역시 '한국적'이다. 우리나라 인사청문회에서 고위공직 후보자들의 논문 표절 시비는 가장 흔한 이슈가 아닌가. 실제로 이 사건이 일어났을 때, 문제의 유학생들이 그렇게 행동한 것은 '문화의 차이' 때문일지 모른다는 이야기가 듀크대 안에서 나돌았다고 한다. 좋은 성적과 사회적 성공을 위해서는 수단과 방법을 가리지 않고, 윤리 따위는 무시해도 좋다는 것이 한국 교육과 한국 사회의 묵계默契이다. 유학생들은 그러한 가치관에 따라 행동함으로써 문제를 불러일으킨다.

유학생들의 도덕불감증은 심각하다. 한국 교육문화를 통해 습득한 비도덕적 가치관에 기득권층 특유의 특권의식이 결합되어 있기 때문이다. 그래서 잘못한 일이 있어도 그에 대한 죄책감이 별로 없다. 유학생들의 무분별한 사치와 일탈 때문에 교민들조차 한국 유학생을 싫어한다. 교민들은 자기 자녀에게 '한국에서 조기유학 온 아이들과 어울리지 말라'고 한다. 한국 유학생은 여러모로 현지 한인경제에 도움을 주는 존재다. 그런데도 '조기유학생' 하면 교민들조차 고개를 절레절레 흔드는 것이다.

엄마가 유학에 대동하는 경우, 유학생 일탈은 다소 줄어든다. 그렇다고 해서 문제가 완전히 해결되는 것은 아니다. 엄마 역시 외국 생활이 낯설기는 마찬가지이기 때문이다. 게다가 한국에서는 사회 전체가 나서서 청소년들을 통제하는 구조와 문화가 형성되어 있지만, 외국은 그렇지 않다. 여기에 기러기 엄마가 외국어에 능숙하지 않으면 통제는 더 어려워진다. 여기서 '통제'라고 쓰기는 했지만, 유학생의 일탈 문제도 통제로 해결될 문제는 아니다. 그것은 한국 청소년의 문제가 학생 통제로 해결될 문제가 아닌 것과 같다.

우리는 흔히 '도피성 유학'이라는 말을 쓴다. 그러나 엄밀하게 말하면, 모든 조기유학이 도피성 유학이다. 우리나라의 불량한 교육체제를 방치한 채로 '있는 집' 자식들만 빠져나가는 것이기 때문이다. 교육체제가 학생들 각자의 개성과 관심을 존중하고, 그에 기반해 지적 성장을 이루어준다면, 굳이 유학을 갈 필요가 없을 것이다. 하늘 아래 이상적인 교육환경은 존재하지 않는다. 물론 교육 시스템이 좋은 학교는 외국에 많다. 그러나 유학을 간다는 것에는 그냥 공부만 하는 것이 아니라, 다른 언어와 문화에 적응하고 인종적 편견을 감수해야 하는 무거운 짐이 추가된다. 아무리 좋은 교육 시스템이라 하더라도 이 짐들이 그 장점들을 상쇄시킨다.

조기유학의 경우는 이 모든 짐을 어린 나이에 져야 한다. 부모의 애정과 관심을 제대로 받지도 못하면서. 그것은 가혹한 일일 뿐 아니라, 아이를 망치기 쉽다. 조기유학은 우리 사회의 불행한 교육여건에 대한 돌파구가 될 수 없다. 중요한 것은 이 땅에 건강한 교육환경을 만드는 일이다. 그래야 진정 공부에 뜻이 있어 (조기유학이 아니라 성인이 되어서) 유학을 가더라도 성공적일 수 있다. 유학을 흔히 '교육 엑소더스exodus(탈출)'라고 부른다. 그러나 우리 사회의 교육환경이 건강하지 않으면, 외국 유학은 아이에게 또 다른 감옥 혹은 인생을 망치게 하는 또 다른 올가미가 될 수 있음을 알아야 한다.

5

유학의 사회적 의미

오바마가 한국의 교육열을 칭찬한 이유

"선생님 말씀 잘 듣고, 공부 열심히 하라." 어른들이 아이들에게 늘 인사처럼 하는 말이다. 세상에 누가 "공부 열심히 하라"는 말에 태클을 걸겠는가. 그것은 인사말 비슷한 것이다. 그러나 이 말은 폭력적이다. 그 말 안에서 많은 문제가 소거되기 때문이다. '왜 공부를 해야 하는가', '공부하는 데 꼭 선생이 있어야 하는가', '선생님 말씀 잘 듣는 것과 공부 열심히 하는 것은 동일한 문제인가', '지금 학생들이 하는 입시 공부 형태가 좋은 것이냐' 등에 대한 논의는 사라진다.

유학에 대해서도 그렇다. 일반적으로 유학을 가는 것은 '외국의 선진학문을 배우기 위한 것', '더 좋은 환경에서 더 열심히 공부하기 위한 것'으로 여긴다. 막말로 경제적 여유가 없어서 그렇지, 여유만 있다면 자녀를 유학 보내고 싶다는 것이 대다수 학부모의 솔직한 심정일 것이다. 자녀 유학에 대한 욕망은 좌우도 막론한다. 우리나라에서는 좌건 우건 엘리트 계층은 유학에 긍정적이다.

한국인은 세계 유학시장의 가장 큰 고객이다. 미국 최고의 싱크탱크로 평가받는 브루킹스연구소는 2008~2012년 학생 비자를 받아 미국에 입국한 주요 도시별 유학생을 조사했다. 그 결과에 따르면, 전체 유학생 115만 명 중 서울 출신이 4.9퍼센트로 1위였다. 사실 반주변부 국가나 주변부 국가의 상류층이 중심부 국가로 유학 가는 일은 흔하다. 그러나 인구대비 이렇게 많이 유학 가는 나라는 없다. 더구나 어린아이들이 유학 중개인의 손에 이끌려 혼자 외국에 와서 공부하는 것, 혹은 교육 때문에 남편을 홀로 남겨 두고 아내가 자식들을 데리고 외국에 나가는 것은 다른 나라에서는 찾아볼 수 없는 현상이다.

우리나라 사람들이 유학비용으로 쓰는 돈도 엄청나다. 연간 10조 원으로 추산된다.[1] 이로부터 오바마 전 미국 대통령이 종종 한국인의 교육열을 칭찬한 이유를 짐작할 수 있다. 미국은 세계 최대 교육 산업국이고, 한국은 단연 최고의 고객이다. 대학생들만 유학 오는 것도 아니다. '조기유학'이라는 이름으로 중고생, 심지어 초등학생도 유학을 온다. 자식 교육 뒷바라지한다고 엄마까지 동반 입국한다. 이들 모두가 한국에서 아빠가 벌어들이는 돈을 펑펑 써댄다. 유학생들은 대부분 순수하게 돈을 쓰기 위해 입국한다. 달랑 몸만 들어와 생활에 필요한 모든 것을 현지에서 사서 쓴다. 그런 점에서 보

1 홍찬식, 「연간 유학비용 10조원의 의미」, 『동아일보』, 2005년 10월 14일.

면 관광객과 별 차이가 없다. 오히려 장기간 체류하며 돈을 써댄다는 점에서 관광객보다 귀한 고객이다.

한국은 많은 미국인 실업자를 구제해주는 나라이기도 하다. 우리 나라의 조기 영어교육 붐은 엄청나다. 영미권 젊은이들, 그중에서 백인이라면 한국에서 원어민 강사가 되는 것이 그리 어렵지 않다. 미국에서는 실업자였던 사람이 자기네 말을 잘한다는 이유만으로 한국에 와서 실업자 신세를 면하는 것이다. 상상해보라. 우리가 한국어를 잘한다는 이유만으로 외국에서 취업이 잘된다면 어떻겠는가? 미국은 유학산업을 통해서도 수익을 창출하고, 이러한 해외 취업을 통해서도 외화를 벌어들인다. 그러니 미국 대통령으로서 어찌 한국이 예쁘지 않겠는가. 그 정도 립서비스를 해주는 것은 일도 아닐 것이다.

미국은 명실상부 한국의 석박사과정생·교수·중고생의 교육, 나아가 어린이 영어학원 붐으로 유아교육까지 책임지는 나라다. 한국의 교육은 사실상 미국에 위탁되어 있다. 미국 유학파가 정계·관계·재계·학계 요직을 장악해 교육정책도 짜고, 교수도 되고, 유학도 추천한다. 서울 주요 대학(경희대, 고려대, 서강대, 서울대, 성균관대, 연세대, 이화여대, 중앙대, 한양대)의 경우 미국 박사의 비중이 80퍼센트가 넘는다. 미국은 한국 지식인을 생산하는 최대 공장이다. 미국 유학파의 영향은 교육 부문에 그치지 않는다. 그들은 신문과 방송에서 사회적 발언과 지적 담론 생산도 독과점한다. 그것을 통해 미국적 세계관이 국민에게 대량 유포된다.

유학파 지배의 역사

학생들이 주로 어디로 유학 가는지 살펴보면, 우리가 어디와 주종 관계 혹은 사대주의 관계를 맺고 있는지 알 수 있다. 역사적으로도 그렇다. 당나라와 연합해 통일을 이룬 신라에서는 수많은 유학생이 당나라로 떠났다. 유학을 다녀온 유학파는 통일신라의 지도자 역할을 했다. 고려 때는 송宋과 원元의 수도로 수많은 고려 유학생이 몰렸다. 조선은 아예 중국의 성리학을 통치 이념으로 삼으면서 '소중화小中華'를 자처했다.

일제 치하에서는 최남선, 이광수를 비롯한 많은 이가 일본 본토로 유학을 갔다. 그리고 그들 중 많은 이가 국내에 돌아와 친일분자가 되었다. 이것은 이상한 일이 아니다. 2차대전 시기 일본의 주요 대학은 군국주의 이데올로기의 본산이었다. 그런 대학으로 유학 간 사람은 군국주의나 대동아공영권의 논리를 내면화할 가능성이 높았다. 일본 유학을 다녀온 사람들의 정신세계는 이미 조선인의 것이 아니었다. 일본인에 가까웠다.

이러한 양상은 지금도 똑같다. 나는 시사 프로그램에서 한 중년 남자가 강연장에서 이렇게 말하는 것을 보았다. "제 마인드는 아메리칸이고, 일본에서 10년 이상 살았으니 하트는 일본 사람이고……."[2] 이 발언을 한 사람은 우리 군에 40년 넘게 탄약을 독점 공급해온 국내 제1호 방위산업체 풍산 회장 류진이었다. 그는 미국 유학파로 재계

---

2 "해외부동산 추적보고서 3편: 회장님의 나라는 어디입니까?", 〈시사기획 창〉, KBS 1TV, 2014년 10월 7일 방영.

에서 대표적인 미국통으로 통한다. "제 마인드는 아메리칸"이라는 말, 그것은 성실한 자기 고백으로 들린다.

이러한 정서는 일부 상류층 유학파만의 것일까? 그렇지 않다. 신문에는 한 직장인의 경험이 이렇게 실려 있다. "연평도 포격 때의 일이다. 10여 년 미국에서 살다 온 (유학파) 동료가 '이러다 전쟁 나면 돌아가 버리겠다'라고 말했다. 정말 다른 나라 사람이구나 하는 생각이 들었다"[3] 한창 가치관이 정립되는 청소년기를 외국에서 보낸 유학생들은 한국인으로서의 정체성과 시민의식이 별로 없다.

유학파는 흔히 '글로벌 인재'로 포장된다. '글로벌 인재'라는 말 속에는 그렇게 성장한 인재들이 우리 국민(국가와 민족)을 위해 복무할 것이라는 뉘앙스를 풍긴다. 그러나 그것은 정부나 유학 관련 업체들이 하는 말일 뿐이다. 기본적으로 탈脫한국적 정서를 가진 사람이 한국 국민을 위해 복무하기는 힘들다. 유학파는 남북 대립이나 한·중·일 간의 역사적 긴장 관계와 한국 사회 내부의 정치·사회적 이슈에 대해 비교적 냉소적이거나 무관심하며, 오히려 개인적인 삶의 만족을 중요시하는 경향이 강하다.

주지하다시피 우리나라 초대 대통령은 이승만이다. 그도 미국 유학파다. 그는 미국에 의해 권좌에 올랐다. 그리고 미국의 허수아비로서, 미국을 대리해 이 땅을 지배했다. 대한민국의 역사는 시작부터 유학파 지배의 역사였다. 일제 치하 일본 유학파 중 일부는 미국의 시대가 개막되었음을 알고 미국으로 다시 유학 갔다. 그리고 한

3　손태규, 「또 다른 다문화 식구, 돌아온 조기 유학생들」, 『동아일보』, 2013년 1월 3일.

국으로 돌아와 다시 권세를 누렸다. 그들이 권세를 누릴 수 있었던 것은 '유학파 = 인텔리'로 인식되었기 때문이다. '인텔리'라는 긍정적 이미지가 '친일파', '친미파' 같은 부정적 이미지를 압도했다.

제국주의 첨병으로서의 유학파

쿠데타로 권력을 찬탈한 박정희는 유학파는 아니었다. 그러나 제1차 경제개발 5개년 계획을 세우고 추진한 세력은 미국 유학파와 미국통이었다.[4] 그들은 미국의 세계지배전략과 경제노선을 충실히 따르는 사람들이었다. 그들은 한국 정부의 관료들이었지만, 사실상 미국의 이익을 위해 복무했다. 박정희 정권 이후 한국의 경제구조는 경제선진화를 명분으로 급속히 대미 종속적으로 변했고, 미국이 원하는 경제정책과 경제구조가 그대로 이식되었다.

혹자는 어떻게 한국 관료가 미국을 위해 일할 수 있느냐고 반문할지 모르겠다. 그러나 이들에게 그것은 내적 갈등의 요소가 되지 못한다. 유학을 통해 미국적 세계관을 깊이 체화한 이들은 미국의 이해利害와 한국의 이해, 나아가 자신의 이해를 동일하게 여기기 때문이다. 크리스천에게 성부 · 성자 · 성신이 하나이듯, 미국 · 한국 · 자

---

4 정확하게는 3년차(1964년) 계획부터 미국의 입김에 의해 유학파가 등장, 위세를 떨치게 된다. 제1차 경제개발 5개년 계획에 참여한 주요 미국 유학파 혹은 미국통은 1962년 경제기획원 부원장에 임명된 차균희(미국 위스콘신대학원 졸업), 1963년 경제기획장에 임명된 유창순(미국 헤이스팅스 대학 졸업, 한국은행 뉴욕사무소장 출신과 경제기획원 부원장보에 임명된 김학렬(미국 오하이오 주립대학원 경제학과 졸업), 1966년 경제기획원 차관에 임명된 김태동(세계은행 경제개발연구원 출신) 등이 있다.

신의 이해는 하나다. 그러므로 아무런 내적 괴리와 갈등이 없다. 그것이 무서운 점이다.

소위 '서강학파'라는 것이 있다. 서강학파는 미국에서 신고전파 경제학을 공부한 뒤 서강대학교 교수로 임용된 사람들, 그리고 그들 중심의 세력을 가리킨다.[5] 이들이 박정희 정권 이후 지금까지 우리나라 경제정책을 주물러왔다 해도 과언이 아니다. 이들의 영향력은 김대중 · 노무현 정부 아래에서 잠시 주춤했다가, 박근혜 정부 이후 다시 회복되었다. 서강학파가 미국 유학파의 국내 인맥 중심의 파벌이라면, 최근 경제 관련 요직을 두루 점하고 있는 '위스콘신학파'는 특정 동문의 세력화를 보여준다.[6] 유학생이 많아지면서 이제는 특정 대학 동문 중심으로 파벌이 형성되고, 그 파벌을 중심으로 권력이 분배되는 양상이 전개되고 있다.

유학은 대개 구미 선진국으로 간다. 개발도상국으로 가는 경우는 드물다. 유학국은 대개 제국주의적 면모를 갖고 있다. 국가에 따라서는 유학생들에게 학비 면제는 물론 생활비까지 주기도 한다. 그러나 그것은 공짜가 아니다. 그 이면에는 유학생들이 귀국해 사회적으로 성장하면 자국에 호의적이고 유리하게 활동할 것이라는 기대가 담겨 있다. 실제로 미국 유학파는 '친미 인사'가 되고, 독일 유학파

---

5 서강학파의 주요 인물로는 남덕우(전 총리), 이승윤(전 부총리), 김만제(전 부총리), 신병현(전 부총리), 김재익(전 청와대 경제수석), 김종인(전 청와대 경제수석), 김병주(서강대 명예교수), 김덕중(전 교육부 장관), 박성용(전 금융개혁위원회 위원장) 등이 있다.

6 위스콘신학파는 말 그대로 미국 위스콘신대학교를 졸업한 사람들을 말한다. 주요 인물로는 최경환(전 경제부총리)과 안종범(전 청와대 경제수석), 윤상직(전 산업통상자원부 장관), 방하남(전 고용노동부 장관) 등이 있다.

는 '친독 인사'가 되는 경우가 많다. 외국에서 졸업장을 받은 대가로 국내에서 권세를 누리게 된 사람들이 유학국에 감사의 마음을 갖는 것은 어쩌면 당연한 일일 것이다.

유학은 유학생이나 유학생 집안의 주체적인 결정처럼 보인다. 그러나 거시적으로 보면, 그것은 제국주의적 지배전략의 산물이다. 대표적인 예가 '시카고 보이스Chicago Boys'의 확산이다.[7] 프리드리히 하이에크와 밀턴 프리드먼으로 대표되는 시카고학파는 베트남전쟁 이후 자신들의 신자유주의 경제이론을 세계에 전파하고자 했다. 그래서 어떻게 했는가? 칠레의 예를 보자. 시카고학파는 자신들과 친밀한 관계에 있는 공화당 보수주의자들과 함께 국제개발처와 거대 재단들을 활용, 칠레가톨릭대학교Pontificia Universidad Católica de Chile에 투자했다. 그러자 칠레가톨릭대학교 경제학도들은 자연스럽게 시카고대학교로 유학을 가게 되었다. 거기서 신자유주의 경제학을 배우고 받아들인 그들은 '시카고 보이스'가 되었다.

1973년 칠레에서 군사쿠데타가 일어났다. 피노체트가 민주적 사회주의를 표방해왔던 아옌데 정권을 무너뜨리고 집권한 것이다. 이때 '시카고 보이스'는 독재자 피노체트에게 신자유주의적 정책 어젠다를 제공하며 특권층에 올라섰다. 그들은 국가 개입 축소, 민영화, 시장 개방 등 급진적 신자유주의 프로그램을 단행했다. 그에 따라 칠레의 국민경제는 붕괴하고 미국의 달러경제체제로 통합되었

---

7   예전에는 미국 시카고대를 중심으로 한 경제학자들을 일컬었다. 그러나 지금은 미국에서 주류 경제학을 공부해 박사학위를 받은 사람들로 의미가 확장되었다. 굳이 시카고대가 아니더라도 미국 대학은 대개 주류 경제학을 가르치기 때문이다.

다. 그것은 미국 경제체제의 세계적 확산 전략인 '워싱턴 컨센서스Washington Consensus'와 딱 맞아떨어지는 것이었다.

흔히 유학파가 자국과 유학국을 연결하는 가교架橋 역할을 한다고 여긴다. 그러나 그것은 평등한 교류가 아니다. 일제시대의 일본 유학생들이 '반半 일본인'이었던 것처럼, 지금의 미국 유학파는 '반 미국인' 혹은 '검은 머리 미국인'이다. 이로부터 왜 정·관계가 국민에게 별 도움도 안 되고 해만 끼치는 각종 FTA와 신자유주의적 정책 도입에 그렇게 열심인지를 알 수 있다.

검은 머리 미국인의 나라

헤더 초Heather Cho, 월터 초Walter Cho, 에밀리 초Emily Cho, 미키 리Miky Lee, 베넷 쿠Bennett Koo, 준 초June Cho, 브라이언 초Brian Cho, 스탠리 초Stanley Cho……. 이들이 누구일까? 우리 사회를 지배하고 있는 최상류층 인사들이다.

헤더 초는 '땅콩 회항'으로 유명해진 조현아 전 대한항공 부사장의 영어이름이다. 월터 초와 에밀리 초는 조현아의 동생들인 조원태 대한항공 사장과 조현민 대한항공 전무이다. 미키 리는 이미경 CJ 부회장이다. 베넷 쿠는 LG가 3세인 구본호 범한판토스 대주주이고, 준 초는 조현준 효성그룹 회장이다. 브라이언 초는 조현범 한국타이어 사장이고, 스탠리 초는 그 형인 조현식 한국타이어월드와이드 사장이다. 모두 재벌 2~3세이다.

현대사회는 기업사회다. 주식회사에 기생하는 자본권력이 사회를 지배한다. 자본권력은 정치권력보다 우위에 있다. 우리나라의 경우, 자본권력의 핵심은 재벌이다. 그런데 이 재벌가 인사들 상당수가 '검은 머리 미국인'이다. '검은 머리 미국인'이라는 말은 단지 비유가 아니다. 실제로 미국 국적을 가진 '미국인'들이 많다. 미국 국적자는 아래 세대로 내려올수록 많아지고 있다.[8] 이러한 현상은 정치인, 고위 관료, 교수, 법조인, 인기 연예인, 의사 등 여타 엘리트 집단에서도 동일하게 나타나고 있다. 우리 사회는 명실공히 '검은 머리 미국인들'이 운영하는 사회다.

'검은 머리 외국인'들은 법적으로 외국인이거나 이중국적자다. 법적으로 외국인이 되면 당연히 세금도 내지 않고, 군대도 가지 않는다. 한국 국적 포기는 주로 군 복무 면제를 목적으로 이루어진다. 물론 외국인은 공직 진출에 제한을 받는다. 그러나 그게 무슨 상관인가. 우선 군대를 면제받고, 필요하면 나중에 국적을 회복하면 그만인 것을. 이들은 보통 한국에서 유년기를 보낸 뒤 미국 학교로 진학한다. 한국에 머물 때에도 외국 국적을 이유로 외국인학교에 입학하거나 국제학교에 진학한다.

재벌가가 외국인학교나 국제학교를 선호하는 이유는 교육이 외국어 중심이라 미국 대학으로 유학 가는 데 이롭기 때문이다. 그럴 거면, 아예 어릴 때부터 미국 학교로 보내면 될 것 아닌가 생각할 수도

---

8 KBS 탐사보도팀에 따르면, 국내 10대 재벌 일가에서 출생지가 확인된 628명 중 미국 출생자는 119명이었다. 주지하다시피, 미국은 속지주의여서 미국 출생자는 미국 국적을 갖게 된다. 미국 출생자는 재벌 1~2세대에서는 5명에 불과했지만, 3~5세대에는 114명으로 급속히 느는 추세를 보여준다. 자세한 내용은 KBS 1TV에서 방영한 "해외부동산 추적보고서 3편: 회장님의 나라는 어디입니까?", 〈시사기획 창〉을 참조할 것.

있다. 그러나 재벌 자식도 어릴 때는 부모의 애정이 필요한 법이다. 아무리 재벌 부모라도 어린 자식을 먼 타지에 홀로 떨어뜨려놓고 어떻게 관리가 되겠는가? 그러므로 이들 어린 '검은 머리 외국인'이 다닐 학교가 국내에 있어야 한다. 외국인학교와 국제학교가 그에 적합하다.

외국인학교는 학비만 연 3,000만 원 정도 들어가는 것으로 알려져 있다. 학비가 비싼 것도 이들에게는 좋다. 그런 만큼 일반인의 접근이 허용되지 않는 상류층의 학교가 되기 때문이다. 그들은 이처럼 출발부터 같은 학교를 다니면서 경력과 생활양식을 공유한다. 진학하는 미국 명문고나 명문대도 비슷하다. 이들은 그곳에서 국내 상류층뿐 아니라 미국 상류층 자녀들과도 인맥을 쌓는다. 국내 상류층이 자신의 기득권을 유지하고 확장하기 위해서는 무엇보다 미국 주류와의 인맥이 필요하다. 미국 명문학교로의 유학은 그것을 보장해준다.

재벌의 정서가 탈한국적이면서 친미적이라는 것은 학교 후원을 통해서도 드러난다. 국내 대학이나 학생들에게는 지원이 박한 재벌들이 미국 대학에는 매년 거액을 기부한다. 대표적인 예가 한진그룹과 두산그룹이다. 한진그룹 일가는 회장 조양호와 그 딸 조현아를 비롯, 무려 8명이 서던캘리포니아대학교(남가주대) 출신이다. 조양호는 17년째 이 대학 이사로 이름을 올려놓고, 매년 기부금과 각종 편의를 제공하면서 긴밀한 관계를 유지하고 있다. 두산그룹은 박용성 회장과 그 아들 박진원 사장을 비롯, 무려 일가 15명이 뉴욕대학교 출신이다. 두산그룹 역시 뉴욕대에 매년 거액을 기부하면서 특별한

관계를 유지하고 있다.[9]

입학사정관제로 학생을 선발하는 미국 대학 입시전형에는 '동문 기여 입학제도'가 있다. 동문이 대학에 기부를 꾸준히 하면 그 자녀들이 입학하려 할 때 높은 가산점을 준다. 이로부터 재벌들이 미국 명문대에 거액을 기부하는 이유를 짐작할 수 있다. 얼마나 많은 재벌가 자녀가 기여 입학으로 미국 명문대에 들어갔는지는 알 수 없다. 미국 대학에서 비밀에 부치기 때문이다. 아무리 성적이라는 것이 돈을 넣으면 자판기처럼 나오는 세상이 되었다고 해도 일가 전체가 미국 명문대에 들어갈 실력이 되기란 힘든 일이다. 그리고 그렇게 실력이 좋다면, 굳이 한 대학으로의 진학을 고집할 필요도 없을 것이다.

더 황당한 것은 이 후원금이 '사회 공헌'을 명분으로 개인 돈이 아니라 회사 돈으로 지불된다는 점이다. 돈은 회사가 내고, 수혜는 재벌 인사들이 받는 구조다. 제국주의 국가들이 군사적 침략을 통해 땅을 점령해 통치하는 것을 식민주의라 하고, 땅을 점령하지는 않지만 경제적으로 복속시키는 것을 신식민주의라 한다. 제국주의 국가들에게 빌붙어 부와 권력을 축적하는 식민지 관료들은 예전부터 있었다. 그러나 이제는 국적도 아예 제국주의 국가로 바꾼 '검은 머리 외국인'들이 국가를 지배한다. 이를 뭐라 불러야 좋을까?

---

9   조양호 한진 회장은 인하대학교 이사장이고, 박용성 두산 회장은 중앙대학교 이사장이다. 그들은 자기 재단의 학생들에게는 높은 등록금을 받아 수익을 올리는 데 급급하면서 미국 대학에는 매년 거액을 희사하는 행태를 보이고 있다.

학문적 신탁통치

내가 아는 유학생이 있다. 그는 영국의 한 대학에서 사회학 박사 과정을 밟고 있다. 언젠가 만났을 때, 나는 그에게 논문 주제는 정했는지 물었다. 어떤 주제로 논문을 써야 할지 몰라 고민했던 것을 알고 있었기 때문이다. 그는 교수의 권유도 있고 해서 '한국 유학생의 실태'에 대해 쓰기로 했노라 했다. 어떤 부류의 한국 학생들이, 어떤 경로로 영국으로 유학을 오고, 유학 중 겪는 어려움은 무엇인지 등에 대해 쓰겠다는 것이다. 나는 괜찮은 아이디어라고 말해주었다. 그 자신이 유학생이었으므로 쓰기 편한 주제이기도 하고, 사회적 의미도 도출할 수 있겠다 싶었기 때문이다. 그리고 시간이 흘렀다. 나는 어느 날 책을 읽다가 이런 내용을 발견했다.

(유학생들은) 논문 주제도 인문사회과학 분야는 우리나라와 그 유학 국가 사이의 비교연구나 한국의 현상을 소재로 한 논문을 많이 쓴다. 이것은 지도교수의 권유에 의해 정해지는데 그 나라에서는 이를 통해 유용한 정보를 얻고자 하는 것이다.[10]

나는 이를 읽고 그 유학생 지도교수의 의도를 짐작할 수 있었다. '한국 유학생의 실태'라는 주제도 그 유학생의 관심이나 학문적 성취보다는 자국의 이익을 위해서 권유했던 것이다. 이러한 논문들은 유학국의 교육산업에 이로울 뿐 아니라 그 나라의 국제적 영향력을

---

10 김동훈, 『대학이 망해야 나라가 산다』(바다출판사, 1999), 182쪽.

증대하는 데에도 도움이 될 것이다.

그렇게 보면 유학생들에게 연구용역을 맡기고, 그 대가로 학위를 주는 것과 무엇이 다를까 싶다. 일반적으로 용역을 주는 경우, 노동의 대가를 지불해야 한다. 그러나 유학생들에게는 그럴 필요가 없다. 오히려 유학생들에게 등록금을 받는다. 돈도 받고, 일도 시키고, 일거양득이다. 무엇을 배울 것인가도 생각만큼 자유롭지 않다. 그것은 사실상 유학국에 의해 결정된다. 1970년대 미국에 유학 간 50대 교수들은 대부분 군사론을, 1980년대 유학 간 40대 교수들은 소련·중국·일본의 지역 연구를, 30대는 정치경제론을 주로 공부했다. 그 시기에 미국의 대외정책이나 이해관계가 거기에 집중되어 있었기 때문이다.

김동훈은 유학파의 사대적 조공을 이렇게 폭로했다.

외국 학위자는 자기의 학문적 고향을 못 잊고, 기회만 있으면 유학한 나라에 들러서 유대를 강화한다. 지도교수의 여비까지 부담해 초대, 강연도 주선하고, 관광도 시켜준다. 그 대학의 총장이나 고위 관계자라도 방한하면 큰 호텔에서 미국 무슨 대학교 한국 동창회 열어 그 세를 과시한다. 신문사에 로비해 사진이라도 한 장 실리게 한다.…… 자기 스승 얘기나 최신 외국 이론을 소개하며 외국 동향에 밝은 것을 자랑으로 삼는다.[11]

11 김동훈, 앞의 책, 173쪽.

지도교수에게도 외국 유학생 제자들이 많은 것은 좋은 일이다. 특히 유력한 집안 출신의 제자들이 각국에 퍼져 있으면 자신의 학문적 권위를 세계적으로 높이는 데 도움이 된다. 유학파가 이렇게 지도교수를 살뜰하게 챙기는 것은 스승에 대한 존경이나 예우 때문만은 아니다. 국내에서 자신의 지도교수가 유명해지거나 국제적으로 영향력이 커지면, 국내 학술시장에서 자신의 지분 역시 커진다. 예를 들어 지도교수 로빈슨이 세계적인 학자가 된다면, 그 제자는 국내에서 '새끼 로빈슨'으로서 지위를 갖게 된다. 그렇게 유학파와 지도교수 사이에는 일종의 봉건적 파벌관계가 형성된다.

학문의 영역에서 우리는 주권국가가 아니다. 유학파 교수들은 제자들에게 다시 유학을 추천함으로써 학문 조공의 대를 잇는다. 상황은 심각하다. 다음에 나오는 대학원생의 고민에 대해 할 말이 없을 정도로.

석사과정을 마친 나는 박사과정에 대해 고민했다. 국내에서 공부할 것인가, 유학을 갈 것인가. 선진국의 이론을 그대로 따르는 유학파 학자들. 나도 그렇게 될까봐 걱정되었다. 그러나 문제는 국내에서 공부한다고 해서 학문의 종속, 학문의 식민주의에서 자유로울 수 있을까 하는 점이다. 국내의 학문이 식민화되었다면, '주체성'이라고 하는 것은 어디에서 찾아야 하는 것일까.[12]

---

12 김동애 외 40인, 『지식사회 대학을 말한다』(선인, 2010), 225~226쪽.

6

군대를 알아야 학교를 안다

입학과 입대

학교나 군대는 누구나 가는 곳이지만, 누구에게나 낯선 곳이다. 내가 처음 입학했을 때가 생각난다. 가슴에 큼지막한 이름표와 손수건을 달고 엄마 손을 잡고 학교에 갔다. 또래 아이들이 그렇게 많이 모인 것을 그때 처음 보았다. 연령에 따른 '인간 분리수거'라 부를 만한 것이었다. 학교에 간 첫날부터 신체에 대한 통제가 시작되었다. 입학식을 한다면서 아이들을 줄 세웠다. 생경한 풍경에 두려움을 느낀 아이들은 엄마 손을 꼭 붙잡고 함께 줄을 섰다. 그러나 입학식이 시작되자 엄마들은 아이와 떨어져 운동장 뒤편으로 물러나도록 종용받았다. 겁내는 아이를 안심시키며 뒤로 물러나는 엄마들. 그것은 상징적인 장면이었다. 아이가 부모의 품에서 떨어져 국가관리시스템에 편입되는 결정적 장면.

신입생에게는 수인囚人처럼 번호가 부여되었다. 번호는 '자아의 무화無化'를 의미했다. 학교는 번호를 부여함으로써 개별적 특성과 기질을 지우고, '내가 아무것도 아니라는 것'을 느끼게 해주었다. 자존감이 생겨나기 어려운 시스템이었다. 담임은 자기 임의대로 임시반장을 뽑았다. 임시반장은 다시 담임에 의해, 별 설명도 없이 정식 반장으로 임명되었다. 반장이 시내의 유명한 병원 원장의 아들이라는 것은 나중에 알게 되었다. 그렇게 자존감은 학교와 교사에 의해 일방적으로 '부여'되었다.

교사들은 기묘한 말투를 사용했다. 이런 식이었다. "우리 이제 두 팔을 이렇게 앞으로 쭉 뻗어서 '앞으로 나란히!' 하는 거예요. 자, 앞으로 나란히! 거기 빨간 옷 입은 애, 옆으로 좀 들어가. 내 말 안 들려. 아니 너 말고. 옳지." 반말과 존댓말이 교묘하게 섞여 있었다. "자, 지금부터 자기 이름을 부르면 '네' 하고 이 앞으로 나옵니다. 알겠어요?" 하는 식의 '명령조의 존댓말'을 처음 들은 것도 학교에서다. 반말과 존댓말이 섞인 말투, 명령조의 존댓말은 '너나 잘하세요' '지랄들을 하십니다' 같은 식으로 비아냥거리거나 모욕감을 줄 때 더욱 빛을 발한다.

중학교에 입학한 날도 인상에 남는다. 나는 처음으로 일제식 시커먼 교복을 입었다.' 교복도 낯설고, 남학생들로만 이루어진 학교도 낯설었다. 초등학교와 달리 남성적 분위기가 물씬 풍겼다. 연령별

---

1 나는 중1 때까지만 교복을 입었다. 그 이듬해인 1983년부터 교복 자율화가 시행되었기 때문이다. 명분은 당시의 획일화된 교복이 '일제의 잔재이므로 그것을 없애야 한다'는 것이었다. 한편으로 그것은 민주화에 대한 국민적 열망을 희석시키기 위한 가시적 조치이기도 했다.

분리수거는 다시 성별 분리수거로 세분화되었다. 폭력과 인권침해의 강도는 초등학교와 비교가 안 되게 세졌다. 중학교는 차갑고 삭막했다. 그런 느낌은 고등학교 때까지 지속되었다.

대학 1학년을 마치고 군대에 갔다. 인권유린은 군대에서 절정에 달했다. 신병 훈련소에 들어가자마자 명령, 훈계, 구타, 기합, 욕설, 경례, 도열, 복창, 군가 제창, 정신교육, 훈련, 감시, 경쟁, 노동이 반복적으로 폭풍같이 몰아쳤다. 정신과 신체는 24시간 감시되고 통제되고 처벌되었다. 일상적인 모독과 모멸 속에서 개인이 가진 인격과 교양, 자존감과 가치관은 소거되어갔다. 자기 고유의 의식과 신체를 가지고 행위하는 '개인'은 사라지고, 집단을 이루는 '개체'만 남았다. 정신은 황량해지고, 몸은 명령에 반응하는 데 익숙해져갔다. 하루에도 얼마나 많은 명령과 실행이 반복되는지 몰랐다. 하루가 열흘 같았다.

첫 휴가를 나왔을 때도 기억난다. 그때 바라본 세상은 이전과는 사뭇 달랐다. 군 경험의 밀도가 얼마나 높았던지, 군대와 다른 세상이 존재한다는 것이 생경할 정도였다. 무엇보다 길거리를 지나다니는 남자 어른들이 달라보였다. 평소에는 무심하게 보고 지나쳤던 사람들이었다. 그들 모두 야만적이고 지옥 같은 군대를 거쳤다는 사실이 새삼 놀라웠다. 사회는 명실공히 그런 남자 어른들에 의해 구성되었다는 점은 새로운 깨달음이었다.

군대를 다녀온 사람이면 다 안다. 민주주의건 뭐건 군대에서는 다 필요 없다. 그냥 까라면 까야 하는 곳이 군대다. 그리고 그것을 너무도 당연하게 여긴다. 군대에서는 자신의 고유한 자아를 지킬 수 없다. 사고도 멈춘다. 무엇에 대해 자율적으로 따져보고 사고할 만한 여력과 여유도 허락하지 않기 때문이다. 남자들이 군대를 통해 배우는 것은 순종과 정치적 무기력이다. 개인은 체제에 아무런 영향을 미칠 수 없으며, 오로지 체제에 복무할 수 있을 뿐이라는 순종적 태도와 정치적 무기력. 남자들은 그것을 군에서 체화한 상태로 사회에 진출한다. 군대 경험을 통해 순종적 시민으로 완성되는 것이다.

군대를 빼다 박은 학교

미셸 푸코Michel Foucault는 일찍이 학교, 군대, 감옥의 유사성을 간파했다. 그는 "감옥이란 약간 엄중한 병영, 관대함이 결여된 학교"이며 "극단적인 경우에도 질적인 차이는 아무것도 존재하지 않는다"고 했다.[2] 굳이 푸코 같은 철학자의 글이 아니라도, 조금만 주의를 기울이면 우리는 학교와 군대의 구조와 운영방식이 놀랍도록 비슷함을 알 수 있다.

첫째, 공간구조. 군대는 막사가 연병장을 내려다보는 구조로 되어 있다. 학교 역시 교사校舍가 운동장을 내려다보는 구조로 되어 있다. 구령대가 설치되어 있는 것도 같다. 둘째, 편성 단위. 군대는 대대-중대-소대로 이루어져 있고, 학교는 학년-학급-분단으로 이루어져 있다. 셋째, 지휘체계. 대대는 연대의 지시를 받고, 학교는 교육청의 지시를 받는다. 대대장(중령)이 독방을 쓰고, 작전참모(소령)가 상황

---

2   미셸 푸코, 박홍규 옮김, 『감시와 처벌』(강원대학교 출판부, 1996), 297쪽.

실에서 간부들을 지휘감독하듯, 교장은 독방을 쓰고 교감은 교무실에서 교사들을 지휘감독한다. 넷째, 봉급과 직책구조. 군대는 철저한 계급제도 아래 근무연수에 따른 봉급구조로 이루어져 있다. 학교도 근무연수에 따른 봉급과 직책구조를 따른다.

교사가 장교라면, 학생은 사병이다. 학교에 선배가 있듯이, 군대에도 고참이 있다. 병사에게 군번이 있듯이, 학생에게는 학번이 있다. 군대에는 초소가 있고, 학교에는 수위실이 있다. 군대나 학교나 제복을 입히는 것도, 짧은 머리를 요구하는 것도 같다. 식당에 줄 서서 식판에 밥 먹는 것도 같다. "이것들이 군기가 빠져서 이래!" 하는 식의 호통은 군대에서만 듣는 것이 아니다. 학교에서도 듣는다.[3] 학교나 군대나 국가 주도이며, 의무적으로 가야 한다는 것도 같다.[4] 학교나 군대나 훈육이 주입식으로 이루어진다.

학교나 군대나 폐쇄적이다. 사람을 24시간 울타리에 가두어 놓는 군대는 말할 것도 없고, 하루의 대부분을 붙잡아놓는 학교도 폐쇄적이기는 마찬가지다. 사생활 침해가 일상적으로 이루어지고, 때때로 이유 없이 얻어터지는 것도 같다. 학교와 군대에서는 연일 제압당하는 것이 일이다. 학생과 병사는 '제복 입은 시민'이라는 의견도

---

3   이런 말은 직장에서도 흔히 듣는다. 직장인들은 직속 상사를 '사수'라 부른다. 이 역시 군대용어다. 직장 사무실의 공간구조나 지휘체계도 대개는 군대와 비슷하다. 평화주의자나 페미니스트들이 우리 사회를 '병영사회'라고 부르는 데에는 이유가 있는 것이다.

4   제도교육이 '권리'가 아니라 '의무'로 표현된 점에 주목해야 한다. 흔히 의무교육을 '복지'로 여긴다. 그러나 학생들은 저마다 기질, 성격, 적성이 다르다. 자녀 교육에 대한 부모의 욕구도 다양하다. 그럼에도 제도교육은 이 모든 다양성을 일축하고 획일적인 교육으로 일관한다. 더구나 요즘은 학교 폭력에 피해를 입는 학생들도 많다. 그래도 학교를 그만두기란 쉽지 않다. 많은 이유에도 불구하고 9년 동안 무조건 학교를 다녀야 한다면, 그것이 '징집'과 다를 바 무엇인가.

있다. 그러나 말뿐이다. 현실에서 학생과 병사는 사람으로 취급되지 않는다. 예를 들어 학생들이 자주 듣는 말 중 하나는 "학생이 공부나 하면 됐지, 그런 거 해서 뭐해(그런 게 왜 필요해)"다. 다양한 욕구와 인간적 권리는 단지 '학생'이라는 이유로 간단히 무시된다.

학교는 '민주시민 양성'을 목표로 하고, 군대는 '자유와 민주주의 수호'를 위해 존재한다고 주장한다. 민주사회는 스스로 생각하고 행동하는 주체로서 시민을 필요로 한다. 그러나 학교는 이에 필요한 자율성과 독립성을 끊임없이 훼손한다. 민주주의를 가르치기는 한다. 그러나 주입식과 체벌을 동반하는 비민주적인 방법으로 가르친다. 내용과 형식의 모순이다. 군대 역시 병사의 자유와 인간 존엄성을 깡그리 무시한다. 구타는 군기 확립을 위해 불가피하다고 공공연하게 인정된다. 국민의 자유와 민주주의 수호를 위해서는 제복 입은 시민인 병사의 자유와 존엄성 훼절毁折이 필요하다는 논리다.

국민개병제와 국민의무교육

우리는 '교육' 하면 지성의 고양高揚을 생각한다. 그러나 제도교육은 출발부터가 고상하지 않았다. 고대부터 교육은 권력에 잘 복종하는 시민, 특히 국가를 위해 몸 바칠 병사를 양성하는 것이 주목적이었다. 고대 스파르타나 아테네는 물론이고, 로마 공화정의 교육도 크게 다르지 않았다. 결국 제도교육은 국가권력의 필요성, 그중에서도 군사적 필요성 때문에 생겨났다고 해도 과언이 아니다. 중세에는 기독교 윤리로 무장한 무사와 사제를 양성하기 위한 교육이 있었다.

기사들은 영주와 사제에게 복종하도록 교육받았다. 그러나 근대 이전의 교육은 전 국민을 대상으로 한 것이 아니었으므로 교육의 영향력도 소수의 상류층에 국한되어 있었다.

역사상 최초로 전 국민을 대상으로 한 근대교육제도는 1825년 프로이센에서 실시되었다. 프로이센이 '국민의무교육'을 실시하게 된 이유를 이해하기 위해서는 프랑스혁명으로 돌아가 봐야 한다. 1789년 프랑스에서 시민혁명이 일어났다. 그러자 혁명의 기운이 자신들의 권력을 위태롭게 할 것을 두려워한 유럽의 전제군주들은 동맹을 맺어 한꺼번에 프랑스로 쳐들어갔다. 당시 프랑스에는 애국 시민이 주축을 이룬 국민방위군이 있기는 했지만, 그들만으로는 역부족이었다. 이에 프랑스 공화국 정부는 1793년 징집령을 선포한다.[5]

징병제 도입으로 프랑스군 병력은 급증했다. 26만 명에 불과했던 병력이 1794년 여름에는 100만 명에 달했다. 러시아를 제외한 전 유럽의 병력에 맞먹는 규모였다. 군사대국이 된 프랑스는 대불동맹군을 몰아내면서 내친김에 국경 너머로 진격했다. 절대왕정의 폭정에 신음하는 다른 유럽 국가의 시민들을 해방시키겠다는 열망 때문이었다. 징병제와 혁명정신의 결합으로 군사적 파괴력은 배가했다. 곳곳에서 프랑스군의 승전보가 울려 퍼졌다.

프로이센은 1806년 예나 전투에서 나폴레옹 군대에 대패하면서 '국민총무장'의 위력과 함께 '국민정신무장'의 필요성이 대두되었

---

5 징병제가 프랑스혁명을 토대로 성립했다는 것을 잘 기억해두어야 한다. 이것이 징병제에 대한 신화를 창출하는 데 결정적인 역할을 했다. 징병제가 근대국가 및 시민사회의 성립과 맥을 같이한다는 것. 시민의 의무 중에서 가장 중요한 것이 '병역 이행'이라는 신화는 이때부터 만들어졌다.

다. 무엇으로 정신무장을 이룰 것인가? 정신무장은 결국 교육의 몫일 수밖에 없었다. 국가가 통제하는 학교가 필요했다. 그렇다면 교육의 내용은? 프로이센의 전제군주가 프랑스처럼 혁명정신을 주장하며 국민을 무장시킬 수는 없었다. 대신 나폴레옹의 침략에 대한 반발로 촉발된 '민족주의'를 적극 교육에 이용했다.[6]

프로이센은 1814년 징병제를 도입하고, 1825년 국가 주도의 국민의무교육을 실시했다. 의무교육은 여러모로 쓸모가 있었다. 본래 권력자의 입장에서 국민이 지적인 존재가 된다는 것은 늘 위험한 일이었다. 국민이 우매한 상태로 남아있는 쪽이 통치하기에 편하다는 것은 동서고금의 진리다. 그러나 그것은 교육이 국가에 의해 통제되지 않는 상태에 있을 때의 일이다. 교육을 국가가 독점한다면 이야기는 달라진다. 그러면 교육은 오히려 국가권력이 국민의 정신을 장악하는 수단이 된다.

징병제, 즉 '국민총무장' 개념도 위험하기는 마찬가지였다. 무장한 국민이 권력자의 지휘 아래 총구를 외국의 침략자에게만 겨눈다면 더할 나위 없이 좋을 것이다. 그러나 만에 하나 무장한 국민이 총구를 지배자에게 겨누면 어떻게 되는가? 오랜 세월 동안 군주들이 징병제를 실시하지 않은 것은 바로 이런 이유 때문이었다. 그러나 어차피 자본주의의 본격화, 제국주의적 경쟁, 무기의 발달로 징병제가

---

6 나폴레옹은 자신의 정치적 야욕을 충족하기 위해 전쟁을 수행하면서도 여전히 '혁명의 전파'를 침략의 명분으로 이용했다. 이러한 전략은 전쟁에 유리한 요인으로 작용했다. 그러나 프랑스군이 더 이상 혁명군이 아니며, 제국주의적 침략군에 불과하다는 것을 유럽인들이 깨닫는 데는 그리 오래 걸리지 않았다. 이에 프로이센을 비롯한 유럽 각국에서 민족주의가 발흥했다.

불가피했다. 성능 좋은 화기들은 엄청난 희생자를 냈고, 각국은 병사들의 '소모'에 대비해야 했다. 병력 충원 면에서 징병제만큼 효율적인 제도는 없었다.

징병제가 불가피하다면 선택은 하나다. 병사들이 권력자에게 대들지 않고, 권력자의 명령에 고분고분 따르게 하는 강력한 의식통제 장치가 필요했다. 그것이 국민의무교육이다. 그러나 병역 이행을 강제하기 위해서는 민족주의 이상의 합리적이고 고차원적인 논리가 필요했다. 그래서 동원된 것이 '시민권' 개념이다. 시민권이란 국가의 구성원으로 인정되고, 그 구성원으로서 여타의 자유(언론 사상의 자유, 경제활동의 자유 등)와 공적 문제에 참여할 권리(참정권, 사회복지의 향유 등)가 보장되는 것을 말한다. 이러한 시민권을 줄 테니, 징병제를 의무로 받아들이라는 정치적 타협이 제시되었다. 그리고 그것을 합리화하는 내용이 의무교육을 통해 주입되었다.

1806년 예나 전투에서 프로이센이 나폴레옹 군대에 대패했을 때, 피히테는 강력한 민족주의를 주장하며 이렇게 말했다. "국가주의 교육을 보편적으로 보급한 국가는 새로운 청년 세대가 교육을 마친 그 순간부터 별다른 군대를 필요로 하지 않는다. 역사상 유례없이 강력한 군사력이 바로 그들 속에 있으므로."[7] 청년 세대가 곧 군대가 되어야 한다는 말이었다. 이 예언은 현실이 되었다. 1870년 보불전쟁(프로이센-프랑스 전쟁)에서 프랑스군을 물리친 프로이센의 참모총장

---

7   Johann Gottlieb Fichte, trans. by R. F. Jones and G. H. Turnbull, 『Addresses to the German Nation』(Chicago: Open Court Publishing Co., 1922). 조웰 스프링, 심성보 옮김, 『교육과 인간해방』(사계절, 1985), 37쪽에서 재인용.

몰트케는 "승리는 일찍이 초등학교 교단에서 결정됐다"고 말했다. 초등학교 교단에서부터 국가권력 수호를 위한 정신교육, 애국교육, 호전성 함양이 전쟁의 승패를 좌우했다는 말이다. 징병제와 국민의 무교육은 '한 쌍'이었다. 근대적 의미의 학교는 군대에서 나왔다고 해도 과언이 아니다.

일본 군국주의와 학교 제도

우리나라의 학교 제도는 지금도 일제 강점기의 그것을 고스란히 답습하고 있다. 대한제국 시절에도 몇몇 근대적인 학교는 있었지만, 지금의 학교 제도를 만든 것은 명실공히 일제의 학교였다. 당시 학교는 천황에 대한 충성심 배양과 군국주의 함양이 주된 목표였다. 학교는 어린 군인을 양성하는 병영이나 다름없었고, 교사의 모습은 영락없는 장교였다. 교사들은 군복을 입고 칼을 차고, 교편敎鞭(교사가 수업시간에 지시용도로 쓰는 막대기)을 들고 교단에 섰다. 언제라도 몽둥이로 변할 수 있는 교편을 들고 칼을 찬 교사의 위엄, 그 위엄이 학생에게 가하는 공포는 대단했다.

물론 오늘날 교사들은 칼을 차지는 않는다. 그러나 교편을 드는 교사들은 많다. 지금도 사람들은 교사 노릇하는 것을 '교편 잡는다'라고 표현한다. 권위적이고 강압적인 훈육이 아직도 교직의 이미지를 표상한다. 교편의 위상은 군대를 보면 명확해진다. 지금도 군대 교관들은 하나같이 교편을 든다. 심지어 사회인을 대상으로 한 예비군 훈련 교관도 교편을 든다. 반면 사회에서 행하는 대중 강연이나 대학 강의에는 교편이 등장하지 않는다. 만약 그런 데서 강사가 교편을 들고 나타난다면 청중들은 협박당하는 기분이 들 것이다.

교복의 모델은 본래 군복이었다. "학교에서 실시하는 군사훈련에 일본옷이 적합하지 않자, 육군 하사관 전투복을 모델로 학생복을 도입한 것이 교복의 시초"였다.[8] 군복 같은 교복의 모양새는 1983년 교복 자율화가 되기 전까지 유지되었다. 학교에서 시행된 노골적인 군사교육은 아무래도 '교련'이었다. 1992년까지만 해도 우리나라 고등학교에서는 남학생에게 제식훈련과 총검술을, 여학생에게 제식훈련과 구급법을 가르쳤다. 담당교사도 군인 출신이었다. 남자 교련 교사는 예비역 대위나 소령 출신이었고, 여자 교련 교사는 간호사관학교 출신이었다.

소풍도 군사훈련의 일환이었다. "1886년 도쿄사범학교는 그해 처음 실시한 소풍이 '군사교련'의 일부임을 분명히 했다. 학생들은 총기에다 외투와 모포를 꾸린 군장을 메고 몇 권의 병서와 신발, 양말, 갈아입을 셔츠를 준비해서 떠났다. 12일 동안 학생들은 공포 쏘기 연습, 병사 배치 연습을 했으며 날씨 조사, 조개류 채취 등 '학술 연구'도 병행했다."[9] 우리나라에서도 1980년대까지 교련복을 입고 소풍을 가곤 했다.

수학여행도 군사훈련이었다. "메이지 시기(1868~1912) 효고현 호메이의숙에서는 무장을 하고 직접 숙식을 해결하면서 무장행군을

8　황경상, 「소풍·교복 등 학교일상에 숨겨진 일본 군국주의 정략」, 『경향신문』, 2013년 1월 4일.

9　황경상, 앞의 기사.

하는 것이 '수학여행'이었다."[10] 1920년대 조선총독부가 권장한 수학여행 코스는 만주와 도쿄였다. 만주는 러일전쟁 승리의 기념비적인 장소였고, 도쿄에는 일본 왕궁과 발전된 본국의 위용이 있었기 때문이다.[11] 수학여행은 일본 군국주의의 위대함을 직접 보고 체험하는 과정이었다.

운동회 역시 버라이어티한 군국주의의 전시장이었다. 운동회는 학생들이 지금 당장 징집되어도 충분히 한 명의 군인 몫을 해낼 수 있다는 것, 외국의 어떤 군대와 맞붙어도 이길 만한 체력이 있다는 것을 보여주는 장이었다. 운동회 때 만국기를 거는 것은 '세계의 모든 청(소)년들과 겨루어 우리의 전투력이 우월하다는 것을 보여주어야 하지만, 그럴 수 없으니 각국의 국기로 대신한다'는 의미였다. "스포츠라고 명명된 근대적 운동의 태생이 '국가 간 경쟁'에서 출발"한 것이기 때문이다.[12] 전 학생이 도열하고 기수단이 앞장선 채 진행되는 개·폐회식, 국민의례, 군악대를 대신하는 고적대, 구령과 깃발 신호에 맞추어 일사불란한 움직임을 보여주는 매스게임(집단체조), 개선문을 본 딴 용진문, 전쟁을 방불케 하는 차전놀이는 군사적 시위나 다름없었다.

선도부 제도도 일제의 산물이다. 이 제도는 학생으로 하여금 학생을 제압하게 하는 '이이제이以夷制夷' 식의 매우 야비한 제도다. 입

---

10   황경상, 앞의 기사.

11   이승원, 『학교의 탄생』(휴머니스트, 2005), 292~296쪽.

12   이승원, 앞의 책, 189쪽.

영일에 따라 계급이 다른 병사와 달리 학생은 서열 관계가 성립되기 어렵다. 동급생은 모두 입학일이 같기 때문이다. 그럼에도 학교는 학생간부들을 양산함으로써 (그것도 대개는 교사가 일방적으로 임명하는 방식으로) 비민주적 서열 관계에 익숙하게 만든다. 대표적인 것이 선도부다.[13] 같은 학생에게 교문 지도를 당하거나 기합을 받을 때(인권침해를 당할 때)의 모멸감은 말할 수 없이 크다. 선도부 제도는 '앞잡이' 제도이다. 일제가 친일파를 앞잡이로 세워 민중 사이의 반목과 분할을 유도하여 통치한 것과 비슷하다.

그 외에도 '천황제 국민국가'의 유물들은 많다. 조회 · 종례, 교실 청소, 환경 미화, 당번과 주번 제도, 교훈 · 급훈 · 주훈, 학교 동상, 성적 통지표 등이 그렇다. '국어' '국사'라는 용어도 일제가 자기 나라 말과 역사를 가리키던 것이다. 다른 나라들은 이런 말을 쓰지 않는다. 예를 들어 프랑스라면 '프랑스어' '프랑스사'라고 쓰지 '국어' '국사'라고 쓰지 않는다. 심지어 우리가 흔히 쓰는 '선배' '후배'라는 용어, 교육청에서 쓰는 '주사', '주사보', '서기', '서기보' 같은 직함도 일제의 산물이다.[14]

공부 못하는 아이를 때리는 이유

학교에서 아이들은 공부 못한다고 선생님에게 맞는다. 이 풍경

---

13 학생주임(현 생활지도부장 교사)이 임명하는 선도부 외에도 교련 간부, 기수단장, 보이스카우트 회장, 고적대장, 학도호국단 단장 등 교사에 의해 일방적으로 임명되는 간부들은 많다.

14 이에 대해서는 김종철, 『교육인가 사육인가』(21세기북스, 2011) 참고.

은 너무 흔해서, 우리는 그것을 당연하게 받아들인다. 심지어 부모가 교사에게 '내 자식을 때려서라도 가르쳐달라'고 부탁하기도 한다. 우리가 흔히 듣는 '지도편달指導鞭撻 부탁드린다'는 뜻이 그렇다. 맞아가며 하는 공부는 결국 강제 공부인데, 자기 주체성을 소멸시키는 공부, 자신을 소외시키는 공부는 진정한 공부라 할 수 없다. 설사 시험 성적이 잘 나온다고 해도 그렇다. 시험 성적이 잘 나오는 것과 지성을 고양하는 것은 별개의 문제다. 인간의 지성은 주체성을 적극 발휘할 때 높아진다.

그러나 그것은 원론적인 말이고, 학생의 지력을 판단하는 것은 결국 '성적'이 된다. 성적이 학생의 지력 판단의 기준이 된다는 것도 동의할 수 없지만, 그에 동의한다 해도 성적 나쁜 아이를 때리는 것은 쉽게 설명될 수 없다. 공부를 못하는 아이들은 좋은 대학에 못 가거나 아예 대학을 못 갈 것이다. 그것은 선생의 손해가 아니라 학생의 손해다. 공부 못하는 학생들은 그렇게 대가를 치를 것이다. 그런데 왜 때리는가? 무엇보다 공부를 못하는 것은 죄가 아니다. 죄가 아닌데 왜 처벌받아야 하는가? 논리적으로 생각하면 교사가 아이를 때려야 할 이유가 없어 보인다.

교사가 공부 못하는 아이를 때리는 표면적인 이유는 크게 두 가지다. 하나는 '아이를 사랑해서.' 다른 하나는 '반 평균을 깎아먹어서.' 아이를 사랑해서 때린다는 것은 기본적으로 사디즘적 발상이다. 맞는다고 공부를 잘하게 된다는 것 자체가 기괴한 논리다. 반 평균을 깎아먹어 맞아야 한다는 것도 입시 논리로만 보면 이해가 안 된다. 왜냐하면 대학을 반별로 들어가는 것이 아니기 때문이다. 반 평균이 높은 반은 전체가 서울대에 가고, 그렇지 않은 반은 3류 대학에 가고, 꼴찌인 반은 전문대에 들어가는 것이 아니지 않은가.

공부 못하는 아이 때리는 것을 이해하기 위해서는 군대를 봐야 한다. 군대에서는 상관의 명령에 불복종하는 것은 무조건 죄가 된다. 그저 상관이 '의도'하는 대로 실행되지 않으면, 모든 것이 졸병의 잘못으로 귀결된다. 졸병이 귀신이 아닌 다음에야 상관의 의도를 어떻게 모조리 다 파악하겠는가. 그런데 심지어 명령을 따라도 '충분히' 실행되지 않았다는 이유로 처벌받는다. 여기서 말하는 '충분히'의 기준은 매우 주관적이다. 상관 마음에 달려 있다 해도 과언이 아니다.

학교도 똑같은 논리다. 원론적으로 공부를 못하는 것은 죄가 아니다. 그러나 교사의 '말을 잘 듣지 않는 것'은 죄다. 수업시간에 선생님의 설명을 잘 들었다면 아이가 공부를 못할 리 없다. 아이가 공부를 못한다는 것, 성적이 나쁘다는 것은 선생님의 말을 잘 안 들었다는 증거다. 교사가 얼마나 잘 가르쳤는지는 문제가 되지 않는다. 나쁜 성적은 선생님 설명이나 지도를 잘 따르지 않았다는 증거이고, 수업시간에 딴짓(딴생각)을 했다는 증거이며, 불성실했다는 증거가 된다.[15]

반 평균을 깎아먹는다는 이유로 아이를 때리는 것은 순전히 관료주의 때문이다. 군대가 청년들을 관리하듯, 학교는 아이들을 관리한다. 교사의 본질 역시 관료에 가깝다. 학생들의 성적은 학교에 대

---

15 아이의 어떤 행동이나 생각이 쓸 데 없는 짓이나 생각이라고 판단하는 사람은 부모나 교사다. 그것은 매우 일방적이므로, 엄밀하게 말하면 부모나 교사가 의도한 대로 아이들이 행동하지 않는 것에 대한 비난일 뿐이다. 매우 파시즘적인 비난이다.

한 평가를 좌우한다. 학급 성적은 교사 근무평정이나 성과급에 영향을 미친다. 교사들에게는 학급 성적도 '실적'일 뿐이다. 그러므로 성적 나쁜 아이들은 교사의 입장에서 자신에게 피해를 입히는 존재이며, 승진의 장애물이다. 그래서 혹독하게 대한다. 본래 교사는 학생을 위해 존재해야 한다. 그러나 현실은 반대다. 군대에서 병사들이 장교에게 철저히 복종하듯, 학생은 교사와 학교를 위해 존재한다.

7

학교와 군대가 폭력을 양산하는 방식

넓고 깊은 폭력이 닮았다

학교와 군대에서 가해지는 폭력은 넓고 깊다. 미셸 푸코는 교정을 중심으로 한 형벌의 대상이 "신체이고, 시간이며, 매일의 동작과 행동, 나아가 정신"이라고 했다.[1] 학교와 군대에서 감시되고 처벌되는 대상과 범주는 가히 전방위적이다. 실존과 실존을 둘러싸고 있는 시공간 전체가 감시와 처벌의 대상이 된다. 가해지는 형벌은 죄 때문이 아니다. 오히려 '죄' 아닌 것을 단죄하기 때문에, 넓고 깊은 폭력이 가능해진다.

군대에는 마음만 먹으면 사람을 괴롭힐 명분이 무한정 있다. 하찮은 형식주의와 세세한 규정 때문이다. 군대에서 병사들은 모포 각잡

---

1   미셸 푸코, 박홍규 옮김, 『감시와 처벌』(강원대학교 출판부, 1996), 177쪽.

기, 군화 정렬, 관물대 정리, 내무반 청소, 총기 손질 여부 때문에 기합을 받는다. 계급장·견장·각반·군화의 상태 역시 언제든지 상관에게 지적당할 수 있다. 모든 물건은 정위치에, 정상태로 있어야 한다. 그렇지 않으면 처벌받는다. 하찮은 형식주의는 학교에도 많다. 책상 줄 맞추기, 복장, 정숙, 환경 미화, 손톱과 머리카락의 위생이 문제가 된다.

병사는 자기 신체도 마음대로 할 수 없다. 병사는 정해진 장소에, 정해진 자세로 있어야 한다. 학생도 마찬가지다. 학생이 앉아야 할 좌석은 교사에 의해 정해지며, 특별한 명령과 동의가 없는 한, 자기 자리를 벗어나서는 안 된다. 학교 체육시간이나 교련시간에 배우는 제식훈련이나 매스게임은 통제의 절정을 보여준다. 명령에 따라 몸을 초 단위로 정밀하게 움직일 것을 요구한다. 그 정밀한 통제에서 조금이라도 벗어나면 지적당하고 처벌받는다. 학교와 군대는 똑같이 시간-동작을 분절하고, 요구하는 시간 내에 신속 정확하게 어떤 일을 해낼 것을 요구한다.

학교와 군대에서 일과 시간표는 촘촘하게 짜여 있고, 엄격하게 지켜야 한다. 학생과 병사에게 시간을 잘 지키도록 훈련시키는 데에는 사회적인 이유도 있다. 그것은 학생과 병사가 미래의 노동자이기 때문이다. 노동자가 작업시간과 휴식시간, 약속 시간 등을 잘 지키는 것은 중요하다. 특히 분절된 시간-동작을 정확하게 수행하는 능력은 산업생산체계에서 매우 중요한 의미를 갖는다. 미래의 노동자들이 분절된 시간-동작에 익숙해지는 것은 또 다른 사회적 의미가 있다. 그래야 노동자들은 언제라도 교체 가능한 인력이 된다. 기업 경영에서 중요한 요소다.

학교와 군대에서는 신체와 시간과 동작에 대한 통제가 태도와 정신(생각, 사상)의 문제로 육박해 들어간다. 태도와 정신은 눈에 보이는 것이 아니다. 오히려 눈에 보이지 않는 것을 처벌하므로 '깊고 넓은 폭력'이 가능해진다. 기합과 구타를 당하면서 흔히 듣는 이야기 중 하나가 "너는 태도와 정신이 글러먹었다"는 것이다. 통제에서의 하찮은 일탈은 정신의 문제, 태도의 문제로 비약된다. 이렇게 '정신이 그른 놈'으로 찍히면, 그다음부터 폭력은 일파만파로 확대된다. 행동 하나하나가 정신이 그른 증거로 보여 처벌의 대상이 된다. 그 과정에서 처벌은 괴롭힘으로 변하기 쉽다.

정신과 태도를 문제 삼은 처벌이 궁극적으로 공격하는 지점은 실존성 자체다. 그것을 '궁극의 파시즘'이라 부를 수 있다. 이러한 파시즘적 폭력을 당하는 사람은 자연스럽게 '내가 없어지는 것'만이 유일한 해결책이라고 느끼게 된다. 학교와 군대에 자살이 많은 이유다.

학교의 전제주의

박종원 감독의 〈우리들의 일그러진 영웅〉이라는 영화가 있다. 이 문열의 동명 소설을 영화화한 이 작품에는 '엄석대'라는 급장(반장)이 나온다. 같은 학생임에도 반에서 독재자로 군림하는 그에게 새로 전학온 한병태는 저항한다. 그러자 엄석대는 은밀하고도 집요하게 그를 괴롭히기 시작한다. 담임은 자기 편의를 위해 엄석대에게 아이들의 관리감독에 대한 전권을 위임한 상태. 엄석대는 자신의 권한을 이용, 한병태를 굴복시키는 데 성공한다. 그 결정적 장면이 이것이다.

장학관 순시에 대비한 교실 대청소가 있던 날. 한병태에게는 유리창 청소가 맡겨졌다. 다른 아이들은 급장에게 일찌감치 청소 합격을 통보받고, 반 대항 내기 축구시합을 하며 논다. 그러나 한병태만은 예외다. 다른 아이들이 축구시합을 마치고 집에 갈 때까지도 한병태는 혼자 교실에 남아 유리창을 닦는다. 텅 빈 운동장. 해는 지고 있다. 지칠 대로 지친 한병태는 걸레를 들고 망연히 서 있다. 한참 후에 나타난 엄석대는 한병태에게 합격을 통보하고, 이제 집에 가도 좋다고 말한다. 한병태는 말없이 눈물을 흘린다. 자포자기와 굴복의 눈물이었다.

엄석대가 한병태에게 행한 것은 자기 마음대로 권력을 남용하는 전제주의다. 지금도 학교에서 이런 전제주의를 목도하기란 어려운 일이 아니다. 배경내의 『인권은 교문 앞에서 멈춘다』에는 학생들의 이런 증언이 실려 있다.

선생님들도 교칙을 잘 몰라요. 학생주임만 빼고. 저번에 선생님이 뭘 뺏어갔는데, 애가 '교칙에 보니까 아니던데요' 그랬어요. 그러니까 선생님이 니네가 교칙을 어떻게 아냐고 더 성질을 내요. 교칙도 잘 모르면서 나쁜 것 같다고 생각하면 무조건 교칙에 걸린다고 말해요. (인문고2, 남)

선생님들도 규정을 정확하게 모르면서 자기가 무조건 옳다고 그러면서 혼낼 때 제일 열 받아요. 규칙에 맞게 하고 갔는데도, 규칙 위반이

라고 그러니까. (인문고1, 여)[2]

인권을 침해하는 규정도 문제지만, 그 규정이 일정한 기준으로 기능하지 않는다는 것도 문제다. 처벌에서 중요한 것은 객관적인 기준이 아니라 교사들의 주관적인 판단과 감정이다. 교사가 자신과 친밀한 아이들은 관대하게 대하고, 그렇지 않은 아이들이나 '찍힌' 아이들은 가혹하게 대하는 경우도 많다. 학생이 이의를 제기하면, 그 타당성 여부를 따지기보다는 반항과 불만으로 해석한다. 그것은 더 가혹한 단속과 처벌을 유발할 뿐이다. 학교 운영에도 전횡은 일상적이다.

　교장 한마디로 모든 게 결정돼요. 만약 오늘 CA(특별활동) 있는 날이잖아요. 그러면 오늘 하는지 안 하는지 5분 전에 알아요.……우리 학교에 축구부가 있는데, 혹시나 결승전 같은 데 진출하면 응원을 가잖아요. 그것도 가는지 안 가는지 그 전날까지도 몰라요. 당일날 와보면 간다고 하고. 애들 다 도시락 싸왔는데, 오전 수업 끝나고 집에 들렀다 경기장으로 와라 그래요. 모든 게 그런 식이에요. (인문고2, 남)[3]

학교에서는 교사와 교장의 말이 곧 법이고, 군대에서는 고참의 말이 곧 법이다. 그 말이 옳으냐 그르냐, 규정에 맞느냐 맞지 않느냐는 중요하지 않다. 2014년 12월에 있었던 대한항공 '땅콩 회항' 사건

2　배경내, 『인권은 교문 앞에서 멈춘다』(우리교육, 2000), 91~92쪽.

3　배경내, 앞의 책, 111쪽.

은 사회도 군대와 똑같다는 것을 잘 보여주었다. 조현아(전 대한항공 부사장)에게 중요한 것은 자신의 말이 매뉴얼에 맞느냐 안 맞느냐가 아니었다. 그녀에게 매뉴얼은 자기 자신이었다. 거기에 사무장 따위가 토를 단 것이 문제가 되었던 것이다. 조현아의 행동은 '갑질'이 아니라 '고참질'이라고 해야 하지 않을까. 군대에서 흔히 발생하는 패턴의 사건이기 때문이다.

군대의 전제주의

"까라면 까야지." 군대를 다녀온 사람들이 흔히 하는 말이다. 그러나 군대에서 배우는 것은 명령에 복종하는 것 이상이다. 병사들은 명령하기 전에 '알아서 기는 것'을 배운다. 인터넷에서 '군대 경험담'을 검색해보라. 거기에는 군단장 공관의 가을 낙엽을 청소하라는 명령이 떨어져 말끔하게 쓸어놓았더니, "낙엽이 없으니 쓸쓸하게 느껴지네"라는 군단장의 말 한마디에 낙엽을 다시 깔았다는 식의 경험담이 넘쳐난다. 여기에는 아무런 합리성이 없다.

그럼에도 학교와 군대는 근대의 표상으로 여겨진다. 군대에 합리적으로 보이는 매뉴얼이나 제도가 아주 없는 것은 아니다. 가혹행위, 성폭행, 사망, 자살, 총기사고 등 각종 사건이 터질 때마다 국방부는 합리적으로 보이는 대책을 내놓았다. 관심병사에 대한 상담을 늘리고, 언어순화교육과 인성교육을 실시하고, 소원 수리를 자주 하고, 국방헬프콜을 설치하는 등. 그러나 별 효과가 없다. 왜 그럴까? 군대를 지배하는 것은 상관이 자기 마음대로 전횡을 일삼는 전제주의이기 때문이다. 이 전제주의가 백약을 무효로 만든다.

예를 들어 소원 수리를 보자. 어느 날 내무반장이 위에서 명령이 떨어졌다며, 소원 수리를 받겠다 한다. 내무반장은 "익명이니 괜찮다"며 각자의 고충을 숨김없이 적으라 한다. 온화한 표정으로 "니들이 솔직히 말해줘야 윗분들도 병사 고충을 알고, 그래야 군대가 좋아진다"는 말도 덧붙인다. 그리고 잠시 후 이런 명령이 떨어진다. "다 썼으면, 그 위에 자기 이름을 적는다. 실시!" 졸병들은 어리둥절한 표정을 짓는다. "뭐해. 빨리 안 쓰고. 실시!" 내무반장은 이름이 적힌 소원 수리를 걷어가면서 한마디 한다. "이건 예행연습이었다."

잠시 후, 위에서부터 다단계로 내려오는 집합. 내무반장이 분대장을, 분대장이 상병을, 상병이 일병에게 집합을 건다. 그럴 때 고참은 이런 말을 하면서 훈계하고 기합을 준다. "졸따구 하나 제대로 교육 못 시키고 뭐했어, 이 자식아!" 아래로 내려올수록 기합과 구타의 강도가 세진다. 결국 멋모르고 소원을 적은 졸병들은 "이상 무", "불편 없습니다"를 복창하면서 두들겨 맞는다. 그다음 날 진짜 소원 수리에는 모두 "이상 무"라고 적힌다. 그것을 본 관리자들은 만족해한다. 이것이 군대의 실상이다.

그럼에도 학교와 군대를 근대적인 제도로 여기는 이유는 근대화 초기의 경험 때문이다. 첫째, 교육 내용 때문이다. 우리나라의 경우, 대한제국 시절부터 해방 직후까지 학교와 군대는 서구의 생산효율성과 과학적 내용을 교육받을 수 있는 주된 통로였다. 둘째, 생활방식 때문이다. 학교와 군대는 서구식 생활양식을 접할 수 있는 장이었다. 학교는 집보다 깨끗했고, 입식立式이었으며, 서양식 악기인 풍금風琴(리드 오르간)이 있었다. 무명옷을 입고 짚신을 신던 사람들이 처음으로 양복스타일 군복을 입고 가죽 군화를 신을 때 느꼈을 충격을 상상해보라. 셋째, 입신출세 때문이다. 해방 이후 군사독재 시절까지 학교와 군대는 전통적인 출신계급과 상관없이 개인적 노력에 의한 계급 상승을 가능케 했다.

그러나 이 모든 것은 옛날 일이다. 근대화 초기의 신선한 충격은 사라지고 없다. 지금 남은 것은 전제주의뿐이다. 사람들은 흔히 서구적이고 근대적인 것은 민주주의와 어울린다고 생각한다. 그러나 우리 사회에서 학교와 군대는 한 번도 민주적으로 운영된 적이 없다. 늘 전제적 방식으로 운영되어왔을 뿐이다. 우리의 경험은 서구적이고 근대적인 것이 전제주의와 놀랍도록 잘 어울린다는 것을 증명한다. 대부분의 성인이 학교와 군대를 거친다는 점을 상기하면, 그런 사람들이 사회를 이룬다는 점을 상기하면, 우리가 민주주의 사회에 살고 있다는 것도 판타지에 불과한 것이 아닌가 싶다.

폭력의 조건: 서열화와 폐쇄성

학교와 군대는 폭력이 쉽게 발생하는 조건을 갖추고 있다. 폭력은 본래 위계질서가 뚜렷한 사회에서 잘 일어난다. 학교와 군대는 철저하게 서열화가 되어 있고, 상명하복의 문화가 지배한다. 게다가 작은 서열 격차도 크게 강조되는 경향이 있다. 학생간부라는 이유로 동급생에게 명령하고 처벌하는 것을 생각해보라. 군대는 더 심하다. 분대장이 되면, 개인 비서 같은 '따까리'를 두게 된다. 따까리가 빨래도 해주고, 군화도 닦아주며, 개인적인 심부름도 한다. 심지어 나는 군대 시절 따까리에게 자신을 '아버지'라고 부르게 하는 분대장도 본 적이 있다. 자신은 따까리를 '아들'이라고 부르고. 거의 또래나 다름없는 사병들끼리, 조금 일찍 입대했다는 이유만으로 부자지간 같은 지위 격차가 날 수 있는 곳이 군대다.

서열 격차가 클수록 억압과 차별, 착취와 폭력 역시 많아진다. 그럴수록 소유욕, 지배욕, 정복욕은 고삐 풀린 말이 된다. 반면 평등하고 애정 어린 인간관계는 맺기 어렵고, 지배와 복종은 자연스러운 인간관계로 간주된다. 윗사람의 인권침해는 관대하게 용인되지만, 아랫사람이 대들거나 사고를 치는 것은 질서를 문란케 하는 것으로 간주되어 가혹하게 처벌받는다.

서열화는 보수주의를 책동한다. 무시당하지 않기 위해서는 나도 부와 권력을 획득하는 데 뛰어들지 않으면 안 된다고 생각하는 사람들이 늘기 때문이다. 경쟁의 이데올로기가 득세하고, 경쟁에 몰두하느라 민중은 분열하며, 사회적인 문제 따위는 돌아볼 여유가 없게 된다.

경쟁 이데올로기는 상향 경쟁을 촉발하기도 하지만, 하향 경쟁을 유발하기도 한다. 상향 경쟁은 계급 상승을 향한 경쟁을 말하고, 하향 경쟁은 자신보다 못한 사람을 깔아뭉갬으로써 자신의 우월한 지위를 확인하는 것을 말한다. 상향 경쟁이 여의치 않을 때 하향 경쟁이 발생한다.

학교에서는 '누구나 공부만 열심히 하면 계급 상승을 할 수 있다'는 말로 상향 경쟁을 유도한다. 그러나 경쟁한다고 계급이 높아지는

것이 아닌 군대에서는 오로지 아랫사람에게 가혹하게 대함으로써 자신의 서열을 확인한다.[4]

폭력이 번성하는 또 다른 조건은 폐쇄성이다. 학교나 군대나 폐쇄적인 공간에 가두어놓고 훈육한다. 약간의 차이는 있다. 말하자면 군대는 완전 폐쇄, 학교는 반半 폐쇄다. 병영 안에서 일어나는 사건·사고들은 좀처럼 외부에 알려지지 않는다. 이런 폐쇄성은 사람의 독립성과 자율성을 마음껏 유린할 수 있는 조건이 된다. 낮에 갇혀 있다 저녁에 집으로 돌아가는 학교는 군대보다는 나아 보인다. 그러나 아무리 어떤 문제에 시달려도 학교를 다니는 것 외에 다른 생활은 꿈도 꿀 수 없는 학생들이 느끼는 답답함과 고립감도 군대 못지않다.

학교 폭력 피해학생은 담임교사는 물론이고 부모에게도 사실을 말하지 않는 경우가 많다. 가장 큰 이유는 말해도 아무 소용이 없음을 알기 때문이다. 오히려 담임에게 알리는 것이 빌미가 되어 더 큰 보복을 당하는 경우도 많다. 학교라는 폐쇄적 공간은 피해학생이 자신을 '독 안에 든 쥐' 꼴로 인식하게 만든다.

부모에게 말해도 무기력하기는 마찬가지다. 부모 역시 별다른 해결책을 찾지 못하고 오히려 "왜 그렇게 약해빠졌냐"며 자녀를 나무라거나 막연히 시간을 보내며 상황이 좋아지기만을 바라는 경우가 많다. 자녀를 국가가 통제하는 학교에 위탁해야 하고, 그런 학교가 자

---

4 가장 가혹한 하향 경쟁으로는 '본보기 처벌'이 있다. 이것은 남에게 보이기 위한 것이므로 '누가 더 잔혹하게 처벌하느냐'가 지위 과시의 관건이 된다. 처벌이 더욱 잔혹해질 수밖에 없다. 같은 군대 동기라도 더 잔혹한 사람이 더 높은 상징 지위를 갖는 경우가 많다.

녀의 미래를 결정하는 시스템 속에서 부모는 이미 무기력해질 대로 무기력해져 있기 때문이다.

폐쇄적인 조직에서는 사건의 축소, 은폐, 조작이 수월하다. 학교나 군대에도 어떤 문제가 생기면 조사하기는 한다. 그러나 모두 조직 내에서 자체적으로 조사한다. 무슨 일이 생기면 학교는 교육부나 시·도교육청에서, 군대는 국방부에서 조사한다.[5] 교육부나 국방부는 각각 학교와 군대 운영의 주체이다. 학교와 군대의 구조, 제도, 문화도 사실상 여기서 만든다. 학교와 군대에서 발생하는 많은 사건·사고는 개인의 잘못된 인성 때문이 아니다. 학교와 군대의 구조, 제도, 문화가 잘못되어 발생하는 것들이다.

사건·사고 발생의 가장 큰 책임은 교육부나 국방부에 있다. 그런데 문책을 받아야 할 교육부나 국방부가 오히려 조사·처벌자로 나선다. 가해자가 피해자를 벌하는 꼴이다. 이 과정에서 면죄부를 받는 이는 최상급기관의 책임자들이다. 권력자와 기관장들은 무슨 사건만 생기면 '엄벌'을 천명한다. 그것은 진실 규명과 문제 해결을 위한 것이 아니다. 모든 잘못을 말단 책임자 혹은 직접적인 사건 연루자(가해자)에게 덮어씌우고 자신은 면책되려는 전형적인 레토릭rhetoric이다.

---

5 이 때문에 사건의 진상이 밝혀지는 경우가 드물다. 군대의 경우, 군 사법제도 개혁이 절실하다. 군 사재판의 재판관을 일반 법관에게 맡기고, 조사권을 의회에 부여하는 식으로 조사권과 재판권을 군 외부에 두어야 한다. 국방부 장관도 군인이 아니라 민간인을 임명할 필요가 있다. 그렇게 학교나 군대에 대한 국민 통제를 강화해야 한다.

폭력의 체계적 생산

어떤 사건이 외부에 알려지면 상급기관으로부터 불이익을 당하게 되어 있는 구조 속에서 학교와 부대 역시 사건의 진상을 밝히려고 하기 보다는 사건을 은폐, 축소하는 데 급급할 수밖에 없다. 사건의 진실은 하부단위에서부터 상급기관에 이르기까지 겹겹이 포위된다. 만에 하나 정의로운 교직원이나 군 지휘관이 있어 진상 규명에 노력한다고 해보자. 그는 조직 내에서 어떤 대우를 받을까? 지금 같은 구조와 문화 속에서 그는 문제를 수습하는 사람이 아니라 오히려 문제를 키우는 사람으로 취급받아 각종 불이익을 받는다.

더 큰 아이러니는 피해자에게 발생한다. 조사 과정에서 피해자는 가해자와 함께 '학교와 부대 및 그 상급기관'에 피해를 입힌 사람으로 둔갑한다. 학교와 군대의 구조, 제도, 문화가 성역으로 남아있는 한, 그것은 불가피한 논리적 귀결이다. 학교와 군대가 문제없음을 보여주기 위해서는 피해자와 가해자의 개인적인 인성이나 사적인 이유에서 원인을 찾을 수밖에 없다. 그 과정에서 피해자는 2차 피해를 입는다. 피해자가 자신을 구제해줘야 할 관리감독기관에게 오히려 버림받고 처벌받는 일이 비일비재하다.

학교와 군대가 폭력과 인권침해에 둔감한 데는 더 근본적인 이유가 있다. 학교와 군대 자체가 폭력기구이기 때문이다. 학교와 군대의 위계질서는 기본적으로 강제성을 바탕으로 이루어진다. 교사의 위엄은 아이들의 미래를 담보로 한 제도적 위력과 물리적 통제력에서 나온다. 학생에 대한 훈육은 흔히 정신적 · 물리적 폭력을 동반한다. 군대는 아예 구타를 '군기 확립'에 불가피한 요소로 본다. 그에 따라 지휘관들이 폭력을 묵인하거나 방조하는 행태를 보인다. 군대에서 '군기 확립'은 모든 폭력과 인권침해를 합리화하는 명분으로 애용된다.

군대를 다녀온 사람은 안다. 얼차려와 가혹행위는 한 끗 차이다. 문제가 안 되면 얼차려이고, 문제가 되면 가혹행위다. 결과가 중요하다. 그래서 윗선이나 사회에서 가혹행위가 문제가 되었을 때, 상관들은 흔히 이렇게 힐책한다. "때리더라도 안 걸리게 때렸어야지, 임마!" 잘못된 것은 '요령 없음'이지 가혹행위 자체가 아니다.

여기에 학교와 군대에서 흔히 시행되는 '단체 처벌'과 '대리 처벌'이 폭력을 증폭시킨다. 단체 처벌을 하는 이유는 공동의 책임을 묻는 것이다. 그것은 흔히 '단결심'과 '협동심'을 키우기 위한 것으로 포장된다. 그러나 단체 처벌은 구성원들 간 위화감, 혐오, 이지메를 키운다. 나는 잘못한 것이 없는데 구성원 중 한 사람만 잘못해도 함께 처벌받으니, 왜 억울하지 않겠는가.

누구 하나만 잘못해도 처벌받는 방식은 처벌받는 횟수도 늘린다. 자연히 집단 내 스트레스가 증가한다. 그 스트레스는 잘못이나 실수를 한 당사자에 대한 공격으로 나타난다. 구성원들은 '너 때문에 애먼 나(우리)까지 혼났다'며 당사자를 미워하고, 그에게 복수하게 된다. 그 결과 구성원들의 혐오가 집중되는 '고문관'이나 '왕따'가 탄생한다.

'대리 처벌'도 집단 내 폭력을 증폭시킨다. 특히 앞에서 말한 것처럼 "졸따구 하나 제대로 교육 못 시키고 뭐했냐"며 당사자 대신 그 선임을 처벌하면, 연쇄적인 집합과 하향 폭력을 유발한다. 대리 처벌이 일종의 방아쇠가 되어 폭력을 확대 재생산하는 것이다. 대리 처벌이 만연하면 거의 모든 사병을 폭력의 시스템으로 끌어들인다. 사실상 피해자와 가해자가 엄격하게 구별되지 않는다.

대리 처벌은 다른 심리적 효과도 낳는다. 당사자에게 '나 때문에 괜히 다른 사람이 혼났다'는 죄책감을 갖게 한다. 그 때문에 가혹행위를 당해도 '나는 당해 싸다'는 식의 자학적 심리가 생긴다. 단체 처벌과 대리 처벌의 가장 큰 효과는 단결이나 협동이 아니라 서열화에 따른 맹종이다. 서열에 따라 서로 때리고 맞는 과정, 그것을 수용하는 과정은 서로의 기본 인권마저 부정하게 만드는 과정이다. 그것만큼 위계질서와 불평등을 절대적으로 내면화하는 과정은 없다.

학교는 서열 경쟁을 추동한다. 서열 경쟁을 추동하는 것은 학교의 정상적인 행태로 인식되고 있다. 그에 따라 학생들은 성적, 얼굴, 몸매, 춤, 싸움 등 모든 것을 서열화하고, 그에 몰두한다. 주먹다짐도 마찬가지다. 한 교사는 그 실태를 이렇게 썼다.

> 학기 초 남자 중학교 1학년 복도에서는 싸움이 끊이지 않는다. 그렇게 많이 싸우던 아이들이 2학년으로 올라가면 좀 잠잠해지고 중3이 되면 거의 싸우지 않는다. 그때쯤 되면 이미 서열 정리가 끝나기 때문이다.[6]

그렇게 보면 학교 폭력은 예외적인 상황이 아니라 정상적인 상황

---

6 안정선, 「남자 중학교 교실은 '동물의 왕국'」, 『시사인』 제360호(2014년 8월 12일).

이다. 정상적인 상황이 문제인 것이다. 서열화를 추동하는 집단에서 약자를 향한 폭력은 필연이다. 그것은 서열 경쟁에서 승리했다는 징표이기 때문에 부끄러운 일이 아니라 자랑스러운 일이다. 학교 폭력의 가해학생들은 아무런 죄책감을 느끼지 못하는 지경이 되었다. 오히려 폭력을 행사함으로써 '가해자들의 연대의식'이라 부를 만한 것을 획득한다.

학교와 군대: 악의 뿌리

사람이 세상에 태어난다는 것은 다양한 삶의 가능성을 의미하는 것처럼 보인다. 다양한 삶의 가능성! 그것은 얼마나 가슴 벅찬 일인가. 이제 막 태어난 아기를 바라볼 때, 부모들이 감격스러워하는 이유 중 하나가 이것 아닐까 싶다. 아이 앞에 펼쳐진 미지의 삶. 아이 앞에 펼쳐져 있을 수많은 인생의 길. 혹은 아이가 스스로 자유롭게 만들어나갈 인생의 길과 삶의 방식. 그런 것을 상상하면 감격스러워진다. 아기는 그 자체로 풍부한 잠재적 가능성을 의미하기 때문이다.

그러나 이런 상상은 오래가지 않는다. 아이들은 일정 연령이 되면 모조리 학교에 들어가야 하고, 그런 다음에는 군대를 가야 한다. 청소년 시기까지 인생은 놀랍도록 천편일률적이다. 사회는 다양한 삶의 방식, 성장방식을 허용하지 않는다. 이것을 '전체주의'라고 부르지 않으면 뭐라 할 것인가. 청소년들은 이러한 전체주의를 온몸으로 느낀다. 그리고 그에 저항하기도 한다. 그러나 학교는 이를 사춘기의 '이유 없는 반항'으로, 혹은 어른이 되기 위한 성장통이나 통과의

례로 치부한다.[7]

청소년들은 학교생활을 통해서 통제당하는 삶을 체화한다. 폭행이나 폭언 등 인권침해를 하고, 인권침해를 당하는 것에도 상당한 적응이 이루어진다. 그렇게 적응한 후에는 다시 군에 입대한다. 군대는 인권침해와 정신과 신체의 통제 수준에 있어서 정점이자 최종 단계이다. 이로부터 학교의 숨겨진 기능을 짐작할 수 있다. 학교는 '저강도低强度의 군대' 혹은 '예비 군대'다. 만약 학교를 거치지 않고 곧바로 군에 입대한다고 생각해보라. 숨 막히는 억압과 인권침해에 견디지 못하는 병사들이 속출할 것이다. '학교'는 군대의 혹독한 억압과 통제를 수용하게 하는 완충지대 역할을 한다. 학교는 군대의 연장선상에 있다.

로버트 풀검이 쓴 『내가 정말 알아야 할 모든 것은 유치원에서 배웠다』라는 책이 있다. 나는 이렇게 말하고 싶다. "내가 알아야 할 모든 악惡은 학교와 군대에서 배웠다." 국가기구는 많다. 그러나 불특정 다수의 국민이 거쳐 가게 제도화해놓은 기구는 학교와 군대뿐이다. 거기에는 중요한 이유가 있다. 이 두 기구가 지배에 가장 핵심적이기 때문이다. 학교와 군대는 단지 지식을 전달하고 외적의 침입을 막는 것 이상의 기능을 한다. 일종의 국민 교정기구로서 사회적 위계질서에 맹종하는 신민을 양산한다.

---

7   이러한 사춘기 담론, 성장통 담론, 통과의례 담론은 사회적으로 어린이와 청소년에게 가하는 부당한 폭력을 은폐하는 기능을 한다.

제**2**부

학교 폭력이 아니라
폭력 학교다

1

사학 비리가 청소년에게 미치는 영향 ①

사학 문제와 청소년 문제

청소년 문제를 다룬 책이나 글을 보면, 주로 일상적으로 목격되는 학교의 풍경이나 청소년의 생활문화에 주목한다. 교사와 학생 사이, 학생과 학생 사이, 학생과 부모 사이에서 벌어지는 일에 주목하는 것이다. 그것도 문제의 양상을 보여주지만, 그것만으로 청소년 문제의 핵심에 접근하기는 힘들다. 청소년 문제의 핵심을 알려면, '교육 계층구조의 최상층부에서 어떤 일이 발생하는가?'를 알아야 한다. 그것을 모르면 학교를 다녔어도 '학교에 대해 안다'고 할 수 없다.

대한민국은 거대한 '사학 공화국'이라 해도 과언이 아니다. 교육에서 사학私學, 즉 사립학교가 차지하는 비중이 세계 어느 나라보다 높다. 사학이 중·고교의 40퍼센트, 대학 교육의 85퍼센트를 담당한다. 사립학교에서 재단 이사장의 위상은 절대적이다. 이사장의 말

한마디 한마디는 그 자체로 '법'이다. 상명하복의 피라미드 구조로 되어 있는 학교에서 이사장의 인격과 태도는 학교문화 전반에 영향을 미친다. 그러므로 청소년 문제를 이해하기 위해서는 학교의 이사장이 어떤 인물인지, 이사회가 어떻게 구성되고 운영되는지, 학교 당국과 교육부의 관계, 학교 당국과 정치권의 관계 등을 파악하는 것이 중요하다.

사학이 차지하는 비중상 사립학교를 한 번도 거치지 않고 성인이 되기란 매우 어렵다. 사학이 사회에 미치는 영향은 전방위적이다. 그 영향은 정치, 경제, 사회, 문화 등 미치지 않는 분야가 없다. 사학 비리에 대한 사건 기사도 자주 보도된다. 그럼에도 사학 비리에 대한 사회적 논의는 별로 없다. 이유가 무엇일까? 가장 큰 이유는 압도적 다수의 교수가 사학에서 밥벌이를 하고 있다는 점이다.

사회적 이슈를 다루는 오피니언 리더 중 가장 비중이 큰 집단은 말할 것도 없이 교수집단이다. 바로 그 점이 사학 비리를 '등잔 밑'으로 만든다. 많은 교수가 사학에 의해 기득권을 보장받고 있기 때문이다.[1] 많은 교수가 사학에 몸담고 있는 만큼 당연히 사학 비리에 대해서도 잘 알고 있을 것이다. 그럼에도 오피니언 리더로서 다른 문제는 다 건드려도 사학 문제는 건드리지 않는다.[2] 교수집단이 가

---

1 이 기득권은 작지 않다. 어느 날 갑자기 재단에 의해 '교수' 직함이 날아간다고 생각해보라. 지식인으로서의 대중적 위상과 다양한 출세의 가능성을 한꺼번에 잃게 된다. 교수직은 그 자체로는 큰 부와 권력을 제공하지 않을지라도, 그것을 거머쥘 수 있는 주요 토대가 된다. 교수집단은 '사회적 발언권' 획득, 정·관계와 산업계 고위직 참여 기회에 있어서 어떤 집단에도 뒤지지 않는 명백한 특권계급이다.

2 사학 문제를 다루는 오피니언 리더도 없지는 않다. 그런 사람들의 면면을 살펴보면, 대학에 몸담고 있지 않은 사람이거나 국공립 대학 교수, 혹은 은퇴한 교수라는 것을 알 수 있다.

장 큰 오피니언 리더 집단인 상황에서, 이것은 심각한 딜레마다. 교수들이 재단을 자유롭게 비판할 수 있어야 사학 민주화가 가능한데, 그러려면 사학 비리구조가 먼저 개선되어야 한다.

청소년 문제는 언론에서 자주 다루는 의제 중 하나다. 그럼에도 사학 비리와 청소년 문제를 함께 다루는 경우가 거의 없다. 책도 사학 비리 문제를 다룬 책이 따로 있고, 청소년 문제를 다룬 책이 따로 있다. 사학에 문제가 있다면, 가장 큰 피해자는 당연히 학생일 것이다. 실제로 많은 청소년이 사립학교를 다니고 있고, 그 제도문화의 압도적 영향 아래 고통받고 있다. 그런데도 모종의 은밀한 사회적 합의라도 있는 것처럼 두 의제는 서로 분리되어 다루어진다. 이유가 무엇일까?

청소년 문제가 사학 문제와 연관되는 순간 논의의 방향은 곧장 권력의 문제로 치달을 수밖에 없기 때문이다. 그러면 청소년 문제는 사회의 그릇된 권력 메커니즘에 겹겹이 둘러싸여 생겨나는 문제라는 것이 노골적으로 폭로된다. 사학 문제는 청소년 문제의 본질을 드러내는 핵심 고리다.

나의 사립학교 체험: 중학교

내 이야기부터 하겠다. 나는 소위 '뺑뺑이' 즉 평준화 세대다. 시험을 봐서 특정 학교에 진학하는 것이 아니라, 추첨을 통해 배정받은 중학교에 진학했다. 목포에 살던 내가 배정받은 중학교는 '홍일중학교'였다. 그런데 내가 배정받은 학교를 알게 된 어른들의 반응이 이상했다. 거기는 '똥통학교'라는 것이었다. 다들 '운이 없다'며 혀를 끌끌 찼다. 그것이 무슨 말인지 이해하지 못했다. 그러나 학교를 다니며 곧 이해할 수 있었다.

학교는 매우 야만적이었다. 학생 간의 폭력도 많았지만, 교사들의 체벌도 심했다. 그중에서 1학년 때 담임은 지금도 강한 인상으로 남아있다. 조그만 체구의 젊은 여교사였다. 초등학교를 갓 졸업한 우리는 아직 어린애 티가 남아있지만 엄청난 에너지를 폭발시키며 사춘기로 진입할 남학생들이었다. 그런 학생들을 지도해야 할 조그만 여교사. 흔히 여교사가 힘들었을 거라 생각하기 쉬울 것이다. 그러나 우리는 이 여자선생님에게 며칠 만에 완전히 제압당하고 말았다.

입학한 지 며칠이 안 되었을 때였다. 어떤 학생이 교실에서 돈을 잃어버렸다고 담임에게 말한 모양이다. 담임은 학생들을 모두 눈 감게 한 후 "훔쳐간 사람은 조용히 손 들라" 했다. 아무도 손을 들지 않자, 모두 책상 위로 올라가 무릎 꿇고 앉으라 했다. 그리고는 반 전체 아이들의 허벅지를 긴 몽둥이로 때리기 시작했다. 그런 자세로 체벌을 당한 것은 생전 처음이었다. 고통은 상상 이상이었다. 손바닥을 맞거나 '엎드려뻗쳐' 자세로 엉덩이를 맞을 때에는 손바닥이나 엉덩이를 움직여 충격을 어느 정도 줄일 수 있다. 그러나 이 자세는 매의 충격을 고스란히 받을 수밖에 없다. 담임은 그렇게 한 바퀴 돌고 난 후 다시 자수를 요구했고, 자수하는 사람이 없자 다시 똑같은 방식으로 때렸다. 그런 식으로 몇 번을 맞았는지 모르겠다. 조그만 체구로 어찌나 지치지도 않고 야무지게 때리는지, 그 후 아이들은 담임의 얼굴만 봐도 벌벌 떨 지경이 되었다.

담임이 주는 기합도 특이했다. 일명 '안락의자'라는 벌이 있었다. 자세는 이랬다. 벽에 등을 붙이고 서서, 두 다리를 한 걸음 정도 앞으로 뻗은 다음 무릎을 90도로 굽힌다. 그런 다음 두 팔을 앞으로 쭉 뻗는다. 그 자세를 옆에서 보면 의자처럼 보인다 해서 '안락의자'라고 불렀다. 이 벌도 강력했다. 10분 정도만 지나도 몸이 덜덜 떨리면서 버티기 힘들었다. 자세가 흐트러지거나 하면, '꾀를 부린다'며 그 자세로 손을 내리게 한 후, 몽둥이로 허벅지를 내리쳤다. 그렇게 맞으면 며칠 동안 허벅지의 피멍이 가시지 않아 걷기조차 힘들었다. 나는 이 경험으로 여자도 남자 못지않게 폭력적일 수 있음을 깨달았다. 그녀는 창의적으로 체벌했다. 그런 모습에서 일제 고등경찰이 떠올랐다면 오버일까?

담임뿐 아니라, 그 학교 교사들은 깡패인지 선생인지 모를 정도로 일상적으로 학생들에게 폭언과 폭력을 휘둘렀다. 왜 그렇게 폭력적인 교사들이 많았을까? 이 글을 쓰기 위해 자료를 뒤지던 중 단서를 하나 찾을 수 있었다. 그 학교는 재단 이사장이 무소불위의 힘을 행사하는 사립학교였다. 이사장은 '권이담'이라는 사람이었다. 1976년 학교 이사장이 된 그는 이듬해 목포MBC 이사장을 지냈고, 목포시장도 두 차례 역임했다. 시장 재임 시절에는 정읍에 있는 한 대학을 인수했는데, 그것이 전북과학대학이다(2001년 인수할 당시의 이름은 '정인대학'으로 이듬해 '전북과학대학'으로 개명했다). 전형적인 사학재벌이다.

내가 발견한 것은 권이담의 인격적 면모를 보여주는 기사였다. 그가 목포시장으로 재임할 때의 일이다. 당시 목포신문사의 유용철 기자가 '권 시장 결심여부 경선판도 변화'라는 제목의 기사를 썼던 모양인데, 그와 관련해 권이담은 기자에게 입에 담기 힘든 폭언을 퍼부었다. "XXX들, X로 배떼야지를 찔러 죽이겠다. 목포에서 살 수 없게 하겠다. 네 아버지가 뭐 하는 사람인지 다 알고 있다. 주간지 기자 XX들 선거철 맞아 이리저리 붙어 다니며 한탕 챙길려고 한다. 내 자식보다 못난 X들이 내 자식을 욕해. 그렇게 잘났으면 중앙지에서 기자하지 여기 주간지에서 기자를 해 이 XX들. 너희들이 만드는 주간지 20~30개는 나도 만들 수 있다."

기사에 따르면 그의 막말은 그것이 처음이 아니었다. 그는 장애인들이 시청 내에서 집단시위를 할 때 "한쪽 발까지 병신을 만들어 걸어다닐 수 없게 하겠다"고 했으며, 전라남도와 옥암지구 관련 분쟁을 벌일 때 시민단체 회원과 시의원들이 지켜보는 자리에서 "칼로 배를……죽이겠다"고 말하기도 했다.[3] 이것은 정치인이 할 언행이 아니고, 교육자가 할 언행은 더더욱 아니다. 이 기사를 보면서 나의 중학교 시절이 왜 그렇게 폭력으로 점철되어 있었는지를 짐작하게 되었다.

나의 사립학교 체험: 대학교

나는 고등학교도 뺑뺑이로 갔다. 이번에는 운이 좋았다. 목포에서 명문고로 알려져 있는 목포고등학교로 배정받았다. 공립학교여서

---

3   선종현, 「권이담 목포시장, 기자에게 폭언 물의」, 『오마이뉴스』, 2002년 4월 11일.

그런지, 홍일중학교와는 분위기가 사뭇 달랐다. 그곳도 억압적이기는 마찬가지였지만, 체벌이 훨씬 덜했다. 중학교 때에 비하면 신사적인 편이었다. 그것만으로도 숨통이 다소 트이는 느낌이었다.

그리고 대학을 다시 사립으로 들어갔다. 경기대학교였다. 이 학교의 재단이 문제가 많다는 것은 입학 후 알았다. 상지대학교나 덕성여자대학교와 더불어 우리나라에서 사학 비리가 심한 대학 중 하나였다. 이사장은 설립자 손상교의 아들 손종국[4]으로 횡령, 유용, 사기, 배임수재, 편입학 부정 등 갖은 방법을 동원해서 호주머니를 채우느라 바쁜 인물이었다. 학생들은 총학생회를 중심으로 재단의 범죄행위에 거세게 반발하며 재단 퇴진운동을 벌였다.

지금도 기억에 남는 장면이 있다. 1993년 9월 21일의 일이었다. 당시 나는 '전국대학생문학연합'이라는 대학생 문학운동조직의 간부였다. 학교 간 연합조직의 간부였으므로 학교보다는 외부에서 활동하는 일이 많았다. 그날도 외부에서 일을 보고 학교에 왔는데, 심상치 않은 긴장감이 캠퍼스에 맴돌았다. 학우들이 쇠파이프, 돌, 화염병을 옮기고 있었다. 무슨 일인지 알아보니, 손종국의 하수인인 유도부와 한판 붙게 생겼다는 것이었다. 가만 보니, 유도부원들이 쇠파이프와 야구방망이로 무장한 채 본관 앞에 서 있는 것이 보였다.[5] '이거, 큰일이 나겠구나' 하고 직감했다.

---

4 손종국은 뉴라이트 연합 상임대표이며, 2015년 2월 국무총리 후보자 이완구 인사청문회에서 교수 특혜 채용 의혹과 관련해 증인 출석을 요구받았던 인물이다. 이완구와 매우 가까운 사이로 알려져 있다. 이완구는 1996년 경기대 행정대학원 조교수로 채용되었는데, 당시 그의 처남 이백철 교수가 경기대 교수 채용 담당인 교학부장으로 있었다.

5 나중에 안 사실이지만, 그들은 유도부만이 아니었다. 다른 운동부원들과 재단파 교직원들도 총동

숫자는 우리 쪽이 더 많아 보였지만, 결코 우세라 할 수 없는 상황이었다. 일반 학생들이 운동과 무술로 단련된 운동부원들과 맞서 싸운다는 것은 상상하기 힘든 일이었다. 그러나 곧이어 서울캠퍼스 학우들이 합류했고, 인원은 배로 불어났다. 일촉즉발의 팽팽한 긴장감이 캠퍼스에 흘렀다. 드디어 재단 퇴진을 요구하는 집회가 시작되었다. 그리고 예정되었던 총장실 항의 방문이 있었다.[6] 총장실로 진입하려는 학우들과 막아서는 유도부원들 간에 거친 실랑이가 벌어졌고, 곧이어 유혈 충돌이 발생했다. 순식간에 쇠파이프와 방망이, 돌과 화염병이 난무했다. 얼마나 지났을까, 죽기 살기로 싸우는 학우들의 공세에 유도부원들이 도망가기 시작했다. 학우들은 승리의 함성을 지르고 기쁨의 눈물을 흘렸다.

이것이 소위 '경기대첩'이라 부르는 사건이다. 이 사건으로 40여 명이 부상당하고 3명이 구속되었으며, 8명이 수배를 당했다. 그리고 한 학우가 결국 사망했다. 학원사랑선봉대 부대장 오원택(관광경영학과 92학번)이었다. 유도부에게 야구방망이로 안면부를 구타당해 광대뼈가 함몰되고, 턱뼈가 부러졌으며, 두개골에 금이 가는 중상을 입었다. 그는 병원에서 머리에 쇠를 덧대는 수술을 했지만, 두통 등 후유증을 호소하다 1년 4개월 후 (군에 입대한 지 얼마 안 되어) 사망했다.

어찌 보면 예견된 참사였다. 손종국은 몇 달 전부터 유도부 등을

원되어 있었다. 인원은 200명에 달했다. 당시 우리는 그들을 '구교대(求敎隊)'라 불렀다. 노조를 탄압하기 위해 회사에서 만든 어용 폭력조직 '구사대(求社隊)'를 변형한 말이었다.

6 당시 손종국은 교수협의회가 민주적 방식인 직선제로 뽑은 총장을 해임하고 자신이 직접 총장에 취임한 상태였다. 이사장이 총장을 겸임하는 것은 엄연한 불법이다.

학교에 상주시켜 공포 분위기를 조성하고, 집회에 참여한 학생들을 폭행해왔기 때문이다. 심지어 유도부가 재단 사무실을 점거한 학우들을 도끼로 위협하며 폭행한 일도 있었다. 유도부의 이러한 행위는 학생들의 공분을 사기에 충분했고, 대규모 충돌 사태를 낳았다. 유도부도 따지고 보면 같은 학생이었다. 유도부원들이 폭력행위에 동원된 것은 유도부 감독이 손종국의 하수인이었기 때문이다. 대학 이사장이라는 자가 학생을 동원해 다른 학생의 인권을 유린케 하는 것은 있을 수 없는 일이었다.

나는 공립(초)-사립(중)-공립(고)-사립(대학)을 다녔다. 그런데 사립학교에서 유독 불미스러운 일이 많이 발생했다. 그것은 과연 우연일까? 학교에서 발생하는 제도적 폭력에 대한 통계자료는 없다. 그런 것이 있을 리 만무하다. 그러나 이 글을 읽는 독자들은 자신의 학창시절을 돌아보라. 일반적으로 (최상류층 자녀들이 다니는 몇몇 귀족 사립학교를 제외한) 사립학교에서 폭력과 인권침해가 잦고, 강도도 훨씬 셌다. 거기에는 이유가 있다. 대부분의 사립학교는 비교육적 인사들이 소유·운영하고 있으며 부정과 비리, 전횡이 만연해 있기 때문이다.

손종국은 결국 2004년 교비 52억 원 횡령 등의 혐의로 구속되었다. 이듬해 집행유예로 풀려나기는 했지만, 오랜 싸움 끝에 힘겹게 얻어낸 쾌거였다. 그 후, 경기대는 임시이사 체제로 운영되어왔다.[7] 그런데 2015년 3월 16일, 손종국의 친누나 손희자가 신임 이사

---

7 '임시이사 체제'라는 명칭은 비정상적인 운영체제라는 느낌을 준다. 그러나 학내 민주화 세력에게는 그것이 오히려 '정상적인 운영체제'에 가까웠다. 사태가 바로잡히기 위해서는 우선 말이 바로서야 한다. 비리사학이 운영하는 것을 '학교 운영의 정상화'라 하고, 그것을 개선한 상태를 '임시이

장으로 취임했다.[8] 유죄 판결을 받은 지 10년 만에 사실상 구재단이 복귀한 셈이다.[9] 학생들이 비리재단과 본격적으로 싸우기 시작한 때가 1989년이다. 그런데 지금까지도 싸움이 끝나지 않는다. 우리나라에서 사학 비리재단은 아무리 죽여도 다시 살아나는 좀비 같다.

〈말죽거리 잔혹사〉의 학교 풍경

유하 감독의 영화 중에 〈말죽거리 잔혹사〉가 있다. 영화의 배경은 박정희 유신 말기, 이제 막 개발 붐이 일기 시작한 서울 강남의 한 고등학교다. 영화 속 학교는 힘의 논리와 폭력이 난무하는 무림武林의 세계다. 교장의 차가 교문으로 진입하면 교련 선생이나 학생들 모두 "충성!" 하고 거수경례를 한다. 병영이 따로 없다. 학교는 학생들에게 차별적으로 지위 배분을 한다. 그럴 때 가장 중요한 고려사항은 '어떤 집안의 자식인가' 하는 것이다.

학생들 사이에서 자율적으로 배분되는 서열도 있는데, 그 기준은 주먹이다. 학교의 야만적인 서열 문화 속에서 학생들이 선택하는 서열화 기준 또한 야만적이다. 주먹도 쓰지 못하고, 집안도 안 좋은 학생들은? 서열의 밑바닥에서 매일 굴욕을 당하며 살아야 한다. 그런

사 체제'라고 부르는 현실에서는 사태를 바로잡기 어렵다.

8 손희자 역시 사학재벌이다. 그녀는 서울 인창중·고등학교와 경기초등학교의 실질적 운영자다. 특히 경기초등학교는 우리나라의 대표적인 귀족 사립학교로 삼성가의 이재용 부회장과 이서현 사장, 정유경 신세계 부회장, 효성가의 조현상 사장, 이명박의 아들 이시형, 남석우 남영비비안 회장 등 최상류층 인사들 다수가 여기를 졸업했다.

9 이완구가 국무총리가 된 지 한 달도 안 되어 구재단이 복귀했다. 그것이 우연만은 아닐 것이다.

논리를 잘 체현體現하는 학교의 주먹 짱 우식이(이정진 분)는 이렇게 말한다. "쪽 팔리면(주먹으로 지면) 학교생활 바로 좋이야."

영화 속 윤리 교사는 "우리 헌정사는 서구 민주주의의 악습이 되풀이되어왔고 이에 대한 반성과 자각이 '10월 유신'의 출발점"이라며 군사독재자의 영구집권 야욕을 찬양한다. 그리고 수업 태도가 불량한 학생들을 무차별 폭행하며 말한다. "너희 같은 놈들 때문에 민주주의가 안 되는 거야!" 비민주적인 교사가 민주주의 운운하며 학생을 폭행하는 적반하장. 그런 논리가 아무렇지도 않게 통용될 수 있는 곳이 학교였다. '너희 같은 놈들에게 민주주의는 가당치 않다. 그저 맞아야 정신을 차린다'는 윤리 교사의 말은 '너희 엽전들은 이래서 안 된다'는 식민지 시절 일제의 논리를 빼다 박았다.[10]

영화 속 영어 교사는 명사의 다섯 가지 형식을 '고'유명사, '추'상명사, '보'통명사, '집'합명사, '물'질명사의 앞글자만 따서 음담패설로 학생들을 가르친다. 인권을 가르쳐야 할 교사가 오히려 여성을 인격체가 아닌 성적 대상물로만 취급하는 것이다. 학생과 선생 사이음흉한 미소가 번진다. "어언 새끼들, 좋단다." 이런 장면은 내 경험과도 일치한다. 나는 중·고교를 남학교를 다녔는데, 거기에서도 교사들이 여성을 성적으로 비하한 농담을 아무렇지도 않게 하곤 했다.

남자교사들은 간혹 수업의 분위기를 부드럽게 하기 위해, 학생들의 주목도를 높이기 위해 이런 저열한 방법을 구사한다. 하긴 무엇

---

10 과거를 단죄·청산하지 못하고 일본 관동군 출신이 권좌에 오르니, 이러한 일제의 가학적 차별의식이 자학적 민족 관념으로 변존(變存)한다.

이 문제이겠는가. 이런 방법으로라도 외워서 시험만 잘 보면 그만 인 것을. 더 기막힌 것은 여성에 대한 비하와 폄하가 '남자들끼리의 연대감'을 높이는 방법으로 동원된다는 점이다. 그럴 때 남자교사 는 '내가 잠시라도 너희들을 선생과 제자 관계가 아닌 남자 대 남자 로 대우해준다'는 느낌을 갖게 되고, 남학생들도 선생이 자신을 '남 자 어른으로 대우해준다'는 느낌을 갖게 된다. 남자들이 여성에 대 한 차별의식을 처음 배우는 곳은 군대가 아니다. 남학교다.

영화의 마지막 장면. 주인공 현수(권상우 분)는 이소룡의 절권도를 연마하여 학생들을 괴롭히는 악질적인 선도부 패거리를 흠씬 패준 다. 그리고 선도부를 비호해온 교사들을 향해 이렇게 포효한다. "대 한민국 학교 다 X까라 그래!" 나는 이 대사에서 카타르시스를 느꼈 다. 학교가 등장하는 영화는 무수히 많았지만, 이렇게 학교를 직설 적으로 비판하는 대사를 담은 영화는 없었다.

내가 영화 이야기를 다소 길게 한 데는 이유가 있다. 이 영화가 사 학 비리의 대명사인 상문고등학교를 배경으로 하고 있기 때문이다. 유하 감독이 바로 상문고 출신이다. 영화는 그의 경험을 바탕으로 한다. 학교가 도덕과 정의라고는 조금도 찾아볼 수 없는 약육강식의 정글로 그려진 것을 보면, 상문고에 대한 그의 반감이 얼마나 컸는 지를 알 수 있다. 영화는 유신시대의 풍경에 상문고 비리사학의 모 습이 겹쳐 있다.

사학 비리의 명문 상문고를 아시나요?

상문고는 본래 조선 시대의 명재상 상진尙震의 후손인 목천 상씨
木川 尙氏 문중이 세운 학교다. 상문고가 자리 잡은 땅은 약 500년 전
부터 내려오는 문중 선산이다. 이 선산이 1968년 남서울도시계획에
포함되어 도로가 뚫리게 되었다. 문중은 선산을 지키기 위한 방편으
로 학교를 세웠는데, 그것이 상문고였다. 초대 이사장은 '상헌'이라
는 인물이었는데, 그는 이사장에 취임한 후 문중 관계자들을 완전히
배제한 채 가족과 측근들로 이사진을 구성, 학교를 사유화했다. 문
중의 학교를 약탈한 것이다. 그리고 1972년, 아들 상춘식에게 학교
를 물려준다. 상춘식은 극심한 부정과 비리, 전횡을 일삼았다. 그 내
용은 1994년 교사들의 폭로로 세상에 알려지게 되었는데, 소개하면
이렇다.

우선 불법 찬조금. 상춘식은 각 담임에게 500만 원씩 찬조금을 만
들어내게 했다. 담임들은 수단과 방법을 가리지 않고 학생들에게 돈
을 걷어 그 돈을 만들어내야 했다. 돈을 안 내거나 늦게 내는 교사는
교장의 모멸과 학대에 시달려야 했다. 이를테면 교장이 교사 머리를
잡아 뜯으면서 "야 임마, 너 머리 잘라"라고 하거나, 살찐 교사라면
배를 쿡쿡 손가락으로 찌르면서 "야 임마, 살 빼"라고 말했다. 혹은
교장이 차 타고 지나가는데 교사가 인사 안 한다고 차에서 내려 "야
이 XX야, 왜 인사 안 해?"하면서 교사를 발로 찼다.[11]

찬조금 징수 때문에 학생이 스스로 목숨을 끊었다는 이야기도 있

---

11 김윤나영, 「"감오장천, 삼당이락"…'복마전' 학교, 또다시?」, 「프레시안」, 2013년 10월 27일.

다.『한겨레』에 따르면, 가출한 지 두 달 만에 한강에서 숨진 채 발견된 최모 군의 어머니는 "아들이 전세방에 사는 가난한 살림 속에서도 명랑했었으나 학교로부터 찬조금 요구를 받고 괴로워하다 스스로 목숨을 끊었다"고 했다.[12] 상춘식이 찬조금과 보충수업료에서 횡령한 액수만 수십억 원이었다. 그에게는 모든 것이 돈이었다. 졸업생들의 증언에 따르면, 반장은 100만 원, 학생회장은 200만 원, 졸업생 대표로 우등상을 받는 학생은 150만 원 정도를 기부금 명목으로 내야 했다. 졸업생 기념품비, 동창회비도 착복하고 대입원서 써주고도 돈 받았으며, 수학여행, 졸업앨범, 체육복, 교련복 업자와 결탁해서 커미션을 받았다.[13]

상춘식이 공분을 산 또 하나의 일은 촌지 받고 성적을 조작해준 것이다. 성적을 조작해준 학생 중에는 그가 출입국할 때 도움을 받은 세관 공무원의 아들이나 고위층 아들도 있었다. 상춘식은 OMR 기계 도입도 막았다. 전산 처리가 안 되어야 내신 조작이 쉽기 때문이었다. 그에게 내신은 하나의 '사업'이었다는 증언이다. 학교에는 특별관리 VIP 리스트도 있었다. 졸업생의 증언이다.

당시 상문고등학교에는 이문열 씨 아들이나 김홍신 씨 아들이나 장세동 씨 아들이 다녔어요. VIP 리스트에는 정권과 연관된 사람들도 많았죠. 그런 사람들의 자제들을 잘 봐준다는 식으로 로비를 하고 교육

---

12 김의겸·박중언, 「"학교 장부 파악 쉬워 수사 어려움 없다" 상씨집 외제가구 즐비 지하 연회장 갖춰」,『한겨레』, 1994년 3월 18일.

13 http://ran.innori.com/98

청이 못 움직이게 만들어 놔서 감사에 한 번도 안 걸렸대요.[14]

상문고는 교사들의 학대와 체벌이 심하기로 유명했다. 학생들은 책상에 손등을 대고 야구방망이로 맞곤 했다. 그로 인해 손가락뼈가 골절된 학생들도 있었다. 엉덩이 빠따도 반동을 없애기 위해 배를 바닥에 깔고 맞게 했다. 공수부대 출신으로 별명이 '학다리'인 선생은 다리를 쉬지 않고 놀리면서 얼굴을 가격하는 것으로 유명했다. 자기 손바닥에 침을 한번 뱉고 따귀를 때리던 선생도 있었고, 빗자루로 화장실을 한번 쓸고 얼굴에 빗질하는 선생도 있었으며, 침 뱉었다고 바닥의 침을 다시 혀로 핥으라고 시키는 선생도 있었다. 이처럼 정신적 학대를 동반한 체벌이 많았다. 학대와 체벌이 얼마나 심한지 군대는 다녀온 졸업생들은 "군대 별거 없더라, 고등학교 생활보다 쉬워"라고 말할 정도였다.

상춘식은 학교 교사들에게 자녀 과외를 시키기도 했는데, 당시에는 과외가 불법이라 동원된 교사들만 구속되는 일이 벌어지기도 했다. 그는 학교 부지 내에 골프장을 차려놓고 사업을 했는데, 교사와 학생을 동원하여 일을 시키기도 했다. 자기 소유 건물에 은행을 유치하고는 학생들에게 그 은행 통장을 만들게 하기도 했다. 학교에 저항하는 학생이 있으면, 상춘식은 그 학생을 퇴학시켰다. 그게 다가 아니었다. 퇴학당한 학생이 전학을 가거나 검정고시를 보려면 퇴학원이 필요한데, 학교는 그것을 떼어주지 않았다. 평생 고교 중퇴

---

14 황재민 · 차승일, 「상문고 투쟁의 주역들을 만나다」, 『열린 주장과 대안』 10호(2001년 4월 1일).

학력으로 살라는 말이었다.

상문고는 엄격한 생활規율로 유명했는데, 그것도 부정비리와 관련이 있다. 학생들을 부정비리에 군말 없이 따르게 하고, 그것을 은폐하기 위해 필요한 것은 학교 내 공포정치였다. 엄격한 생활규율은 그 공포정치의 수단이었다. 재단의 방종을 위해 학생에게 엄격한 생활규율이 요구되는 이 기막힌 현실. 극단적 학생 통제에는 또 다른 이유도 있었다. 1994년 양심선언을 한 교사의 말로는 "교사와 학생들을 옥죄어 명문대에 많이 입학시키면 모든 부정이 덮어진다는 것이 교장의 생각"이었다.

2015년 〈강남 1970〉을 만들어 개봉한 유하 감독은 한 인터뷰에서 자신이 상문고를 다닐 때에는 한 해 100명씩 서울대에 입학했다고 밝혔다. 그리고 이런 말을 덧붙였다. "그런데 그게 명문은 아니지 않습니까."[15] 입시교육은 사실상 사학 비리를 방조한다. 그것은 도덕과 상관없기 때문이다. 많은 사학재단은 온갖 부정과 비리로 축재蓄財하면서도 어떻게 하면 학생을 명문대에 많이 보낼까 고심한다. 둘 사이에는 아무런 모순이 없다. '그까짓 부정과 비리로 삥 좀 뜯긴다고 무슨 대수인가, 내 자식 명문대만 보내준다면.' 실제로 많은 학부모가 이렇게 생각한다. 그러는 동안 학생들은 일찌감치 부정부패에 무감각해지고 동화된다. 우리 교육의 적나라하고도 슬픈 얼굴이다.

---

15 정시우, 「'강남 1970' 유하 "우리 세대가 왜 이렇게 보수화 됐는지 신기하다"」, 「텐아시아」, 2015년 2월 19일.

2

사학 비리가 청소년에게 미치는 영향 ②

상문고를 통해 본 비리사학의 유형

경우 1.

수업 중 화학 선생님이 방송으로 교장실에 불려갔다 오더니 눈물을 흘림. 궁금히 여긴 학생들이 이유를 물어보자, 미국에서 유학 중인 교장 아들 시험문제를 팩스로 받아 풀어 다시 팩스로 보내고 왔다며 서러워 우셨다.

영어 선생, 수학 선생을 특별히 불러서 자기 아들 과외시킴. 참고로 당시는 법으로 과외를 금지하던 시기였음.

경우 2.

교장 아버지 제사를 지낸다고 매점 문을 걸어 잠금. 그 통에 도시락 안 싸간 학생들 그날 쫄쫄 굶음. 수업 중인데 옆에 제사상 차려놓고 제사를 지냄. 어이 상실.

점심시간에 매점에서 아이스바를 사먹고 있는데 민모 교감이 와서 이름을 대라 함. 왜 그러시냐 물으니 너네는 이제 곧 아이스바를 먹고 (쓰레기를) 땅에 버릴 것이므로 미리 이름을 적어간다 함.

경우 3.

시도 때도 없이 별별 찬조금을 다 걷음. 시계탑 세운다고 걷고 뭐한다고 걷고. 시계탑 세운다고 돈 걷은 지 십수년이 지나도 시계탑 비슷한 것 하나 안 생김. 학부모 상담이라고 수시로 부모님 불러서는 상담은 안 하고 돈 내게 함. 미술 선생은 자기 그림도 사게 함.

경우 4.

골프 특기생이라는 명목의 학생이 몇 명 있었는데, 3년 동안 수업 하루도 안 듣고 대학 감. 내신 1등급 학생들은 특별관리 받으며 미술, 음악, 체육 등 일부 실기과목 무조건 수.

사학 비리의 대명사인 상문고 졸업생의 경험담이다.[1] 이 사례들은 비리사학의 패턴을 잘 보여준다. 그 패턴은 이렇다. 첫째, 학교 실권자가 심지어 사적인 일에까지 교사들을 마음대로 부린다(경우 1). 둘

---

[1] 여기에서 '교장'은 상문고의 실질적 운영자 상춘식이고, '교장 아버지'는 초대 이사장 상헌이다.
http://ran.innori.com/98 참조.

째, 독단과 전횡이 극심하다. 민주적이고 합리적인 학교 운영은 꿈도 꾸기 힘들다(경우 2). 셋째, 돈을 심하게 밝힌다. 비리사학에서 학생과 학부모는 봉이나 다름없다. 축재는 비리사학의 궁극적 목표다(경우 3). 넷째, 학교 설립자나 초대 이사장을 봉건적으로 숭배한다(경우 2).[2] 다섯째, 명문대 진학률을 높이기 위해 '선택과 배제' 전략을 확실히 구사한다. 체육특기생이거나 내신 1등급으로 명문대 진학 가능성이 있는 학생은 학교 차원에서 전폭적으로 지원한다. 필요하면 성적 조작이나 불공정한 평가도 마다하지 않는다(경우 4). 여섯째, 비리사학에는 부패한 교사가 많다(경우 3).

마지막의 부패한 교사 문제에 대해서는 좀 더 이야기할 필요가 있다. 비리사학에는 부패한 교사, 교사로서의 자질이 의심스러운 교사, 학생들을 가르칠 실력이 있는지 의심스러운 교사들이 유독 많다. 학교가 교원 채용비리를 저지르는 경우, 즉 학교 실권자의 친인척이라는 이유로 채용되거나 돈을 내고 부정 채용된 경우가 많으면 아무래도 저질 교사가 많아질 수밖에 없다. 비리사학의 운영자는 항상 자신의 뒤를 봐줄 실력가를 필요로 한다. 운영자는 실력가를 학교 이사로 앉히거나, 부당한 방법을 동원해서 그 자녀를 교사로 채용한다. 이렇게 채용된 사람들이 '재단파 교사'를 형성한다. 정상적인 경로를 통해 교사로 채용된 경우라도 운영진에게 인정받아 승진하고

---

2   초대 이사장의 제삿날 매점이 문을 닫은 것은 교직원 전체(매점 직원까지 포함)가 제사에 참석해야 했기 때문이 아닌가 싶다. 사립학교에서 숭배의 대상은 현 재단 권력의 뿌리가 된다. 상문고의 경우는 문중이 세운 학교를 초대 이사장인 상헌이 사유화해 아들 상춘식에게 물려주었다. 그러므로 상헌이 숭배 대상이 된다.

싶은 욕심에 재단파 교사가 되기도 한다.

이런 교사들이 학교에 많아지면, 학생들은 학교를 다니면서도 배우는 것이 적거나 없다고 느끼게 된다. 학생들이 인격적 측면에서 배움이나 지혜를 얻지 못하는 것은 말할 것도 없고, 입시교육의 측면에서도 무능한 교사들이 많아지게 된다. 이런 교사들은 대개 폭언과 폭행도 심하다.

사학의 부정과 비리는 학생을 동원하고 통제하는 과정을 통해 이루어진다. 부정과 비리는 전횡과 독단을 통해서만 가능한데, 그 때문에 영문도 모르고 갑작스럽게 어떤 일에 학생들이 동원되는 경우가 많아진다. 의구심이나 반발심이 생긴 학생이 순순히 따르지 않거나, 이의를 제기하면 어떻게 될까? 재단파 교사들로부터 폭언과 폭행을 당하기 일쑤다.

비리재단과 한통속인 재단파 교사들은 학교 실권자가 원하는 돈을 학생(학부모)으로부터 뜯어내는 데 열성적일 수밖에 없다. 특히 재단에 돈을 주고 채용된 교사는 자신이 교사가 되기 위해 쓴 막대한 비용[3]을 학부모에게 받는 촌지나 재단 비리에 가담(협력)하는 대가로 주어지는 다소의 물질적 수혜를 통해 메꾸려 한다. 그 과정에서 교사도 부패의 늪에 빠지기 쉽다.

---

3 정교사가 되기 위해 내는 비용은 수도권 사립학교의 경우 1억 2,000만 원 정도로 시장이 형성되어 있다고 한다. 이에 대해서는 박은선, 「"1억2천만원이면 돼요" 교사직 매매 현장 가보니」, 『오마이뉴스』, 2012년 2월 3일 기사를 참고할 것.

충암고 급식비 폭언 파문의 이면

2015년 4월 2일, 서울 충암고등학교에서는 급식비 관련 폭언 파문이 있었다. 이날 교무교감 김종갑은 학교 식당 앞에서 급식비 납부 현황을 일일이 체크하며 납부자들만 식당 안으로 들여보냈다. 그 과정에서 미납 학생들에게 "밥 먹지 말고 꺼져라", "너 같은 애들 때문에 전체 애들이 피해 본다"고 폭언을 한 것이 알려져 사회적 비난을 받았다.

이 파문에 대한 여론은 교감의 처사에 대한 비판으로 모아졌다. 진보는 급식비를 내지 못할 정도로 가난한 학생에 대한 교감의 처사가 비교육적이고 차별적이었으며, '이래서 무상급식을 해야 한다'는 주장으로 나아갔다. 반면 보수 쪽에서는 '급식비 미납 학생들에게 납부 독촉을 할 수는 있지만 그 방법이 옳지 않았다', '급식비를 내지 않은 학생들에게도 문제는 있다'는 정도로 학교와 학생을 모두 비판했다. 온도의 차이는 있지만 교감의 언행이 비교육적이고 차별적이었다는 점에는 진보나 보수 모두 동의한 셈이다.

『경향신문』은 충암고 2015년 2월 졸업생의 급식비 미납액이 서울 평균의 13배가 넘는다는 기사를 보도했다. 새정치민주연합 박혜자 의원이 서울시교육청에서 받아 공개한 자료에 따른 수치였다(2014년 8월 기준). 이에 대해 교육청 관계자는 "학교급식 규정과 지원은 공·사립이 모두 동일한데 충암고만 유독 미납액이 많이 발생하는 이유를 이해할 수 없다"고 말했다.[4] 이유가 무엇일까? 그것은

---

4 송현숙, 「충암고 졸업생 급식 미납액, 서울 평균의 13배」, 『경향신문』, 2015년 4월 10일.

충암고의 급식 질이 형편없었기 때문이다. JTBC 보도에 따르면 충암고 급식은 학생들이 먹다가 버릴 정도였다.[5]

충암고의 한 끼 급식비는 4,300원으로, 다른 학교에 비해 결코 적지 않다. 오히려 높은 편에 속한다. 그런데도 질이 떨어지는 것이다. 한창 먹을 나이인 학생들에게 부실한 식사는 적지 않은 스트레스였을 것이다.

학생의 입장에서 한번 생각해보라. 학교에 내는 급식비는 적지 않은데, 가격 대비 맛도 없고 영양도 형편없다. 그러다 보니 학교 밥을 먹기가 싫고 자꾸 나가 사먹게 된다. 혹은 급식을 먹더라도 양에 차지 않아 자꾸 매점에서 간식을 사먹게 된다. 그럴 때 무슨 생각이 들까? 차라리 돈을 조금 더 보태 밖에서 제대로 된 음식을 사먹는 것이 낫겠다는 생각이 들지 않을까?

문제는 급식비를 한 달에 한 번씩 낸다는 점이다. 이 급식비는 안먹는다고 돌려주는 것도 아니다. 급식비를 내면 돈이 아까워서라도, 질이 아무리 부실해도 학교 밥만 먹어야 한다. 음식 선택의 자유가 사라지는 것이다. 만약 급식비를 내고 밖에 나가 사먹으면? 이중으로 밥값을 지출하는 꼴이 된다. 그것은 합리적인 일이 아니다. 그러다 보니 급식비를 안 내고 버티는 학생들이 많아지게 된다. 물론 그러다가 상황이 여의치 않으면 가끔 몰래 학교급식을 먹는 학생들도 있었을 것이다. 그렇다고 해도 그것이 학생만을 비난할 일일까? 급식

---

5 "충암고 급식비 미납, 부실 급식 탓?…'먹다가 버려요'", 〈JTBC 뉴스〉, JTBC, 2015년 4월 8일 방송 참조.

비를 내기도 뭣하고 안 내기도 뭣한 상황을 만든 것은 학교 아닌가.

물론 무상급식을 하면 학생이 학교 밥을 먹든, 밖에 나가 사먹든 아무 문제가 없다. 그러나 유상급식을 하더라도 학교가 제대로 된 밥을 제공했다면 이렇게 급식비 미납율이 높지는 않을 것이다. 그랬다면 교감이 직접 나서 급식비 납부를 독촉하는 상황이 생기지도 않았을 것이다. 급식비를 안 낸 학생 중에는 물론 가난해서 못 낸 경우도 있을 것이다. 그러나 충암고의 비상식적으로 높은 미납율은 돈이 있어도, 한 달에 몇 번 먹지도 않는 급식비를 다 내기가 억울해 안 내는 경우도 적지 않았음을 보여준다. 결국 문제의 근원은 형편없는 급식의 질에 있었던 것이다.

막말 파문 후, 충암고 교장 박상국은 급식비를 내지 않은 학생들의 '도덕적 해이'를 질타한 것이 교육적으로 왜 문제가 되느냐는 식으로 응대했다. 적반하장이 따로 없다. 다른 학교와 똑같이 정부로부터 급식비 지원을 받고 있고, 학생들에게 걷는 급식비도 다른 학교보다 적지 않은데 유달리 급식의 질이 떨어진다면, 누구라도 급식비 횡령을 의심할 수밖에 없다. 백번 양보하더라도 운영진으로서 급식의 질에 대한 관리감독 소홀의 책임을 면할 수 없다.

학교 운영진은 급식비 미납율이 높아 급식의 질을 높일 수가 없었다고 말할 수도 있다. 그렇다 하더라도 책임이 면피되는 것은 아니다. 조금만 신경 쓴다면 학생들의 급식에 대한 불만을 알았을 것이고, 양질의 식재료와 식단을 써서 급식의 질을 높이는 동시에 급식비 납부를 독려했다면 서울 평균 수준으로 미납율을 낮추는 것은 그리 어려운 일이 아니었을 것이다. 그러나 충암고 운영진은 그렇게 하지 않았다. 아니, 학생의 밥 따위에는 애초부터 관심이 없었는지도 모르겠다. 충암고 운영진의 평소 관심은 돈에 있지 밥에 있지 않았기 때문이다. 이렇게 추측하는 것은 무리가 아니다. 그것은 부정과 비리로 얼룩진 충암고의 과거가 보여준다.

충암학원을 통해 본 사학 비리의 현실

충암고의 실질적 운영자는 이홍식으로 학교 설립자 이인관의 아들이다. '충암'은 이인관의 호號다. 이홍식은 충암고 외에도 충암중학교, 충암초등학교, 충암유치원의 실질적 주인이다. 이들 충암학원 소속 기관들은 이홍식의 아들, 딸, 며느리, 친구 등이 요직을 장악하고 있는 전형적인 족벌사학이다. 현재 이홍식은 교비 횡령을 비롯한 각종 부정과 비리 혐의로 서울시교육청으로부터 임원승인취소 처분을 받아 공식적으로는 이사장직에서 물러난 상태다. 그러나 이러한 처분은 요식행위에 불과하다. 이런 처분을 받아도 다른 가족에게 이사장직을 승계했다가 나중에 복귀하면 그만이기 때문이다. 이홍식은 1999년에도 횡령 혐의로 이사장직을 박탈당했다가 2008년 복귀한 전력이 있다.

충암학원의 현재 이사장은 공식적으로는 이홍식의 장녀다. 그러나 실질적인 이사장은 여전히 이홍식이다. 그는 여전히 거의 매일 학교에 출근하고 있으며, 학교에서 여전히 '이사장'으로 불린다. 초·중·고 교장들을 수시로 불러 보고받고 결재도 하고 지시도 한다. 법적으로 그는 아무런 권한이 없다. 그러나 '명예 이사장'이라는 법에도 없는 유령직함을 만들어 여전히 전권을 행사한다.[6] 이것은 무엇을 말하는가? 법적 처분도 아무런 실효성이 없음을 말해준다. 사학은 치외법권 지대나 마찬가지다.[7]

충암학원은 평소 너무 부정비리가 심해 '사학 비리 백화점'이라 불린다.[8] 과거 부정비리에 대해서는 교감의 막말 파문 이후 여러 언론에서 다시 조명되었으므로 여기서는 그중에서 주목할 만한 사건만 몇 개 골라 다루기로 한다. 우선 2008년의 화장실 관련 파문. 당시 충암중에는 700명이 쓰는 4층 건물에 화장실이 달랑 하나 있었다. 충암고에는 2·3학년 학생 1,400명이 쓰는 5층짜리 건물이 있었는데, 대변을 볼 수 있는 화장실은 한 층에 한 곳뿐이었다. 학생들로서는 보통 일이 아닐 수 없다. 배탈이 나서 급하게 화장실을 써야 하는데, 화장실이 만원이라고 생각해보라. 이 정도면 고문이 따로 없다. 이러한 화장실 실태는 참다못한 충암고 일부 교사들이 "똥 쌀 권리 보장하라, 요강 들고 등교하자"라며 시위를 벌이면서 세간에 알려졌다.

전교조 충암분회가 내놓은 '1997~2001학년도 충암중·고등학교 회계 분석 자료'에 따르면 이 기간 동안 약 1억 4,500만 원을 화

---

6 송현숙, 「비리 해임 후에도 '이사장 왕국'… 매일 출근해 학교업무 지시」, 『경향신문』, 2014년 9월 2일.

7 2017년 6월 19일, 서울시교육청은 이사장을 포함해 충암학원 임원 전원에 대한 취임 승인을 취소 처분했다. 그간 급식 비리로 물의를 빚은 충암고 교장을 파면하라고 한 교육청의 요구를 무시해온 것에 대한 징계 처분이었다.

8 2011년 서울시교육청 특별감사에서 교비 횡령과 회의록 무단 폐기 등 32건이 적발됨으로써 이런 오명을 얻었다.

장실 보수공사에 쓴 것으로 되어 있다. 화장실도 몇 개 없는데 그 많은 돈을 어디다 썼는지 알 수 없다. 만에 하나 그 돈을 모두 썼다 해도 문제는 남는다. 화장실 실태를 폭로한 충암중 홍기복 교사는 "이 정도라면(그 정도 비용을 썼다면) 분명 호텔급의 화장실 정도로 청결하고 좋은 시설을 갖춰야 한다"고 지적했다. 그런데 현실은 "똥이 내려가지 않을 정도로 부실공사가 이뤄"졌다.[9] 공사비 횡령을 의심할 수밖에 없는 대목이다.

2007년에는 건물 밖으로 나오던 학생이 5층에서 떨어진 유리창틀에 머리를 맞는 사고가 있었다. 피해학생은 27바늘을 꿰매야 했다. 시설이 낡아 학생들이 교실 문을 열자 창틀이 떨어져 생긴 사고였다. 이런 사고는 2006년에도 두 차례 있었다. 충암학원의 시설은 낙후하기로 유명했다. 오죽하면 학생들이 '선생님, 건물 무너지면 우리 어디로 숨어요?'라고 물을 정도였다.[10] 상황이 이러함에도 이홍식을 비롯한 재단 일가는 부당 이득을 취하는 데만 골몰했다. 2009년에는 하지도 않은 창호공사(창문·창틀 공사)를 한 것처럼 계약서류를 꾸며 8,037만 원을 횡령했다.

1999년에는 난방시설 보수비 명목으로 서울시교육청으로부터 교육환경개선금 약 5억 5,000만 원을 받아, 이 중 3억 5,000만 원 정도를 횡령했다. 전체 비용의 3분의 2를 횡령한 것이다. 설비업자와

---

9   최대현, 「'충암 잔혹사', 서울시 교육청이 키웠다」, 『오마이뉴스』, 2008년 4월 11일; 선대식·이희훈, 「"칠판 지우개 10만개 샀다며 돈 빼돌려"」, 『오마이뉴스』, 2014년 8월 12일.

10   최현준, 「충암학원 학생·교사의 '고발'…"이런 학교가 또 있을까요?"」, 『한겨레』, 2007년 12월 16일; 김유림, 「내부고발자 쫓아내고 교육청 돈으로 재벌 행세」, 『신동아』, 2015년 1월호.

짜고 교육청에서 지원한 공사비를 시설 보수에 제대로 쓰지 않으면서 공사비를 과다 계산하는 방법이었다. 이 돈은 당연히 국민의 세금이다. 이처럼 비리사학은 한쪽으로는 학부모의 호주머니를, 다른 한쪽으로는 세금을 털어간다. 충암학원이 정부로부터 받는 지원금은 결코 적지 않았다. 서울시교육청 감사 자료에 따르면 충암학원은 1년 평균 76억 원, 4년간(2007~2010년 기준) 300억 원이 넘는 정부 지원금을 받았다. 그럼에도 시설 상태는 늘 열악했고, 학생들은 위험에 노출되어 있었다.

2014년 6월 지방선거 때 서울의 시장·교육감 후보들은 앞다퉈 충암고를 찾았다. 세월호 참사 직후 학생들의 안전 문제는 최대 정치적 이슈였다. 학교 측은 건물 바닥과 벽이 금가고 페인트칠도 벗겨진 것을 보여주었다. 그러면서 학생들의 안전이 위협받는다며 지원이 필요하다고 읍소했다.[11] 이 같은 행동을 어떻게 봐야 할까? 충암학원의 낙후된 시설은 각종 공사 비리와 부실공사, 횡령의 결과였다. 그런데 그것을 근거로 또 정부의 지원을 요청했다. 그것은 위험하고 불편한 교육환경을 유지하는 것이 공적자금을 뜯어내는 빌미가 될 수 있음을 보여준다. 더 많은 공적자금을 뜯어내려면 위험하고 불편한 교육환경을 유지해야 하고, 그러려면 오히려 부정과 비리가 필요하다.

이로부터 중요한 결론이 도출된다. 선결 과제는 사학 지원이 아니

---

11 송현숙·이범준, 「안전점검 'D등급' 받은 학교 지원 받아 횡령, 시설 보수 안 해」, 『경향신문』, 2014년 8월 25일.

라 사학 비리 근절이다. 사학 비리 근절 없이 지원이라는 명목하에 공적자금을 퍼붓는 것은 '밑 빠진 독에 물 붓기'다. 그것은 사학의 부정과 비리를 부추기고 방조하는 일이고, 학생들을 위험에 빠뜨리는 일이다.

상문고와 충암고의 공통점

나는 앞의 장에서 상문고의 실질적 운영자 상춘식이 학교 부지 내에 골프장을 차려놓고 사업을 했다고 말했다. 충암고의 이홍식도 비슷했다. 그는 1996년 학교 땅에 자기 개인 명의의 스포츠센터를 지었다. 형식은 충암학원으로부터 땅을 빌려 건물을 지었다. 그러나 이 건물은 자기 돈으로 지은 것이 아니었다. 그는 스포츠센터 공사비로 교비 1억 1,000만 원을 부당하게 빼냈다. 명백한 교비 횡령이었다. 학교 땅을 빌렸으면 마땅히 임대료를 내야 한다. 그러나 그는 9,000만 원에 달하는 임대료도 내지 않았다.[12]

나아가 그는 교사들을 앞세워 학부모들에게 350만 원짜리 회원권을 강매했다. 학교 땅에, 학교 돈으로 건물을 짓고, 교사들 동원해 회원권 팔아 모든 수익을 자신이 챙기는 이 기막힌 현실. 교사를 통해 고가의 회원권을 사달라는 부탁을 받은 학부모들의 심정은 어땠을까? 우선 거절한 경우, 자식을 학교에 맡겨놓은 사람으로서 내 자

---

12 전교조 서울지부가 2008년 7월 24일 작성한 보도자료에 따르면, 이 같은 사실이 서울시교육청 감사에서 적발되었고, 임대료 일부인 5,000만 원이 추후 환수되었다.

식에게 어떤 불이익이 있지 않을까 걱정이 앞섰을 것 같다. 회원권을 사준 경우는 적지 않은 금액의 회원권이니, 자식에 대해 학교 측의 혜택이나 배려를 기대하지 않았을까 싶다.

상문고와 충암고의 또 다른 공통점은 현 사학 권력의 뿌리에 대한 숭배 문화다. 상문고의 상춘식이 학교 안에서 교직원을 동원해 자신의 아버지(초대 이사장 상헌) 제사를 지낸 것처럼 충암고의 이홍식도 똑같았다. 그 역시 충암학원 소속 초중고 교원들을 동원, 자기 아버지(충암학원 설립자이자 초대 교장 이인관) 묘역을 참배하게 했다. 2011년 서울시교육청 감사 결과, 그는 충암초교에서 '식목일 행사 경비', '교직원 가족 등반대회' 등의 명목으로 1,137만 원을 빼내 묘소 참배 비용으로 사용한 것으로 드러났다.[13]

사학 비리를 다룰 때 언론은 흔히 '사학 왕국'이라는 표현을 쓴다. 실질적인 운영자들이 왕처럼 전권을 휘두른다는 뜻에서 사용되는 말이다. 사학이라는 공간을 지배하는 문화구조를 설명할 때에도, 이보다 적절한 말은 없는 것 같다. 학교는 궁궐과 마찬가지로 폐쇄적이다. 그리고 학교 운영권이 자식에게 세습되는 것도 그렇고, 초대 이사장이나 설립자가 숭배의 대상이 되는 것도 그렇고, 사학은 봉건 왕조 시대의 분위기가 물씬 풍기는 시대착오적 공간이다.[14]

---

13 충암중과 충암고에는 설립자 이인관을 기리는 동상이 하나씩 세워져 있다. 이러한 숭배 문화는 비리사학에서 흔하게 볼 수 있다. 충암고에서 얼마 떨어지지 않은 예일여자고등학교 역시 부정과 비리로 유명한 학교다. 이 학교에서는 명절 때가 되면 여교사들이 한복을 예쁘게 차려입고 이사장에게 세배까지 다녀야 했다. 이에 대해서는 전교조 서울지부 사립강서남부지회 지회장 권종현의 증언(http://blog.naver.com/gaebbul99/50183467765)을 참고할 것.

14 학교에 초대 이사장이나 설립자를 기리는 동상을 세우고, 교직원들을 동원해 제사를 지내고, 묘지를 참배하는 것은 종묘사직을 목숨처럼 중시했던 조선 왕조나 야스쿠니 신사에 참배하는 일본 우

입시제도하에서 공립이든 사립이든 모든 고등학교는 명문대 진학률을 높이기 위해 노력한다. 그러나 상문고와 충암고를 비롯한 비리사학들의 명문대 진학률 높이기는 단지 '노력'이라는 말로는 부족하다. 비리사학들은 명문대 진학률만 높일 수 있다면 그야말로 수단과 방법을 가리지 않는다. 명문대 진학률은 지속적인 부정과 비리를 가능케 하는, 매우 중요한 알리바이이기 때문이다.

명문대 진학률이 낮고, 각종 부정비리와 학생에 대한 인권침해가 발생하면 '똥통학교'라는 오명을 뒤집어쓴다. 하지만 명문대 진학률만 높다면 부정비리가 있어도 명문학교로 취급되고, 학생에 대한 인권침해도 다소 거친 방식의 교육으로 통용된다. '스파르타식'으로 가르쳐서 학생들이 정신 차리고 공부를 잘한다는 식으로, 학생에 대한 폭력적인 지도나 교육방식에 대해서도 긍정적 평가가 쏟아진다.

비리사학들이 입시교육에 동원하는 편법은 다양하다. 충암고의 예를 보자. 2011년 충암고는 고3 학생들 중 성적 최상위 학생 16명을 뽑아 '성적 우수 특별반'을 따로 편성해 가르쳤다. 특별반에는 영어와 수학 교사가 전담 배치되었고, 국어와 사회, 과학 등의 과목은 학생들이 원하는 교사를 고르게 했다. 논술시험 준비를 위해 논리학처럼 교육과정에도 없는 수업을 추가 편성했다.

충암고는 학교 독서실 이용도 성적에 따라 차별했다. 전교 50등 안에 드는 학생만 독서실에 들어갈 수 있게 하고, 좌석도 성적순으

익 정치인들을 떠올리게 한다. 학교는 흔히 민주주의를 가르친다고 한다. 그러나 사학의 지배 문화는 현대 민주주의와 영 어울리지 않는다. 가르치는 내용과 그것을 가르치는 공간을 지배하는 문화의 엄청난 괴리, 그로 인한 학생들의 혼란과 정신분열. 이것이 우리 교육의 현주소다.

로 배정했다. 또한 교사가 특별반 학생을 반장으로 무투표 추대하도록 반 학생들에게 강요하기도 했다. 이렇게 하면 가산점이 높아져 명문대 특별반 학생들의 수시모집 합격 가능성이 높아지기 때문이다.[15]

성적 위주의 입시교육은 분명 문제다. 그러나 이런 예는 입시경쟁의 전제가 되어야 할 '공정성'조차 무참히 훼손되고 있음을 보여준다. 충암고의 태도가 지향하는 바는 분명하다. 나머지 학생들은 덜 신경 쓰거나 버리겠다는 것, 몇몇 성적 좋은 학생들을 '대표선수'로 삼아 다른 학교와의 입시경쟁에서 이기겠다는 것이다. 설사 학교 의도대로 이 대표선수들이 명문대 입학에 성공해 학교의 명예를 드높였다 치자. 그렇다 해도 정당한 승리가 아니다. 그것은 학교의 다른 친구나 급우들의 부당한 손해나 피해에 힘입은 것이기 때문이다.

흔히 어떤 학생이 명문대에 진학하는 것은 그 개인의 정당한 노력의 결과로 여긴다. 그러나 충암고의 예에서 보듯, 그 과정은 정당하지만은 않다. 이 같은 비도덕적인 특혜와 비리는 사학에 흔하다. 학교의 집중적인 특혜와 배려를 받으며 명문대에 입학한 학생들의 수는 전국적으로 적지 않을 것이다. 사회적 차원에서 보면 그것은 일시적인 문제가 아니다. 그 학생들이 나중에 어떤 도덕성과 세계관을 갖게 될지 생각해보라. 혹은 그렇게 출세한 사람들이 이끌어가는 우리 사회를 상상해보라. 상류층의 심각한 비도덕성이 학창시절부터 훈련되고, 내면화되고 있다고 보면 무리일까?

---

15 이재훈, 「'급식비 막말' 충암고의 '막장 역사'를 아시나요」, 『한겨레』, 2015년 4월 7일; 이재훈, 「최상위권 16명 특혜수업…학생에 교사 선택권까지」, 『한겨레』, 2011년 5월 6일.

충암고 같은 비리사학들이 무리를 하면서까지 명문대 진학률을 높이려는 데는 좀 더 중요한 이유가 있다. 높은 명문대 진학률은 무엇보다 이사장을 비롯한 학교 운영자들의 사회적 위세를 높여준다. 그 위세를 기반으로 이사장이나 재단 일가가 정·관계에 진출하는 것도 가능하다. 또한 명문대 진학률이 높으면 우수학교로 평가되어 정부나 기업의 재정 지원을 받기 쉽다. 지역 정치인이나 토호세력(지역 유지)의 후원과 협조를 얻어내기도 용이하다. 명문대 진학률이 높으면 출세한 졸업생들이 많아지는데, 그들 역시 학교의 든든한 배경이 되어준다. 이처럼 명문대 진학률은 많은 고민을 해결해주는 '마스터 키' 역할을 한다. 비리사학들이 명문대 진학률에 목숨을 거는 이유다.

3

특수학교, 학교인가 수용시설인가?

성폭행 개념이 없었던 학생들

몇 년 전 우연히 TV를 보다가 이런 말을 들었다. "인생을 알려면 한계가 아니라 그 아래를 봐야 해요." 〈다큐멘터리 3일〉이라는 프로그램이었던 것으로 기억하는데, 오랫동안 고물상을 운영하며 밑바닥 인생들을 지켜봐온 주인아저씨의 말이었다. 오랜 체험에서 우러나왔을 그 말이 적잖이 인상 깊었다.

나는 사회도 마찬가지라고 생각한다. 사회를 알기 위해서는 한계가 아니라 그 아래를 봐야 한다. '한계 아래'는 사회 모순을 적나라하게 폭로하기 때문이다. 그러면 학교나 청소년 문제에서 그 '한계 아래'는 어디일까? 아마도 장애아들이 다니는 특수학교 정도가 되지 않을까 싶다.

특수학교에서 벌어지는 일이 처음으로 대중적으로 알려지게 된 것은 2011년에 개봉한 영화 〈도가니〉를 통해서였다.¹ 영화를 본 대중의 일반적인 반응은 '어떻게 이런 일이 있을 수 있지?' 하는 것이었다. 사람들은 장애 학생에 대한 성폭행이, 그것도 교장과 교직원들에 의해 저질러졌음을 알고 분노했다. 이런 반응은 당연히 인간적인 것이고 정의로운 것이었다. 그러나 평소 장애인 인권 문제에 관심을 가졌던 사람이나 인권운동가의 반응은 달랐다. 장애인에 대한 성폭행을 비롯한 인권유린은 전혀 새삼스러운 것이 아니었기 때문이다.

영화 속 묘사는 충격적이었지만, 현실은 그보다 훨씬 심각했다. 다음은 2006년 당시 국가인권위원회(인권위)가 인화학교와 인화원²을 조사했을 때 아이들에게서 나온 증언이다.

"PC에서 다운받은 야한 영화를 같이 보자고 했다. 더러운 느낌이었다."

"갑자기 이불 속으로 들어와 키스하고 돈 3만 원을 줬다."

"엄마가 좋아? 선생님이 좋아? 물은 후 엄마가 좋다고 하니까, 선생님을 더 좋아해야지… 하면서 강제로 키스하고, 키스 방법 알려준다고 말하며, 혀를 넣으면 더 맛있다고 했다."

---

1   이 영화는 작가 공지영이 쓴 동명 소설을 바탕으로 만들어졌다. 2000~2005년 사이 청각장애아 교육시설인 광주 인화학교에서 있었던 실제 사건을 다루었고, 큰 사회적 파장을 불러일으켰다.

2   인화원은 '생활시설'로 인화학교와 같은 법인 시설이다. 대부분의 학생은 인화학교에서 수업하고 그 옆에 있는 인화원에서 생활했다. 인화원은 학교 기숙사와 비슷해 보이지만 다르다. 일반적인 학교 기숙사는 학교가 운영하는 것이지만, 특수학교의 생활시설은 말 그대로 '시설'이다. 노숙자들을 위한 시설이나 가출 청소년을 위한 시설 같은 '시설' 말이다. 관할기관도 다르다. 인화학교는 교육부 관할이지만, 인화원은 보건복지부 소관이다. 일반적인 학교 기숙사에는 학생들만 있다. 그러나 '시설'인 인화원에는 어린 학생부터 성인들까지 모두 함께 생활했다.

"여러 학생들이 있는 가운데서도 키스하고 엉덩이를 만졌다."

"말 안 들을 때는 이렇게 하면 된다며, 라이터 불을 켜 성기 쪽에 불을 붙이는 행동을 하고, 학부모들 앞에서 그걸 자랑스럽게 이야기했다. 그래야 말을 듣는다고."

"남학생은 체벌, 여학생 체벌은 뽀뽀."[3]

인화학교의 야만적인 인권침해와 폭력은 매우 유서가 깊다. 인화학교 졸업생인 광주농아인협회 회장 강복원의 증언에 따르면, 1975년 당시 대학생이었던 이사장(김택룡)의 셋째아들은 청각장애 여학생 2명의 옷을 벗기고 누드화를 그리기도 했다.[4] 영화 속에는 교장과 교직원에 의한 성폭행만 그려져 있지만, 이게 다가 아니었다. 인화학교에서는 학생 간 성폭행, 즉 선배들에 의한 성폭행도 비일비재했다. 장애인정보문화누리 활동가 김철환에 따르면, '교사와 제자 사이, 선배와 후배 사이에서 성폭행이 관행처럼 있었다'는 이야기가 나올 정도로 사태가 심각했다.[5]

이런 일이 아무렇지도 않게 벌어질 수 있었던 이유 중 하나는 많은 장애 학생에게 성추행이나 성폭행 관념이 없었기 때문이다. 국립중앙도서관 농통역사 민경주는 한 좌담회에서 이런 경험을 털어놓았다. "영화를 보고 온 한 청각장애인이 과거 성폭행을 당했다는 말

---

3   여준민, 「"날 위한다고 말하지 마! 내 말을 들어!"」, 『프레시안』, 2011년 10월 17일.

4   장아름, 「광주 인화학교 50년전 학생 암매장 폭로」, 『연합뉴스』, 2011년 10월 17일.

5   인화학교는 야만적인 폭행과 성폭행이 난무하는 무간지옥, 아수라장이라 해도 과언이 아니었다. 공지영이 제목을 '도가니'라고 지은 데는 이유가 있었던 것이다.

을 했다. 누구에게 말을 하지 못했던 그는 경찰을 찾아갔지만 이미 공소시효가 지났다고 한다." 장애인차별금지추진연대 사무국장 박김영희도 비슷한 말을 했다. "나에게도 영화를 본 청각장애 청년이 연락해 똑같은 경험이 있다며 조사를 원했으나 이 역시 공소시효가 지난 후였다."

이런 증언은 두 가지를 의미한다. 하나는 장애인에 대한 성폭행이 많다는 것. 또 하나는 장애인들의 참담한 지적 실태다. 장애인들은 영화를 본 후에야 과거 자신이 당한 일을 비로소 '범죄'로 인식하고 처벌을 원했던 것이다. 피해를 입을 당시, 불쾌한 느낌은 있었겠지만 그것이 범죄인지를 몰랐다. 인화학교 학생들도 마찬가지였다. 장애인 인권운동단체 '장애와 인권 발바닥행동' 활동가 여준민의 증언에 따르면, "가해자들이 '예뻐서 그러는 거야'라고 말하면 그곳의 학생들은 그 말을 믿고, 나쁘다는 생각을 하지 못했다."[6]

학생들의 놀라운 무지와 그 뿌리

장애인들을 접해본 사람들은 그들이 생각보다 훨씬 무지몽매한 상태에 머물러 있음을 알고 깜짝 놀라는 경우가 많다. 예컨대 초등학생도 알 만한 기초적인 개념도 모르거나, 아예 글을 모르는 경우가 그렇다. 장애에는 두 가지가 있다. 정신적 장애와 신체적 장애. 정신지체나 자폐성장애 같은 정신적 장애를 앓고 있다면, 그 무지가

---

6 전진호, 「영화 '도가니'와 인화학교, 그 참혹한 기억을 이야기하다」, 『웰페어뉴스』, 2011년 10월 12일.

그런대로 이해될 수도 있다.[7] 그러나 정신적으로 아무런 문제가 없는 청각장애인이나 시각장애인 같은 신체적 장애인들도 상상 이상으로 무지하다. 이유가 무엇일까? 가장 큰 문제는 교육에 있다.

인화학교 문제가 사회적 논란거리가 된 후, 2006년 인권위가 인화학교를 직권조사할 때 활동가 여준민은 민간조사원 자격으로 수업을 참관했다. 그녀가 본 풍경을 정리하면 이렇다.

'10여 명의 학생이 앉아있었고, 교사는 연신 땀을 흘리며 계속 말로만 가르쳤다. 고등학생 수업인데도 불구하고 내용은 초등학생들에게 가르칠 만한 기초 단어나 문장 중심이었다. 칠판에 문장을 써놓고, 빈칸에 들어갈 단어를 적어주면, 그걸로 끝이었다.'[8]

청각장애 학생을 위한 수업이라면 의당 수화로 지도가 이루어져야 한다. 그런데 교사는 말로 수업을 했다. 왜 그랬을까? 수화를 할줄 몰랐기 때문이다.

이것은 도무지 말이 안 되는 상황이다. 교사가 땀을 뻘뻘 흘린 것도 그 때문이었던 것으로 보인다. 그동안의 교육이 얼마나 엉망이었는지 들통나게 생겼으니, 얼마나 진땀이 나겠는가. 수화를 못하는 것은 교사들만이 아니었다. 교장도 마찬가지였다. 인화학교 문제를 소설로 쓰려고 준비할 때, 공지영은 당시 임시 교장을 만난 적이 있

---

7   엄밀하게 말하면, 이 말도 맞지 않다. 아무리 정신적 장애를 앓고 있는 사람이라도 장애 상태에 맞게, 제대로 된 교육 기회를 정부가 제공했다면 지금보다 훨씬 양호한 지적 수준을 보일 것이기 때문이다.

8   전진호, 앞의 기사 참조. 단어나 문장 위주의 수업이 이루어졌다는 것으로 봐서, 이것은 국어 수업이었던 것 같다. 여준민의 증언에 따르면 영어나 수학 수업은 더 심각했다. 귀가 들리지 않는 학생들은 교사가 무슨 말을 하는지 알 수 없어 잠을 자거나 딴짓을 하고 있었다.

다. 그러나 특수교육을 전공했다는 교장 역시 수화를 할 줄 몰랐다.[9] 청각장애인에게 수화는 기본적인 소통의 수단이다. 교장도 교사도 수화를 못한다면, 이 학교는 이제까지 무엇을 가르쳤던 것일까?

다시 말하지만, 청각장애인은 정신적 장애인이 아니다. 시간이 걸리기는 하겠지만, 잘 가르치면 이해하는 데 별문제가 없는 학생들이다. 그럼에도 고등학생들이 초등학생 수준의 교육을 받고 있었다는 것은 그동안 교육다운 교육이 이루어지지 않았음을 반증한다. 더 기막힌 것은 교사들의 태도였다. "어느 교사는 '오전에 참관하시는 줄 알고 (그 상황에 맞게) 관련 수화를 조금 익혔는데, 오후에 오시니까 당혹스럽네요'라고 뻔뻔하게 말하며 땀을 삐질삐질 흘리고 있었다. 교사가 교육을 못하고 있음에도 그들에겐 전혀 부끄러운 일이 아니었다."[10]

문제는 이것이 인화학교만의 일이 아니라는 것이다. 인화학교 문제가 불거진 후 실시된 인권위의 조사 결과에 따르면, 전국의 청각장애인 특수학교 교사들 중 3.8퍼센트만 수화통역사 자격증이 있었다. 대부분의 특수교사가 수화를 할 줄 모른다는 말이다. 이러한 상황을 조장한 것은 정부였다. 특수교사가 되기 위해 수화통역사 자격증 시험을 봐야 한다는 법적 규정을 마련하지 않았기 때문이다. 이 것은 사실상 교육 포기를 의미한다. 장애인의 교육권을 보장해줘야 할 정부와 학교가 오히려 그 교육권을 침해하고 있는 것이다. 장애

9   고재열, 「공지영 "양심의 법정에 사법부 세우고 싶다"」, 『시사인』 제211호(2011년 10월 3일).
10 여준민, 「자, 이제 '탈시설'을 말하자!」, 『함께걸음』, 2011년 10월 31일.

인들의 무지는 결국 실존적 조건이 열악한 사람에게 도움을 주지는 못할망정, 오히려 핸디캡을 부여한 결과다.

학교인가, 격리수용소인가

도가니 사건이 발생하게 된 요인은 여러 가지가 있지만, 그중에서도 가장 결정적인 요인 하나만 꼽으라고 한다면 '폐쇄적 환경'이었다. 나는 앞에서 비리사학들이 하나같이 일가 친인척에 의한 족벌체제를 구축하고 있으며, 그 폐쇄성을 바탕으로 온갖 부정과 비리가 가능함을 지적했다. 인화학교 역시 이사, 교장, 교감, 행정실장 등 요직을 이사장의 일가 친인척과 측근들이 장악하고 있는 족벌체제였다.[11]

영화 〈도가니〉를 본 사람들은 교직원의 만행을 알았겠지만, 그것이 사학 비리와 관련이 있다는 것은 잊기 쉽다. 그런 사건은 학교 내부의 일이 좀처럼 밖으로 알려지지 않는 폐쇄성이 없으면 발생하기 어렵다. 그 폐쇄성을 보장해주는 기초가 사학의 족벌체제였다. 여기서 이런 질문이 나올 수 있다. '아무리 족벌체제로 운영되는 사학이라고 하더라도 교장과 교직원에 의한 학생 성폭행이 흔히 있는 것은 아니지 않은가?' 이 말은 맞다. 그러나 이 대목에서 다시 생각해봐야

---

11 인화학교를 운영한 사회복지법인 '우석'은 인화학교 외에도 인화원, 보호작업장, 근로시설 등을 운영했다. 도가니 사건이 불거진 2005년 당시 학교의 주요 인사는 다음과 같다. 이사장 김택룡, 이사 박영채(이사장 부인), 이사 한서동(이사장 동서), 이사 임창완(이사장 처남), 교장 김강석(이사장 장남), 교감 박영자(이사장 처제), 행정실장 김강준(이사장 차남) 등. 전형적인 족벌체제임을 알 수 있다.

할 것이 '장애인 학교'라는 특수성이다. 이 특수성이 일반 학교와 비교되지 않는 극도의 폐쇄성을 만들어내기 때문이다.

장애인들이 다니는 특수학교는 우리 주변에 흔히 있는 것이 아니다. 전국에 띄엄띄엄 있다. 게다가 특수학교는 청각장애인을 위한 특수학교, 시각장애인을 위한 특수학교 하는 식으로 나뉜다. 그러므로 자기 장애 상태에 맞는 특수학교는 전국에 몇 군데 없게 된다. 가족 전체가 장애아를 위해 학교 근처로 이사를 간다면 모를까, 그렇지 않으면 장애아가 부모로부터 떨어져 나와야 한다. 보통 아이들도 부모와 떨어져 나와 홀로 학교생활을 하기란 쉽지 않다. 그런데 몸과 정신이 성치 않은 장애아가 홀로 떨어져 나와야 특수학교를 다닐 수 있게 되어 있다. 그래야 교육복지혜택도 받을 수 있다. 이에 특수학교를 가는 학생은 대부분 부모로부터 격리된다.

여기에 특수학교의 폐쇄적 운영방식이 더해진다. 특수학교 학생들은 학교와 '생활시설'을 오가며 생활하게 된다. 인화학교 학생들도 대부분 학교와 그 옆의 인화원만 왔다 갔다 하며 살았다. 일반 학생들은 학교에서 통제당하더라도, 방과 후에는 어느 정도 자유가 있다. 그러나 기숙생활을 하는 특수학교 학생들은 밤낮으로 학교와 시설에 갇혀 지내야 한다. 밖에 나가면 사고가 날 수 있다는 이유로 외출은 쉽게 허락되지 않는다(실은 도망가거나, 나가서 사고 칠까봐 허락하지 않는다). 일상생활에 대한 통제도 군대 못지않게 심하다. 그런 생활을 심하게는 유치원 시절부터 성인이 될 때까지 한다고 생각해보라. 감옥 안의 장기수와 다를 바 없다.

여기에 다시 장애 학생들의 '심리적 고립'이 더해진다. 수화를 못하는 교사들과 교직원들 때문에 학생들은 학교 측이나 교사에게 하고 싶은 말이 있어도 할 수가 없다.[12] 교사와 교직원이 수화를 못한다는 것은 학생들을 말을 주고받을 대상으로 여기지 않는다는 말과 같다. 그것은 심리적 단절감, 나아가 존재감 상실을 불러온다. 그런 생활환경에서 장애 학생은 '나는 아무것도 아니다', '나는 할 수 있는 것이 아무것도 없다', '그냥 주는 밥 먹고, 자라 하면 자면서 살면 되지' 하는 생각을 갖게 된다. 장애인들은 심리적 위축, 자학적 감정, 자포자기의 심정 속에서 무기력하게 살거나, 심지어 우울증이나 신경증 같은 정신질환을 갖게 된다.

수화를 하지 못하는 교사·교직원과 생활하는 청각장애인 학생들은 가축과 다를 바 없는 처지로 전락한다. 가축은 사람과 함께 살지만, 그들과 소통할 마땅한 수단을 갖고 있지 않다. 말을 못하기 때문이다. 가축은 기껏해야 몸짓을 통해 생존에 꼭 필요한 의사를 간단히 표현할 수 있을 뿐이다. 그 외에는 이용과 착취의 대상으로만 여겨진다. 인화학교 학생들도 그랬다. 이사장 일가에게 학생들은 이용과 통제, 착취의 대상이었을 뿐, 사람으로 취급되지 않았다. 장애인들이 시위를 할 때 가장 많이 외치는 구호가 '장애인도 사람이다'라는 것을 상기해보라.

도가니 사건은 그 내부를 들여다볼수록 죄질이 나쁜 사건이다. 교

---

12 수화를 못하기는 대부분의 부모도 마찬가지였다. 자녀와 떨어져 살다 보니, 수화를 배울 필요성을 느끼지 못하는 것이다. 학생들이 부모와 가끔 만난다고 해도 소통이 잘 안 된다. 인화학교 학생들에게 성추행이나 성폭행 관념이 없었던 것은 이런 상황도 크게 일조했다. 많은 학생이 학교에서는 물론 부모에게도 성교육을 받지 못했던 것이다.

장과 교직원들은 학생들 중에서도 약자만을 골라 성폭행했다. 성폭력에 대한 관념이 없는 학생, 부모가 없는 고아, 혹은 부모가 지적장애인이어서 범죄 사실을 알게 된다 해도 대응이 어려운 학생을 먹잇감으로 삼았다.[13] 학생 간 성폭행도 극단적인 폐쇄성에 폭력적이고 야만적인 학교문화가 결합된 결과였다. 학교생활을 통해 야비하기 짝이 없는 지배-피지배의 인간관계를 배운 선배들은 별 죄의식 없이 후배들을 구타하고 성폭행했다. 학교와 시설 안에서 선후배들이 24시간 함께 생활하는 구조다 보니, 선후배 간의 위계는 군대 못지않게 엄격했고, 성폭행은 더욱 쉬웠다.

인화학교, 형제복지원, 그리고 신영중·고

2011년 10월 4일 MBC 〈PD수첩〉을 통해 도가니 사건이 재조명된 이후, 인화학교 앞에서는 인화학교 성폭력 대책위원회와 인화학교 동문 150여 명이 모인 가운데 기자회견이 열렸다. 여기에서 학교 측의 또 다른 만행이 폭로되었다. 교감이 장애 학생들을 굶기거나 때려죽인 후 암매장한 적이 있다는 것이다. 청각장애인으로서 인화학교 교사로 재직했던 김영일에 따르면, 1964년 10월께 고아였던 남자아이(7세 추정)를 교감이 오랫동안 굶기고 때려 숨지게 했고, 그와 교감, 다른 교사 1명이 광주 학동에서 7킬로미터 정도 떨어진

---

13 전진호, 앞의 기사 참조. 사회적으로 보면 피해학생들은 4중의 약자였다. 빈곤층+청소년+장애인+여자. 도가니 사건은 '사회적 최약자'에 대한 성적 착취의 성격을 띤다.

무등산 기슭에 묻었다. 그로부터 6개월 후에는 여자아이(6세 추정)를 방에 가두고 밥을 거의 주지 않아 아이가 벽지를 뜯어 먹다 죽었다. 당시 교감은 '너희는 바보라 밥이 필요 없다'고 했다.[14]

또 다른 증언도 있었다. 졸업생 조점례에 따르면, 학교 측은 "입학 하면 졸업장을 주겠다고 했는데 공부는 시키지도 않고 6년 동안 강제노동만 시키고 온갖 불법적인 행사에 동원시켰다.……당시 미인가 시설인 인화학교에 다니며 졸업까지 했지만 사회에 나와 보니 (고등학교) 졸업장은 가짜였다."[15] 당시 인화학교는 초등부와 중학부까지는 인가를 받았지만, 고등부는 인가를 받지 못한 상태였다. 그래서 그는 6년간 재학했음에도 중졸에 머물러야 했다. 이 증언은 세 가지를 의미한다. 첫째, 학교가 가짜 졸업장으로 사기를 쳤다는 것. 둘째, 학생들의 노동을 착취함으로써 부당 이득을 챙겼다는 것, 셋째, 교육서비스를 제공하지 않았다는 것.

이런 증언은 도가니 사건이 어쩌다 생긴 사건이 아니고, 학교가 설립된 이래 지속적으로 발생한 범죄행위 중 하나에 불과하다는 심증을 갖게 한다. 도가니 사건이 이슈가 될 즈음, 사회복지법인 '우석'에 지원된 국민의 세금은 매년 30~40억 원에 달했다. 인화학교에는 학생 1인당 2,000만 원이, 인화원에는 1,000만 원의 국가예산이 투입되었다.[16] 그러고도 교육과 생활환경의 질은 형편없었다. 국

---

14 장아름, 앞의 기사 참조.

15 류송중, 「"책 대신 삽 들었다"…인화학교 강제노역 폭로」, 『세계일보』, 2011년 10월 5일.

16 「'도가니' 인화학교 허가 취소」, 『조선일보』, 2011년 10월 5일; 전진호, 앞의 기사 참조.

가보조금의 상당 부분을 횡령한 것이다. 그러고도 모자라 더 많은 부당 이득을 위해 구타, 굶주림, 강제노동, 감금, 강간, 살인, 암매장 등 온갖 범죄를 저질렀다.

사회문제에 관심이 있는 사람들이라면 1987년의 '형제복지원 사건'을 기억할 것이다. 거기에서도 똑같이 국가보조금 및 후원금 횡령, 구타, 굶주림, 강제노동, 감금, 강간, 살인, 암매장 등이 이루어졌다. 차이가 있다면, 희생자의 규모가 비교가 안 되게 컸다는 점, 심지어 일부 시신조차 의과대학에 돈을 받고 팔아넘겼다는 점 정도이다.[17] 그런 점을 제외하고는 전체적인 양상이 놀랍도록 비슷했다. 그것은 무엇을 말하는가? 인화학교가 '학교'보다는 '시설'에 가까웠다는 말이다. 학교와 시설은 사실 종이 한 장 차이다. 형제복지원 원장으로 '희대의 살인마'라는 별명을 얻은 박인근의 최근 행적을 봐도 알 수 있다.

박인근은 1987년 형제복지원 폐쇄 이후, 사회복지법인의 이름을 바꾸어가며 사회복지사업과 여러 사업을 병행했다. 그러다 2008년 경남 김해의 신영중 · 고등학교 이사장으로 변신했다. 이 학교는 주로 '사고 친' 비행청소년들을 위탁받아 교육시키는 기관이다. 청소년을 위탁하는 주체는 법원, 시 · 군 · 구청, 혹은 가정 내에서 훈육이 불가능하다고 생각해 자식을 보내는 부모 등이다. 형제복지원은 '시설'이고 신영중 · 고는 학교지만, 당사자들의 의지와 상관없이 위

---

17 1987년 폐쇄될 때까지, 형제복지원에서는 12년간 551명이 죽어나갔다. 또한 복지원 측은 일부 시신을 해부실습용으로 한 구당 300만 원에서 500만 원을 받고 인근 병원에 팔아넘겼다.

탁 수용할 수 있다는 점에서 운영체제가 같다는 것을 알 수 있다(형제복지원에는 행정기관과 경찰의 방조하에 많은 시민과 청소년이 납치되어 강제로 수용되었다).

이런 학교에서 학생이 어떻게 취급되는지를 알려주는 증언이 있다. 신영중·고에서 10년 넘게 경비로 일하다 퇴직한 노인의 말이다. "내가 학교 경비를 했는데 참, 경비가 쉬워 보이지? 아냐. 아이들이 도망갈까봐 밤마다 문이란 문, 틈이란 틈은 다 확인해. 아이들은 늘 도망칠 궁리를 했거든. 학교는 무슨 이유를 대서라도 아이들을 내보내지 않으려 했어. 애들이 나가면 정부 보조금이 줄잖아."[18]

이쯤 되면 학교가 아니라 감금시설이라 불러야 되지 않을까? 그것도 '세금 도둑질'을 하기 위한 감금시설.

'보호'라는 이름의 '지배'

영화 〈도가니〉는 인화학교 인권유린의 실태를 고발한, 좋은 영화였다. 그러나 영화에는 다소 불편한 시각이 여전히 남아있다. 영화 포스터 기억나는가. 주인공인 특수학교 교사 강인호(공유 분)가 피해 여학생을 껴안고 있는 포스터는 우리 사회가 장애인을 어떻게 바라보고 있는지를 잘 드러낸다. 장애인은 보호되고, 대리되어야 할 대상일 뿐이다. 이런 생각은 진보적인 사람들에게서도 흔히 발견된다. 물론 약자를 보호해야 한다는 것은 순수한 측은지심이나 정의로운

---

18 박유리, 「형제복지원 박인근, '악행의 말로'를 추적하다」, 『한겨레』, 2014년 10월 11일.

감정에서 나온 것일 수도 있다. 그러나 보호는 지배의 다른 이름이 될 수 있음을 알아야 한다.

보호의 대상이 되는 사람은 무능과 무기력이 전제된다. 그는 자기 문제를 해결할 능력도 의지도 없다. 그러므로 누군가가 보호해주거나 대리해주지 않으면 안 된다. 이것이 보호의 논리다. 기득권층은 보호의 논리를 영악하게 파고든다. 그리고 그것을 지배의 명분으로 삼는다. 장애인 학교들 역시 장애인의 자립을 위해 존재한다고 홍보된다. 그러나 실은 반대이다. 장애인 학교와 시설 내 생활은 오히려 의존성을 증대시킨다. 사실 시설에서 자립 능력을 키워준다는 것 자체가 논리적 모순이다. 왜냐하면 본래 사회 속에 살고 있던 사람을 장애인이라는 이유로 사회로부터 격리시켜놓고, 그 폐쇄적인 시설에서 사회생활에 필요한 능력을 배양하라고 요구하는 것이기 때문이다. 그것을 통해 생겨나는 것은 사회 적응이 아니라 부적응이다.

시설 내 생활을 오래 하다 보면, 나중에는 거기에서 나오고 싶어도 나올 수가 없는 지경이 된다. '시설 내의 세상'이 세상의 전부가 되고, 그 바깥에는 아무런 '사회적 관계망'이 없으며, 오직 그 세상만이 익숙하기 때문이다. 거기를 떠나 산다는 것은 좀처럼 엄두가 나지 않는다. 심지어 그곳이 인화학교처럼 생지옥 같아도 그렇다. 장애인들의 실존적 조건이 보통 사람보다 열악한 것은 맞지만, 시설 내 생활은 그런 사람을 더 무기력하고 의존적으로 만든다. 그렇게 조장된 무기력함과 의존성은 다시 '보호의 논리'로 이어진다.

지금의 '시설' 중심 복지체계는 위탁 시스템이다. 정부가 해야 할 복지서비스를 직접 제공하지 않고 민간업자에게 위탁한다. 말하자면 이렇다. 국민이 필요한 공적 서비스에 필요한 돈(세금)을 정부에 맡겼다. 그런데 정부가 그 서비스를 직접 시행하는 것이 아니라, 다시 민간업자(사회복지법인)에게 맡긴다. 일종의 하청에 재하청이다. 정부는 민간업자를 믿고 적지 않은 지원금을 주고 서비스를 위탁하지만, 민간업자는 중간에서 돈을 가로채는 것에만 관심이 있을 뿐이다. 그 과정에서 정작 복지의 대상이 되어야 할 장애인들은 인간 이하의 취급을 받으며 사회적으로 버려진다.

시설 중심의 복지체계는 장애인을 '유인약취誘引略取(사람을 유인하여 자기 또는 제3자의 지배하에 둠으로써 개인의 자유를 침해하는 것)'하는 것에 가깝다. 진정으로 장애인의 자립을 돕고자 한다면, 복지가 '탈시설화'해야 한다. 장애인이 가정과 사회 속에서 주체적 역량을 키울 수 있도록 돕는 것이 중심이 되어야 한다. 누군가에 의해 보호되고 대리되는 것이 아니라, 자기 스스로 도울 수 있는 환경을 만들어주는 것이 핵심이다. 물론 필요하면 시설에 들어갈 수도 있다. 그러나 시설 입소도 당사자의 의사가 최우선으로 반영되어야 하고, 당사자가 원치 않을 때에는 언제든지 퇴소할 수 있어야 한다. 미국 장애인자립생활센터 홍보 포스터에는 이런 말이 적혀 있다. "나를 위한다고 말하지 마! 내 말을 들어!"

이것은 장애인들만의 문제일까? 아니다. 일반 학생들도 마찬가지다. 일반 학생들도 학교에서 '보호'를 명분으로 '지배'당한다. 스스로 돕는 것이 허락되지 않고 교사나 부모에 의해 보호되고 대리되어야만 한다. 일단 '학교'라는 '시설'에 편입되면, 마음대로 빠져나올 수 없다. 정부는 많은 사학에 국민의 세금을 퍼주면서 교육서비스를 위탁한다. 그러나 많은 사학재단의 주된 관심은 교육비 예산을 착복하는 데 있다. 그 과정에서 많은 학생(주로 하층민 출신 학생들과 성적 나쁜 학생들)이 인간 이하의 취급을 받으며 버려진다.

학교에 대한 환상은 많다. 학교를 다녀야 사람 된다, 학교는 평등하다, 아무리 가난해도 공부만 열심히 하면 계급 상승을 할 수 있다, 학교를 다녀야 사람이 똑똑해진다는 것 등. 그러나 학교의 가장 주된 기능은 정치경제적 권력이 어린 시민을 신체적·정신적으로 지배하는 것에 있다. 크게 보면 '학교'라는 제도 자체가 '유인약취'라 할 만하다. 학교는 대개 사람을 비주체적이고 의존적으로 만든다. 지금은 그 강도가 너무 심화되어 많은 청소년이 단순한 무기력함을 넘어 그로기groggy(심한 타격을 받아 몸을 가누지 못하고 비틀거리는 일) 상태에 놓이게 되었다.

청소년은 스스로 말할 수 없다. 대변되어질 수 있을 뿐이다. 세월호 사건을 보라. 가장 큰 피해 당사자가 학생들이었음에도 불구하고, 학생들에게 발언권을 준 언론이 있는가? 모든 발언은 어른들의 몫이었다. 그것은 진보적인 언론도 크게 다르지 않았다. 장애인 학교에서 발생하는 문제들은 일반적인 청소년들과 무관한, 특별한 케이스가 아니다. 거기에는 청소년들이 겪는 보편적인 문제가 담겨 있다. 차이가 있다면, 일반 학교보다 모순을 훨씬 노골적이고 적나라하게 드러낸다는 점이 있을 뿐이다. 들여다보기에는 불편하지만, 그 때문에 청소년 문제를 훨씬 명징明澄하게 인식하게 해준다.

4

에바다학교, 아우슈비츠보다 심한 인권유린

에바다학교의 간략한 역사

문화연구자 전규찬은 형제복지원 사건을 다룬 책 『살아남은 아이』에서 이런 질문을 던졌다. '아우슈비츠 등지의 수용소에 대한 관심은 한국에서도 높은 편인데 왜 국내에 실존했던 수용소에 대해서는 관심을 갖지 않는가?' 여기서 말하는 '수용소'는 형제복지원이나 삼청교육대 같은 곳이다. 형제복지원이나 삼청교육대에서 벌어진 일은 아우슈비츠 못지않은 야만성을 보여준다. 그것은 단순한 일탈이 아니라 근대사회의 병적 구조를 폭로한다. 그러므로 이런 사건들에 천착穿鑿하는 것은 근대성의 아킬레스건에 육박해 들어가는 일이 된다.

나는 '수용소'를 '특수학교'로 바꾸어도 무방하다고 본다. 앞서 인화학교 사건을 다루었는데, 그보다 심한 인권유린을 자행한 특수학교가 있다. 바로 평택에 위치한 에바다학교다. 1996년 발생한 '에바다 사태'는 세상을 떠들썩하게 했다. 이를 이해하기 위해서는 배경 설명이 다소 필요하다. 우선 에바다학교는 인화학교와 마찬가지로 청각장애인 학교이고, 초등부 · 중등부 · 고등부가 설치되어 있다. 에바다학교 옆에는 에바다농아원(기숙사), 에바다장애인종합복지관 (장애인 요양 · 재활시설)이 있는데, 모두 사회복지법인 '에바다복지회' 가 운영한다. 이사장은 최성창 목사였다.

에바다학교의 출발은 미국인 선교사가 고아들을 위해 설립한 보육원이었다. 1964년 미국인 더글라스 크레이머가 고아들을 수용하는 '사회복지법인 어린이 보육원'을 설립, 운영했다. 그러다 1974년 이사장이 맥신스트로 브릿치로 바뀌면서 농아인 시설이 설립되었고, 최성창은 이때 이사로 참여했다. 1982년, 최성창은 맥신스트로 브릿치가 미국으로 돌아가면서 기증한 약 6,000평의 땅에 전국의 에바다농아교회에서 모금한 6,000만 원을 보태어 자기 이름으로 법인을 재설립한다.[1] 그리고 자신의 누나, 동생, 조카 등을 요직에 앉혀 족벌체제를 확립함으로써 법인을 사유화한다. 자기 돈 거의 안 들이고 복지시설들을 꿀꺽 집어삼키는 데 성공한 것이다.[2] 이때부터 최

---

1 농아교회는 흔히 '에바다교회'라 불린다. 농아교회들은 전국적인 네트워크를 이루고 '전국농아교회연합회'도 설립되어 있다. 참고로 '에바다'는 예수가 갈릴리 호수에서 청각장애아의 장애를 고치면서 입을 열라는 뜻으로 했던 말, "열어라!"의 헬라어 음역이다. 예수는 당시 유대인들의 공용어였던 아람어로 말했다. 그러나 신약성서가 헬라어로 쓰임에 따라 '에바다'로 전 세계에 알려지게 되었다.

2 족벌체제는 부정비리와 학교/시설 사유화에 모두 필요한 전제조건이다. 사학재단이나 복지법인의 역사를 보면 이처럼 여러 사람의 자금으로 설립한 공적 재산인 학교/시설을 사유화하는 경우가 적지 않다.

성창과 그 일가는 온갖 부정비리와 인권유린을 자행하기 시작한다.

최성창이 법인을 재설립하는 데 쓴 6,000만 원에는 전국 청각장애인 신자들의 돈도 상당 부분 포함되어 있었다. 아마도 전국의 청각장애인 신자들은 자신이 교회에 낸 헌금의 일부가 청각장애인 학교와 복지시설 건립에 쓰인다는 사실에 기쁨을 느꼈을지도 모른다. 그러나 그런 돈으로 설립한 학교와 시설에서 광범위한 인권유린과 부정비리가 발생했다. 청각장애인들이 낸 돈이 청각장애 학생들의 인권을 유린하는 데 쓰인 것이다.

이사장 일가의 횡령과 착취

'복지재벌'이라는 말을 들어본 적이 있는지 모르겠다. 사회복지사업은 흔히 '봉사와 희생의 사역'으로 포장된다. 진짜로 그렇다면 사회복지사업을 하는 사람이 재벌이 될 일은 결코 없어야 할 것이다. 그러나 우리 사회에는 '복지재벌'이라는 말이 버젓이 횡행한다. 그것은 사회복지사업이 큰 돈벌이가 된다는 것을 의미한다. 수익 면에서만 보면, 사학재단보다 사회복지법인을 운영하는 것이 훨씬 더 낫다. 왜 그럴까? 둘을 서로 비교해 설명해보겠다.

사립학교의 수입원은 크게 국가지원금, 학부모의 지갑, 그리고 기업이나 개인의 후원금이나 기부금 정도이다. 그러면 특수학교를 운영하는 사회복지법인은? 우선 사학재단과 마찬가지로 국가지원금을 받는다. 그런데 사회복지법인은 돈 나오는 구멍이 한 군데가 아니라 두 군데다. 사회복지법인은 특수학교와 복지시설을 모두 운영하므로 교육부에서는 교육예산을 받고, 보건복지부에서는 복지예산을 받는다. 주무 감독기관이 서로 다르고, 두 기관의 소통이 잘 이루어지지 않는다는 점을 악용하면 양쪽에서 국고를 갈취하는 것도 얼마든지 가능하다.

여기에 특수학교는 생활비가 지급된다. 학생들이 기숙생활을 하기 때문이다. 지급되는 규모가 클 수밖에 없다. 대신 학부모에게서 돈을 빨아들이기는 좀 어렵다. 운영비와 인건비를 모두 국가가 책임지므로 학부모에게 돈을 요구할 명목이 없기 때문이다.[3] 반면, 기업과 개인의 후원금이나 지원금은 '장애인'이 갖는 사회적 약자로서의 상징성 때문에 사학재단보다 훨씬 많이 들어오면 들어왔지, 적게 들어오지 않는다. 여기에 또 하나. 사회복지법인은 노동 착취가 가능하다. 이것은 사학재단에서는 쉽지 않은 일이다. 일반 학생들에게 노동을 시킬 명분도 장소도 없기 때문이다. 그러나 장애 학생들에게는 가능하다. 장애인의 재활을 돕는다는 명분 아래 설립된 재활작업장이 학교 바로 옆에 있다.

장애 학생들은 이런 곳에서 언제라도 재활교육을 명분으로 강제노역을 할 수 있다. 그렇게 일하고도 임금을 못 받을 수 있다. 흔히 벌어지는 일이다. 에바다학교도 그랬다. 일이 많을 때면 초등학생들까지 동원되어 새벽 1~2시까지 학교 옆 제본소에서 본드 냄새를 맡아가며 작업했고, 낮에는 학교에서 꾸벅꾸벅 졸기 일쑤였다. 그러고

---

3   그러나 에바다학교의 최 씨 일가는 그마저도 해냈다. 이들은 국가에서 돈을 받아놓고도 기숙사비, 통학버스비 등을 학부모에게 청구해 받아냈다. 명백한 부당 징수다.

도 돈을 받은 학생은 거의 없었다.[4] 이처럼 재활시설이 강제노역시설로 변하는 것은 순식간이다.

최 씨 일가는 교사들의 월급도 갈취했다. 십일조 헌금 명목으로 봉급의 10분의 1을 떼고 지급했다. 최 씨 일가의 정부지원금 횡령 방식은 전방위적이었다. 그들은 근무하지도 않은 친인척들이 근무한 것처럼 서류를 꾸며 임금 명목으로 정부지원금을 가로챘다. 이런 유령직원이 15명에 달했다. 그뿐만이 아니라 졸업생이나 퇴학생, 사망 학생을 서류상으로 정리하지 않고 그대로 둠으로써 보조금을 계속 받거나, 학생들의 주민등록증이나 장애인수첩을 이중으로 발급받아 정부보조금을 더 많이 타냈다.[5] 이중으로 증명서가 발급된 학생들의 수는 확인된 사람만 88명에 이르렀다.

학생들의 생활환경은 비참했다. 한겨울에도 난방을 전혀 하지 않았다. 너무 추워서 잠을 잘 수가 없을 정도였다. 아이들은 굶주림에도 시달렸다. 한창 자랄 나이의 아이들에게 제공되는 밥의 양은 너무 적었다. 아이들은 너무 배가 고파서 시설을 나가 동네 쓰레기통을 뒤지거나 가게에서 빵을 훔쳐 먹는 일이 많았다. 심지어 개밥그릇에 들어 있는 라면 찌꺼기를 주워 먹는 경우도 있었다. 모두 악랄한 수준의 국가지원금 횡령 탓이었다.

---

4   최 씨 일가는 학생들 이름으로 차명계좌를 만들어 임금을 갈취하기도 했다.

5   이런 부정비리는 평택시청과의 공모를 강력하게 의심케 한다. 주민등록증이나 장애인수첩의 이중 발급은 시청의 묵인 없이는 불가능하기 때문이다.

교원과 미군에 의한 성범죄

에바다 사태는 1996년 11월 27일 새벽 5시, 학생회장 이경훈을 비롯한 26명의 학생이 에바다농아원에서 농성을 하면서 시작되었다. 농성을 하게 된 가장 직접적인 이유는 추위와 굶주림이었다. 그 전날 「대통령 할아버지께」라는 편지 형식의 탄원서를 김영삼 대통령에게 보내고 시작한 농성이었다. 탄원서에는 에바다복지회의 각종 비리를 폭로하는 내용이 들어 있었다. 얼마나 비리가 심했는지 농성 학생들 중에는 "복지회가 정상화되지 않으면 모두 철길에 누워 집단 자살하겠다"는 이야기를 하는 학생도 있었다. 농성 사실을 알게 된 재단 측은 평택경찰서에 신고했고, 즉각적인 출동이 이루어졌다. 장애 학생들에 대한 진압은 무자비했다. 경찰은 학생 가슴에 권총까지 겨누며 위협했고, 3명의 학생이 다쳐 병원에 실려 갔다.[6]

어린 제자들이 이런 꼴을 당하는 것을 보자, 일부 양심 있는 교사들이 움직이기 시작했다. 학교에서는 이번 일에 나서는 교사는 가만두지 않겠다고 협박했다. 당시 교사였던 권오일의 증언이다.

그때 (제가) 학생부장이었는데 도저히 그냥 넘어갈 수가 없었죠. 교사가 21명이었는데 두 시간 격론 끝에 11명의 교사가 결의했어요. 파면, 해임 아니 이 정도 비리라면 경찰, 관청 할 것 없이 모두 연관돼 있으니 우리를 그냥 두지 않을 거다, 하지만 평생 양심의 가책을 받고 사

---

6 나는 '486세대'다. 늘 데모하는 것을 보고 자란 세대다. 그럼에도 데모했다고 권총으로 위협당했다는 예를 들어본 적이 없다. 이 경우가 처음이다. 그것도 몸도 성치 않은, 장애를 가진 어린 학생들을 이렇게 대한 것이다. 이것은 약자일수록 오히려 가혹하게 대접받는 현실을 적나라하게 보여준다. 약자일수록 사회로부터 보호를 받는다는 것은 환상에 불과하다.

는 것보다 낫다, 법정에 서는 한이 있더라도 당당하게 살자. 그건 아이들을 위한 게 아니라 교사로서의 양심, 우리 자신을 위해서다.[7]

그렇게 교사들이 농성에 동참하면서 그간 에바다학교에서 있었던, 상상을 초월하는 범죄들이 외부에 알려지기 시작했다.

에바다학교 역시 인화학교와 마찬가지로 교직원에 의한 성추행 의혹이 있었다. 농아원장·복지관 관장·학교 서무과장·법인 상임이사를 겸임하고 있는 최실자(최성창의 누나)가 잘생긴 원생들을 양자로 삼아 성추행을 일삼았다는 주장이 졸업생들을 중심으로 제기되었다.[8] 그러나 이것은 약과였다. 사람들을 더욱 충격에 빠뜨린 것은 주한미군에 의한 성추행, 성폭행이었다. 에바다학교는 주한미군과 자매결연을 맺고, 그로부터 후원을 받고 있었다. 이에 최성창은 복지회에 미군들을 초대하는 행사를 자주 열었다. 미군들은 자원봉사를 한다며 자주 복지회를 들락거렸다.

윌리엄스 일병(제7공군 소속)도 그렇게 장애 학생들과 친해졌다. 윌리엄스는 수화를 할 줄 아는 데다 마술쇼도 잘해서 학생들에게 인기가 높았다. 1996년 6월 어느 날 윌리엄스는 알고 지내던 이모 군(당시 15세)에게 햄버거를 사주었다. 그러고는 부대를 구경시켜 주겠다며 이 군을 송탄에 있는 미군부대로 데려갔다. 이 군은 부대 내 윌리엄스의 숙소에서 자게 되었다. 이 군이 침대에 누웠을 때 윌리엄스

---

7   정미현, 「에바다 학교, 계란으로 바위 깬 사연」, 『프레시안』, 2012년 10월 25일.

8   김창석, 「말문이 막힌다, 에바다!」, 『한겨레21』 제170호(1997년 8월 14일).

는 이 군의 속옷을 벗기고 아랫도리를 만지기 시작했다. 말 못하는 이 군은 싫다고 반항했으나 덩치 큰 윌리엄스의 힘을 뿌리치기는 역부족이었다. 그렇게 성폭행당했다.

윌리엄스의 악행은 이에 그치지 않았다. 그는 이후에도 같은 방법으로 김모 군(당시 12세)과 오모 군(당시 12세)을 꾀어내 자기 숙소로 데려갔다. 그는 두 학생에게 목욕을 하라고 시키고는, 자신도 옷을 벗고 들어와 바닥에 엎드리게 한 뒤 두 학생을 연달아 성폭행했다. 문제는 이런 성추행이 어쩌다 한번 발생한 것이 아니었다는 점이다. 더 큰 문제는 재단 측의 대응에 있었다. 다음은 당시 교사였던 권오일이 CBS 라디오 프로그램 〈시사자키 정관용입니다〉에서 인터뷰한 내용이다.[9]

정관용	주한미군한테 성추행을 (학교가) 방조했다는 건 무슨 이야기입니까?
권오일	그 당시에 내부에서 양심선언도 나오고 했었는데, 주한미군들이 와서 그런 사건이 있으면 그걸 방지하기 위해서 노력을 해야 하는데, 합의금 받고 말아버리고, 그다음에 또 그대로 방치해두고, 그다음에 또 일이 생기면 합의금 받고 이런 식으로 반복되었던 거지요. 무슨 봉사활동한다거나 이런 형태로 와가지고…….
정관용	아니, 봉사활동하러 와서는 그런 일을 저질렀단 말이

9 〈시사자키 정관용입니다〉, CBS 라디오, 2011년 10월 4일.

에요?

권오일   예, 한국 사람들 같은 경우는 밤 시간이 되거나 하면
        나가게 하고 그러는데, 이 미군들에 대해서는 그런 제
        재가 없는 상황이었지요. 그래서 이거는 의도적인 거
        라고 생각합니다.

정관용   합의금을 챙기기 위한 그런 거다?

권오일   예.

인화학교에서는 교직원들이 직접 학생들을 성폭행함으로써 자신의 욕구를 채웠다. 그러나 이 경우는 학생들을 성적 노리개로 제공함으로써 학교가 이득을 챙겼다. 학교가 포주 같은 역할을 한 것이다. 이것은 학교가 계급 재생산 기구임을 넘어 '계급 착취'의 성격을 띨 수 있음을 보여준다. 그 계급 착취는 노동 착취와 성 착취를 포괄한다. 엄밀하게 말하면, 이 사건은 단순한 성 착취 이상의 의미를 내포한다. 비리사학이 제국주의 군대에게 사회 최약자인 장애 학생의 성을 공여하는 형태를 취하고 있기 때문이다. 이 사건에는 계급 폭력과 제국주의 폭력이 중첩되어 있다.

인신매매, 테러, 심지어 살인까지

에바다복지회는 성을 착취하는 것을 넘어 아예 어린 학생들을 외국에 팔아넘기기도 했다. 장애아들을 해외로 강제 입양시키고 돈을 받은 것이다. 명백한 인신매매 행위이다. 1980년대 초까지 70여 명

의 장애아가 이렇게 팔아넘겨졌다.

정관용   또 미국으로 인신매매했다는 건 무슨 이야기예요?

권오일   농아 어린이 약 70여 명을, 정확하게 이야기하자면
         강제 해외입양이라고 할 수 있는데, 그런 장면을 목
         격하고 이 문제를 제기했던 분이 바로 현재 한국농
         아인협회장이신 변승일 회장님이 직접 목격자이기도
         하고 그래서 문제를 제기하고 이랬던 거거든요. 한
         70명을 농아인 부모님에게 속된 말로, 그분들이 한
         표현 그대로 하자면 '병신 자식 데리고 있으면 뭐하느
         냐, 미국 가면 잘 먹고 잘 산다', 이런 식으로 해가지
         고 미국으로, 만 달러씩 받았다, 이런 이야기들이 계
         속 나오고 있었거든요. 그렇게 한 70여 명을 미국으
         로 팔았던 겁니다.

정관용   그런데 그 만 달러, 그런 걸 누가 냈다는 거예요?

권오일   그러니까 미국 사람, 미국 쪽 사람이나 그 중간에 소
         개하는 사람들 통해서 이제 그 돈을 받고, 그걸 현장
         에서 직접 목격하신 분이 바로 현재 농아인협회장이
         시고.

최 씨 일가는 미국에서 입양하는 사람이나, 중간에서 입양을 주선
한 브로커를 통해서 돈을 받았다. 그러면 왜 미국인들은 돈까지 얹
어주면서 장애아를 입양하는 것일까? 에바다복지회가 민주화된 이

후 법인이사를 맡은 김용환은 그 이유를 이렇게 설명했다. "캐나다 나 미국에서 장애인 아이 한 명이면 4인 가족이 먹고 살만큼 지원이 나오니까. 그래서 입양하는 거다."[10] 장애아에 대한 국가지원금을 노리고 입양했다는 말이다. 이렇게 입양된 아이들의 미국 생활이 행복할 리 없다. 강제로 입양된 것도 그렇지만, 입양 목적이 돈에 있었던 만큼 양부모의 사랑과 보살핌을 기대하기란 힘들다. 이렇게 입양된 장애아들은 미국에서 매우 비참한 생활을 했던 것으로 전해진다. 이 것은 또 다른 형태의 인권유린이다.

에바다에서는 살인 사건도 있었다. 피해자는 당시 중3이었던 오미숙이다. 조성도와 함경수의 증언에 따르면,[11] 오미숙은 맞아 죽었다. 그 과정도 기가 막히다. 최 씨 일가는 미성년자였던 오미숙을 강제로 결혼시켰다. 상대는 농아원에서 생활하는 심가동이었다. 심가동은 당시 서른이 넘은 성인이었지만, 정신연령이 4세 정도밖에 안되고 글도 모르는 정신지체장애인이었다. 그런데도 결혼을 시켰다. 교사들에 따르면 오미숙은 꽤 똑똑한 편이었다. 아마도 최 씨 일가는 그런 오미숙을 노예처럼 부리기 위해 강제결혼을 시킨 것 같다. 최실자, 최신향 등 최 씨 일가는 두 사람을 복지관(당시 에바다기도원)에서 기거하게 하며 몸종 노릇을 시켰다. 그런 생활을 견디지 못한 오미숙이 도망을 갔다가 결국 붙잡혀와, 모진 구타를 당해 사망했다.

1997년에는 의문사도 있었다.

---

10 강성모, 「"아이들 해외에 내다파는 장애인학교도 있다"」, 「미디어오늘」, 2011년 10월 13일.

11 이들은 에바다농아원 출신으로 본래 최 씨 일가의 하수인이었다. 최 씨 일가의 편에 서서 많은 테러를 자행했다. 내부고발의 성격을 갖는 이 증언은 신빙성이 높아 보인다.

7월 9일 오후 5시 경기도 평택시 진위천에서 회사원 조두성(36)씨는 동료들과 함께 그물로 고기를 잡고 있었다. 오랜만에 나선 천렵이었다. 장맛비가 그치고 오랜만에 맑게 갠 여름하늘을 즐기던 그들은 물 위에 떠 있는 이상한 물체를 발견했다. 처음에는 마네킹인 줄 알았다. 그것이 아이의 시체라는 사실을 알게 된 것은, 시체 주변에 떠 있는 기름과 머리카락을 본 뒤였다.[12]

아이는 에바다농아원생 최미선(당시 9세)이었다. 미선이는 발견 당시 알몸 상태였고, 목과 가슴 주변에 피멍 자국이 있었다.

이 사건도 매우 수상했다. 학교 측은 미선이가 며칠째 실종된 채 돌아오지 않았지만 경찰에 실종신고도 하지 않았다. 변사체 발견 신고를 받은 경찰은 처음부터 단순 익사사고에 맞추어 수사했고, 그렇게 수사는 종결되었다. 수사 결과를 믿는 교사나 학생은 없었다. 학교에서는 누군가가 성추행한 뒤 강물에 버렸다는 소문이 돌았다. 최미선은 청각 · 언어장애에 자폐까지 있는 중복장애아였다. 게다가 고아였다. 통닭과 비트 강한 음악을 좋아했던 아이는 그렇게 세상을 떠났다.

1996년 시작된 에바다 투쟁은 2003년에야 마무리되었다. 무려 8년간의 싸움이었다. 그 기간 동안 농성 학생들과 그를 지지하는 교사들에 대한 재단 측의 테러는 일상적으로 자행되었다. 최 씨 일가는 시설 내에 불법으로 교회(성만에바다교회)와 신학교를 만들어 운영

---

12 김창석, 앞의 기사.

했는데, 교회와 신학교에 다니는 청각장애 학생들(신학생들)에게 최 씨 일가는 교주와 다름없었다. 특히 최실자는 교회 담임전도사를 자임하면서 매주 일요일 예배 형식을 빌어 테러를 사주했다. 최 씨 일가는 이 학생들을 철저히 세뇌시켰고, 위계를 만들어서 관리했다.

관리방식은 완전 군대식이었다. 가장 위의 선배들(졸업생들)은 최 씨 일가의 지시를 받는다. 그 선배들은 자기 아래 후배들을 집합시키고 몽둥이로 때리고 담뱃불로 지지며 통제한다. 그 후배들은 자기 아래 후배들을 다시 그렇게 대한다. 인화학교와 마찬가지로 선배에 의한 성폭력도 다반사로 이루어졌다. 학생들은 이렇게 서열화된 하향 폭력에 길들어, '폭력기계'로 변해갔다.[13]

최 씨 일가가 이 재단과 장애 학생들(주로 신학생들)을 테러에 동원하는 방식은 매우 반교육적이었다. 교육사업가라는 자가 학생에게 폭력을 사주한 것도 문제지만, 학생으로 하여금 농성을 지지하는 교사들을 폭행하게 했기 때문이다. 무법천지가 따로 없었다. 신학생들이 수업하는 교실에 난입해 교사의 얼굴에 침을 뱉거나 뺨을 때리는 것, 여교사가 머리채가 잡혀 콘크리트 벽과 바닥에 찍히는 정도의 폭행은 약과였다. 펄펄 끓고 있는 커피포트 물을 목덜미에 쏟아부어 여교사가 구급차에 실려 간 일도 있었고, 똥물을 뿌린 적도 있었다. 심지어 최성창의 처남 이경수는 임신 6개월인 김정임 교사의 가슴, 배를 주먹으로 때려 실신시키기도 했다.[14]

---

13 여기서 우리는 중요한 사실을 알 수 있다. 어떤 집단에 대해 강력한 통제가 구현되는 방식은 동일하다. 그것은 늘 '위계'와 '분할' 그리고 '위화(違和)'를 전제로 한다.

14 이것은 사학에서 교사의 존엄과 권위가 얼마나 쉽게 무너질 수 있는지를 보여준다. 사학에서 교사

학교 민주화는 얼마나 어려운가

광범위한 부정비리와 인권유린이 가능했던 것은 무엇보다 최 씨 일가와 평택경찰서, 평택시청, 검찰의 강고한 유착 때문이었다. 수사기관과 감독기관의 방조 내지 공범 관계, 그것이 현실이었다. 증거는 많다. 대표적인 것이 1999년 6월 15일, '에바다 정상화를 위한 공동대책위원회'에서 폭로한 평택시장 김선기와 구재단의 비밀합의서다. '에바다복지회 정상화 계획'이라는 제목의 이 합의서 골자는 특정 시점 이후 재단 이사장직을 구재단의 측근에게 넘겨준다는 것과 7명의 이사진 가운데 5명을 구재단의 몫으로 돌리겠다는 것이었다. 한마디로 구재단의 복귀를 약속한 합의서였다. 평택시장의 직인이 찍혀 있는 합의서는 변호사 입회하에 공증까지 마친 것이었다.

『시사저널』 보도에 따르면, 구재단과 맞서 싸우는 동안 '당신들은 우리의 희망이다. 당신들이 무너지면 앞으로 20~30년 동안 이 같은 구조가 계속될 것이다'라는 전화가 여러 복지시설 수용자들에게서 걸려왔다.[15] 이것은 에바다 문제가 특별한 것이 아니라 보편적 문제라는 것을 보여준다. 에바다 사태가 발생했을 때 33개 시민단체가 연대해 싸운 것도, 에바다 사태의 향방에 학교/시설의 앞날이 걸려 있다고 판단했기 때문이다. 학교/시설 비리는 대부분 지역 토착 비리의 성격을 띤다. 실제로 어떤 문제를 해당 기관에 신고하거나 의혹을 제기하면, 문제가 해결되는 것이 아니라 오히려 문제를 덮는

의 존엄과 권위는 오로지 재단에 의해서만, 그들과의 야합에 의해서만 보장된다.

15 성우제, 「'장애인 지옥' 에바다 복지원 인권 유린 실상」, 『시사저널』, 1999년 9월 9일.

과정으로 진행되었다. 그것이 문제를 제기한 사람들이 겪은 공통적인 경험이다.[16]

8년간의 투쟁 끝에 에바다복지회는 '기적적으로' 민주화되었다. 에바다복지회는 현재 우리나라 장애인 재단 중 유일하게 100퍼센트 공익이사로 구성되어 있다. 그러나 투쟁 때문에만 민주화에 성공했다고 보기는 힘들다. 우리나라와 같은 제도, 법률 규정, 정치문화 속에서는 학교/시설 민주화가 사실상 불가능에 가깝다. 에바다의 경우는 여러모로 운이 좋았다. 그래서 '기적적'으로 민주화되었다고 말하는 것이다.

에바타 사태가 발생한 때는 김영삼 정부 말기였다. 에바다 문제는 당시 최대 이슈 중 하나였다. 그래서 당시 대통령 후보였던 김대중도 에바다 문제 해결을 공약 중 하나로 내세웠다. 김대중이 당선되자, 사람들은 환호했다. 이제 곧 문제가 해결될 것이라고 믿었다. 더구나 김대중은 그 자신이 장애인이 아니던가. 그러나 해결될 것 같았던 에바다 문제는 다시 교착상태에 빠졌다. 이유는 여러 가지가 있지만, 가장 유력한 설은 이렇다. 김대중은 자민련 총재 김종필과의 연합으로 당선되고, 당선 후에도 김종필과 권력을 분점해야 했다. 에바다 문제를 해결하기 위해서는 평택시장 김선기를 쳐야 하는데, 김종필의 측근이자 자민련의 경기도 거점 역할을 하는 김선기를 칠 수 없었다는 것이다.

---

16 사학재단 이사 중에는 퇴임한 경찰이나 고위 공무원도 있다. 이들은 재단의 입장에 서서 경찰이나 관청을 상대로 브로커 역할도 한다. 사학 비리 해결이 어려운 이유 중 하나다.

에바다 문제는 결국 노무현 정부에 이르러서야 해결되었다. 노무현 정부는 '참여수석비서관 제도'라는 것을 만들었는데, 거기에서 오래된 민원들을 발굴하여 하나씩 해결해나갔다. 에바다 문제도 그중 하나였다. 청와대는 문제 해결에 직접 나섰다. 평택경찰서에 협력하라고 압박을 가하고, 아예 평택경찰서를 배제하고 경기경찰청을 직접 동원하기도 했다. 그렇게 해서 불법으로 시설을 점거하고 있던 최 씨 일가를 겨우 몰아낼 수 있었다. 그러나 그것으로 끝이 아니었다. 여전히 이사 구성에 있어서 구재단의 지분은 남아있었다. 여기에서 다시 한번 행운이 작용했다. 최 씨 남매들 사이에서 그나마 남아있는 이사 구성 지분을 두고 격심한 다툼이 벌어졌다. 적의 분열은 우리의 기회였다. 이런 과정을 통해 에바다복지회는 힘겹게 민주화되었다.

에바다 민주화 과정은 두 가지 역설을 보여준다. 하나는 국가 최고권력이 하려고 해도 학교/시설 민주화가 쉽지 않다는 것(김대중 정부의 경우). 또 하나는 국가 최고권력이 움직여야 그나마 학교/시설 민주화가 성공할 가능성이 있다는 것(노무현 정부의 경우). 그 정도로 학교/시설 비리는 뿌리가 깊고, 강력한 제도적 기반을 갖고 있다. 사립학교/시설은 단지 하나의 공익기관, 민간기관이 아니다. 그것은 거대한 사회 전체 부정비리 시스템의 주요한 축이다.

5

종교사학에서 희생되는 어린 양들

구타당하며 예배드리는 학생들

가장 기본적인 질문을 해보자. 우리에게는 종교의 자유가 있는가? 있는 것으로 알고 있다. 헌법 제20조 제1항에도 "모든 국민은 종교의 자유를 가진다"라고 적혀 있다. 어떤 사람에게도 종교를 강요해서는 안 된다. 그럼에도 종교 강요는 공공연하고 광범위하게 시행되고 있다. 어디에서 그런가? 바로 종교사학이다. 종교사학에서 학생들의 '종교의 자유'는 없는 것이나 마찬가지다. 종교사학에 다니는 학생들은 자기 의지와 상관없이 예배, 미사, 법회 등 종교활동을 해야 하는 경우가 많다.

종교활동 강요는 주로 공격적인 선교를 하는 기독교계 사학에서 특히 심하다(우리나라 종교사학 중 기독교계 사학이 차지하는 비중은 70퍼센트에 달한다). 학생들을 전적으로 선교의 대상으로 보기 때문이다. 혹자는 '그까짓 예배, 그냥 참석하는 척하면 되는 것 아닌가' 하고 생각할지도 모르겠다. 그러나 문제는 단순하지 않다. 일단 자기 의사에 반해 형식적으로라도 의례에 참석하라고 요구하는 것은 그 자체로 비교육적 행위이다. 속으로는 어떻게 생각하든 겉으로는 요구를 따르는 척하라고 거짓된 행위를 가르치는 것이기 때문이다. 예배 강요가 어떤 방식으로 이루어지는지 대구 신명고등학교 졸업생의 증언을 통해 살펴보자.

> (저희 학교는) 매주 돌아가며 찬양예배 드렸습니다. 강당 가 쪽으로는 모두 선생님들이 의자에 앉아계셔서 바닥에 앉아있는 저희들 졸고 있는 것을 감시하셨습니다.[1]

학생들을 강당 바닥에 모여 앉게 한 다음 예배가 이루어지는데, 교사들이 강당 가에 의자를 놓고 학생들을 포위하듯 빙 둘러앉아 허튼짓을 하지 않는지 감시했다는 말이다. 말하자면 '이중 포위'다. 학생들을 모조리 강당에 몰아넣고, 교사들이 다시 인의 장막을 치는 이중 포위. 이렇게 엄한 감시와 통제 속에서 거행되는 예배는 학생들에게 상당한 정신적 압박을 준다.

예배에는 신체적 폭력도 동반된다. 청주 세광중학교 졸업생의 증언이다.

---

1 「사립학교와 종교의 자유」 (제18회 국회인권포럼 정기심포지엄 자료집, 2004년 8월 31일).

세광중은 학교 진입하는 곳 왼쪽에 커다란 강당이 있습니다. (제가 학교에 다닐) 당시 전국 최고의 시설로 지어진 건물이죠. 큰 강당에 학생들 전체가 들어가서 예배를 보는데……중간중간 조는 학생도 있고 자기 종교가 아닌 관계로 딴청을 피우는 학생도 있습니다. 근데 그것을 일으켜 세워서 예배를 드리고 있는 중간(정확히 말하면 예배를 드리기 전이나 중간 사이사이죠)에 따귀(정확히 표현하자면 귀싸대기입니다)를 때리고 밟고 하는 일이 비일비재했었죠.[2]

예배는 그냥 참석만 하면 되는 것이 아니다. '성실하고 경건한 태도'로 임해야 한다. 그렇지 않으면 맞는다. 학생들이 흔히 겪는 일이다. 예배시간의 불성실한 태도를 이유로 구타를 하는 교사들에게는 죄의식도 거의 없다. 왜냐하면 그것은 단순히 수업 태도 불량이나 나쁜 성적 같은 세속적인 이유 때문이 아니라 신성모독에 대한 징벌이라고 생각하기 때문이다. 평소 체벌을 잘 하지 않는 교사라 해도 신앙이 독실한 경우, 예배시간에 장난치거나 딴짓을 하는 것은 용납하지 못하는 경우가 많다. 학교나 교사가 아니라 신을 모독하는 것으로 비치는 만큼, 처벌은 더욱 가혹해지는 경향이 있다.

교인생활 강요하는 종교사학

종교사학에서 종교의례를 얼마나 자주 행할까? 기독교계 학교들

---

2 앞의 자료집.

의 경우, 그 횟수가 상상을 초월한다. 일단 일주일에 한 번 전체 학생을 대상으로 실시되는 정기예배가 있다. 그리고 '학급예배'라고 해서 매일 아침 학급 단위로 기도회가 열린다. 담임의 신앙이 유난히 독실할 경우에는 종례시간에도 기도를 한다. 학생에게 돌아가며 기도를 시키기도 한다. 그 외에도 예배 일정은 많다. 참고로 기독교계 학교인 서울 환일고등학교 홈페이지(www.hwanil.hs.kr)를 보면, 많은 예배의 종류와 일정이 나와 있다.

1. 정기예배: (매주 월요일 3교시)

1) 헌신예배: 교사헌신예배(연 3회), 학생헌신예배(연 3회), 선교부교사 헌신예배(연 1회)

2) 찬양예배(연 6회-3회는 외부인사 초청), 열린예배, 학급예배(아침학급경건회)

2. 특별예배: 절기예배 3회, 특별예배 3회

1) 신입생 환영 예배

2) 기드온 성경 전달예배

3) 부활절 예배

4) 추수감사예배

5) 성탄절예배

6) 심령부흥회

이걸로 끝이 아니다. 여기에 각종 종교행사가 추가된다. 성가 경연대회, 성경 퀴즈대회, 성경 경시대회, 감사절 기도문과 편지쓰기 대회, 세례식과 성찬식, 교사 신우기도회, 학부모 기도회, 선교부장 교육 및 기도회, 목요 찬양집회, 신앙간증집 발간 등이다.

동아리 활동도 대부분 기독교와 관련되어 운영된다. 예배찬양단과 성가대가 있는 것은 물론이고, 연극부건 방송부건 고전문학반이건 학교 밴드건 모두 기독교와 관련되어 돌아간다. 심지어 학교에서는 종교행사의 일환으로 1박2일간 열리는 수련회에 참석하라고 요구한다. 이 정도면 웬만한 교회 일정보다 더하면 더했지, 못하지 않다. 종교사학을 다닌다는 것은 다른 학생들처럼 평범하게 학교생활을 하고, 학교가 주관하는 행사에 잠깐 참석하면 되는 정도가 아니다. 종교사학은 생활 자체를 식민화한다. 또 다른 예를 보자. 광주 호남삼육고등학교 졸업생의 말이다.

(호남삼육고에서는) 교장 눈치를 보느라 가리는 음식도 많습니다. 오징어, 돼지고기, 오리고기, 낙지, 새우, 회 등등 못 먹는 음식들이 너무나 많습니다. 학생들에게 대놓고 먹지 마라 하지는 않습니다만, 못 먹는 음식을 먹고 있는 걸 교인들(교사와 일부 학생들)이 보면 아주 짐승 보듯 합니다.[3]

종교사학은 이렇게 취향이나 정서의 문제까지도 파고든다. 일반 학교의 학생들은 학생으로서 지켜야 할 규율을 강요받는다. 종교사

---

3 앞의 자료집. 제칠일안식일예수재림교 재단은 호남삼육고 외에도 호남삼육중, 삼육대, 삼육의명대, 삼육간호대를 운영하고 있다.

학을 다니는 학생들은 여기에 덧붙여 교인이 지켜야 할 규율까지 강요받는다. 간섭과 통제가 더 심할 수밖에 없다.

학생에게 헌금을 걷는 학교도 있다. 서울 영신여자고등학교의 경우, "목사님 컴퓨터에는 각 반 통계수치가 입력되어 있으며 적게 낸 반은 압력을 받"았다. 참고로 이 학교에서는 "목사님의 권위가 교장 선생님보다 높았"다.[4] 그런 목사가 각 반 헌금 액수를 비교하며 더 많은 헌금을 내도록 닦달했다는 말이다. 다른 일반사학에서도 학부모에게 부당하게 돈을 걷은 예가 있다. 그런 경우 일정한 명목을 만들어 일정한 금액을 걷는다. 그러나 헌금은 다르다. 헌금은 따로 명목을 만들 필요도 없고, 금액에 상한선도 없다. 그것은 자칫 노골적인 뇌물이나 촌지 성격을 띨 수 있다.

종교사학들은 부장 교사는 물론 일반 교사들까지 거의 교인으로 이루어져 있는 경우가 많다. 목사나 수녀가 담임인 경우도 많고, 일반 교사 채용에 있어서도 지원서에 세례 받은 날, 신앙 경력, 출석 교회, 교회 직분 등을 적으라고 요구하는 학교도 많다. 명분은 건학 이념에 맞는 교사를 채용한다는 것이지만, 명백한 고용차별이다. 헌법 제11조 제1항에는 "누구든지 성별·종교 또는 사회적 신분에 의하여 정치적·경제적·사회적·문화적 생활의 모든 영역에 있어서 차별을 받지 아니한다"라고 명시되어 있다. 그러나 헌법에 어긋나는 고용차별을 종교사학에서는 아무렇지도 않게 자행한다.

환일고의 예에서 보듯, 종교사학에서는 학생들을 대상으로 한 종

---

4 앞의 자료집.

교활동 외에 교사와 학부모를 대상으로 한 종교활동도 많다. 교사들은 애초부터 신자를 골라 뽑으니 종교활동에 대한 저항감이 덜하겠지만,[5] 자녀를 맡겨놓은 학부모들의 경우에는 조금 입장이 다르다. 학부모들 중에도 신자가 있고 비신자가 있을 것이다. 그러나 그와 상관없이 자녀를 학교에 맡겨놓은 입장에서 자녀에게 도움이 될까, 혹은 참여하지 않으면 자녀가 불이익을 당하지 않을까 싶어 학교의 종교활동에 참여하는 경우가 적지 않다. 그렇게 종교사학은 자녀를 볼모로 삼아 학부모도 선교의 대상으로 빨아들인다.

'학원선교'라는 말이 있다. 종교사학에서는 서로 공유되는 개념이다. 고용수(전 한국기독교학회 회장, 전 영남신학대학교 이사장)는 학원선교를 이렇게 정의했다. "학원이라는 지역, 공간에 속해 있는 사람들에게 복음을 전해 그리스도의 몸 된 교회를 이룩하는 것."[6] 한마디로 학교를 아예 교회로 만드는 것이 학원선교다. 종교사학도 국민의 세금으로 운영된다. 그런 점에서 보면 학교를 교회로 취급하는 것은 말이 안 된다. 나는 앞서 학교와 군대의 유사성에 대해 말했다. 비유하면 이렇다. 군대에도 '군목'이나 '군법(불교 법사)'이 있다. 그 경우에는 군대에 성직자들이 복무하는 꼴이다. 그러나 종교사학은 말하자면, 군목이나 군법이 군대를 접수한 것과 같다.

---

5   신자라 하더라도 잦은 종교활동과 행사에 피곤함을 느끼는 교사가 존재한다. 교사는 각종 활동과 행사에 학생들을 동원하고 관리해야 하고, 그 자신도 교사를 대상으로 한 종교 프로그램에 따라 참석해야 하기 때문이다.

6   고용수, 「기독교 학교교육의 현실과 당면과제」, 한국기독교학교 연맹회보 제35호(1984년 11월), 2쪽.

신앙에 따른 차별과 특혜

학교 입학에 있어서 학생이나 학부모가 가장 신경 쓰는 것이 무엇일까? 그것은 교육환경, 입시성적 결과, 통학거리 등이다. 어떤 학교가 종교재단인지 아닌지, 어느 종교재단인지는 주된 고려사항이 아니다. 종교재단의 학교인지 안다고 해도 별로 신경 쓰지 않는 경우가 많고, 아예 모르는 경우도 허다하다. 많은 학생이 '아, 이 학교가 종교사학이었지' 하고 새삼스럽게 인지하는 것은 입학한 후부터다. 입학한 직후에야 전체적인 학교 분위기가 다른 학교와 다르다는 것을 비로소 인지하게 되는 것이다. 종교사학 중에는 입학 직후부터 노골적으로 세례를 강요하는 곳도 있다. 호남삼육고가 그렇다.

학교에서 선생님들이 제일 먼저 하는 말이 '침례를 받아라'는 말입니다. 처음에는 그저 그러려니 했는데, 계속 받으라고 강요를 하더군요. 받기는 싫은데 안 받으면 애들에게 따 당하고 또 불이익을 당할 것 같아서 어쩔 수 없이 받게 되었죠.[7]

호남삼육고는 선先지원제 학교다. 그래서 신자인 학생들도 많이 지원한다. 대개는 부모가 안식일 교인이기 때문에 자식을 입학시키는 경우가 많다.[8] 그런 친구들에게 따돌림 당하거나 학교생활에서

---

7 「사립학교와 종교의 자유」.

8 이것이 부모에 의한 '종교 강요'에 해당하는지 사회적 논의도 필요하다. 여타의 종교 강요와 달리 이 부분에 대한 사회적 논의는 거의 이루어지고 있지 않고 있다. 신앙이 일상생활에 미치는 영향이 큰 만큼 부모와 함께 생활하는 자녀도 그 영향을 받는 것은 당연하다. 그러나 부모가 신자라 해도 종교사학에 가고 싶지 않은 학생들도 있을 것이다. 자녀가 가정생활에서 종교적 영향을 받는 것과

불이익을 받을지 몰라 세례를 받게 된다는 말이다.

2004년 고등학생으로서 종교교육을 거부하며 단식 농성을 벌였던 강의석을 기억하는가? 그가 다녔던 서울 대광고등학교에서는 신입생들에게 '기독교 이념에 따라 교육을 받겠다'는 선서를 하게 했다. 대광고만 그런 것이 아니다. 많은 종교사학이 신입생에게 이런 선서를 강요한다.[9] 대구 신명고 졸업생은 이런 증언도 했다.

(교실에) 들어오시는 선생님마다 교회 다니는 사람 안 다니는 사람 손 들라고 하고 종이 나눠주면서 다니는 교회를 적으라고 합니다.[10]

종교의 자유에는 '신앙고백의 자유'도 포함된다. 신앙고백의 자유는 자신이 믿는 신앙을 밖으로 드러낼 수도 있고, 안 드러낼 수도 있는 자유다. 비신자에게는 물론 같은 신자라고 해도 이런 고백을 요구하는 것은 신앙고백의 자유를 침해하는 것이다. 학교는 학생들의 신앙을 파악해서 무엇을 하려는 것일까? 서울 염광중학교 졸업생의 말을 들어보면, 그 의도를 짐작할 수 있다.

(선생님이) 어떤 교회에 다니는 특정 학생들을 수업시간에 따로 부르고 특권을 주고 (특히 음악 선생님이 다니시던 교회에 다니면 가산점이 붙

부모가 자녀를 종교학교에 보낼 권리를 갖는 것은 별개의 문제다.

9 그렇게 강제로 선서를 시켜놓고, 종교교육에 성실히 따르지 않으면 '입학 때 했던 선서를 잊었느냐'라며 질책하기도 한다. 강요한 것으로 강요한 것을 정당화하는 어처구니없는 논리다.

10 「사립학교와 종교의 자유」.

는단 소문이……) 한 학년이 끝나면 신앙상을 수여했는데, 신앙부장은 (그 상과 함께) 장학금을 거의 매번 받았습니다.[11]

이것은 명백한 종교에 따른 차별이다. 특히 자신과 같은 교회에 다닌다고 교사가 가산점을 주는 것은 비교육적일 뿐 아니라, 어떤 면에서 학원선교의 논리도 뛰어넘는다. 단순히 선교가 목적이라면 하느님을 믿기만 하면 되지, 신자인 학생이 어느 교회에 다니든 상관없을 것이다. 세광중의 경우를 보자.

당시 600원짜리 사나이라는 별명을 지닌 선생님이 계셨는데, 목사셨습니다. 음악 선생님이셨고요.……한빛교회라는 곳이 있었는데 그분이 목사로 계셨던 곳이었죠. 그곳에 다니는 학생들은 모두 음악 실기시험에서 A를 받았습니다.[12]

이런 풍경을 목격한 학생들은 '나도 저 교회 다니면 높은 점수를 받을 수 있나?' 하고 생각하게 될 것이다. 중세 교회가 면죄부 팔 듯, 이 목사는 학생들에게 점수를 팔아 교회 신자를 샀다.

종교에 따른 노골적인 학생 차별 중에는 학생회 임원 자격에 대한 것도 있다. 종교사학들 중에는 신자가 아니면 학생회 임원이 될 수 없게 규정해놓은 학교들이 많다. 세례를 받은 학생이 아니거나, 교

---

11 앞의 자료집.

12 앞의 자료집.

회를 1년 이상 다닌 학생이 아니면 학생회 임원으로 입후보할 자격을 안 주는 것이다. 전자는 호남삼육고가 그랬고, 후자는 대광고가 그랬다. 강의석은 1학년 말 학생회 부회장 선거에 나가려 했을 때, 이런 학교 규정 때문에 출마하지 못했다. 그는 1년 동안 교회를 다닌 후에야 학생회장이 될 수 있었다.

종교교육인가, 정신고문인가

학생들이 학교의 종교 강요를 거부하지 못하는 가장 큰 이유는 졸업장과 성적 때문이다. 종교사학들은 대부분 종교 과목을 정규과목으로 편성해놓고 가르친다. 학생들은 '종교' 시간에 주기도문, 사도신경을 외우고 성경공부를 해야 한다. 가르친 후에는 시험도 본다. 그 시험 점수는 내신에 반영된다. 종교사학에서 행하는 종교교육은 단순한 선교활동이 아니다. 다른 곳에서도 선교활동이 이루어지기는 하지만, 종교적 믿음을 점수화해서 한 사람의 미래를 담보로 불이익을 주거나 특혜를 주는 곳은 없다. 그런 행태는 종교사학에서만 발생한다.

종교교육이 싫으면 다른 학교로 전학가면 되는 것 아닌가 생각할 수도 있다. 그러나 많은 불편함과 불이익을 감수하고 전학을 가는 것이 쉬운 일은 아니다(그것은 잘못된 제도는 방치한 채 학생 개인에게만 짐을 지우는 꼴이기도 하다).

설사 전학을 간다 해도 문제다. 우리나라 사학 중 종교사학이 차지하는 비중은 4분의 1이다. 어떤 지역은 학교의 절반이 종교사학인 경우도 있다(경북 영주가 그렇다). 이런 종교사학들을 모두 피해 전학을 가는 것은 결코 쉽지 않다.

신입생들은 주로 자기 의지와 상관없이 소위 '뺑뺑이'로 강제 배정되어 종교사학을 간다. 학생들 중에는 신자도 있겠지만, 비신자도 있고, 타종교 신자도 있다. 이에 대한 배려 없이 모든 학생에게 일괄적으로 종교교육을 강제하는 것은 정신적 고문에 가깝다. 학생들이 지원해서 입학하는 학교라 해도 그렇다. 그런 경우에도, 재단의 종교적 성격은 학생이나 학부모의 일차적 고려사항이 아니다. 주된 고려사항은 앞서 말했듯이 교육환경, 입시성적 결과, 통학거리 등이다. 그런 까닭에 역시 비신자나 타종교 신자 학생들이 섞이게 된다. 그러므로 일괄적인 종교교육은 정신적 폭력이 된다.

우리는 간혹 길거리나 지하철에서 '불신지옥'이나 '회개하라'고 외치며 전도하는 사람들을 만난다. 길에서는 듣기 싫으면 그냥 피하면 그만이지만, 지하철의 경우는 좀 다르다. 목적지에 도착하기 전까지는 지하철이라는 닫힌 공간에 머무를 수밖에 없는데, 큰 소리로 전도하는 사람의 목소리를 듣고 있으면 얼마 안 되는 시간인데도 적지 않은 스트레스를 받는다.

종교사학은 그런 말을 3년 내내 듣고 있는 것과 같다. 그것도 교사나 교장 같은 윗사람으로부터 듣는 것이므로 싫은 내색을 하지 않으면서 들어야 한다. 종교가 없거나 타종교를 믿는 학생들에게는 그야말로 고문이 따로 없다.

올바른 종교교육이라면 종교적 관용을 가르치는 것이 맞다. 그러나 편협한 종교관을 강요하며 타종교에 대해 히스테릭한 반응을 보이는 학교가 적지 않다. 호남삼육고의 예다.

> 쉬는 시간에 어떤 애가 학교 본관 근처에서 천주교에서 쓰는 십자가를 주웠는데 그걸 본 여자 학생부선생님이 금지된 걸 가졌다면서 뺏고는 바로 박살내 버렸습니다. 그리고는 이러더군요. '우리 학교는 이런 이단을 안 한다.'……(종교교육) 시간은 월요일 1교시 채플, 화요일 8교시 AY, 토요일 오전예배가 있습니다. 근데 하나같이 내용은 다 재림교를 믿어야 천국에 간다는 내용입니다. 중간중간에 다른 기독교의 내용도 나옵니다만, 모두 이단자, 범죄자로 규정합니다.……심지어는 모 설교시간에 학교 교목과 장로님께서 천주교나 기독교를 믿는 사람들은 하느님의 말씀을 잘못 전달하니까 지옥에 간다는 말까지 서슴지 않았습니다.[13]

타종교인에게는 정신적 테러에 가까운 설교가 아닐 수 없다.

백번 양보해서 종교사학들이 주장하는 '건학이념에 따라 교육할 권리'를 인정한다 하자. 그렇더라도 학생의 인권을 생각한다면, 선택권이 주어져야 한다. 자유의사에 따라 종교교육을 받고 싶은 사람은 받고, 받기 싫은 사람은 다른 과목을 수강할 수 있어야 한다. 그러기 위해서는 대체과목(철학, 종교학 등)이 편성되어야 한다.

이에 대한 논의는 많았다. 심지어 교육부 고시 '초·중등학교 교육과정'과 각 시·도교육청 '교육과정 편성·운영 지침'은 "학교가

---

13 앞의 자료집.

종교 과목을 부과할 때에는 종교 이외의 과목을 포함, 복수로 과목을 편성하여 학생에게 선택의 기회를 주어야 한다"라고 명시하고 있다. 그러나 종교사학들은 이마저도 건학이념에 따른 교육과 사학의 자율성 침해라며 거부하고 있다.[14]

종교사학들이 행하는 종교교육은 엄밀하게 말하면 '종교교육'이 아니라 '선교'이다. 일반적으로 종교교육이라 하면, '특정 종교의 교리와 철학적 기반, 가치와 역사, 종교와 사회의 관계, 나아가 다른 종교의 교리와 원리도 함께 가르치는 것'을 말하기 때문이다. 그러나 종교사학들은 강제로 '신자 만들기'에 집중한다. 종교사학들은 종교교육과 종교활동(종교의례), 교육과 선교를 구분하지 못한다. 종교사학들이 그 차이를 모르고 행한다면 지적 불구이며, 알고도 행한다면 지적 사기이다.

국가와 종교의 결합: 배가되는 폭력성

종교사학의 종교교육이 '종교 강요'라는 점을 지적하면, 종교사학은 흔히 이렇게 응대한다. '만약 그것을 종교 강요로 느낀다면 학생들이 강력한 거부 의사를 표명할 것인데, 그렇게 하지 않았다. 그것은 학생들 스스로가 학교의 종교교육을 받아들이기 때문 아니겠는가.' 단어를 좀 바꾸어보겠다. '만약 그것이 성폭행이었다면, 여자가

---

14 이것은 말이 '지침'이지, 지켜도 되고 안 지켜도 되는 '권고'나 다름없다. 이 지침을 어겼다는 이유로 징계를 받은 종교사학이 한 곳도 없다는 것이 그 반증이다.

강력한 거부 의사를 표명했어야 하는데, 그러지 않았다. 그것은 스킨십(성관계)을 해도 좋다는 표시 아닌가.' 어디서 많이 들어본 소리 아닌가? 그렇다. 데이트 성폭력범의 가장 흔한 자기변호 논리다. 종교사학의 논리는 이와 똑 닮았다.

지금의 교육 시스템은 '교육 전체주의'라 할 만하다. 교육이 권위주의와 독단으로 점철되어 있다는 점도 그렇지만, 모두가 한 가지 '교육체제'[15]만을 따라야 한다는 점이 그렇다. 그 외 다른 길은 허용되지 않는다. 종교사학이 종교교육을 강제할 수 있는 것도 종교사학이 국가권력을 등에 업은 데서 나온다. 강제성에 기초한 국가 주도의 학교 제도가 없다면, 학생들에게 종교교육을 강요하는 것은 애초부터 불가능하다. 학생이 선택할 수 있는 경우의 수가 전혀 없는 상태를 만들어놓고, 학교 교육을 거부하지 않았다고, 학교 교육을 받아들이는 것으로 해석하는 것은 '2차 폭력'에 다름없다.

일반적으로 사람들은 '종교의 자유' 하면 개인이 종교를 믿을 수도 있고, 안 믿을 수도 있는 자유를 떠올린다. 그러나 그것이 다가 아니다. 헌법이 보장하는 종교의 자유에는 신앙의 자유, 선교(포교)의 자유, 종교교육의 자유, 종교집회·결사의 자유 등이 포함된다. 바로 여기에 종교교육이 시행되는 법적 근거가 있다. 이러한 자유도

---

15 국가가 인정하고 관리감독하는 '학교'라는 제도, 역시 국가가 주도하는 '입시'제도를 따르는 교육체제를 말한다. 정부는 특목고나 자사고, 국제중을 놓고 다양하고 자율적인 교육이 실현되고 있는 것처럼 말하는데, 어불성설이다. 그것은 서민층 자녀와 학부모들을 경쟁시키고 분열시켜 통치하기 좋은 환경을 만들고, 동시에 기득권층의 부와 권력 세습을 강고하게 하기 위한 것이다. 결코 다양하고 자율적인 교육을 위한 것이 아니다. 오히려 특목고나 자사고, 국제중은 '교육 전체주의'의 토대인 '학교'와 '입시'가 더욱 강화된 형태를 취한다. 진정으로 다양하고 자율적인 교육이 이루어지려면 하나의 교육체제 내에서 '버전이 다른 학교'가 아니라 '복수의 교육체제'가 허용되어야 한다.

일리가 전혀 없는 것은 아니다. 인류의 역사에는 종교 박해의 역사가 엄연히 존재했고, 이 자유들은 그때 정당성을 획득한 것이다. 그러나 그때는 그때이고, 지금의 종교계는 전혀 사회적 약자가 아니다.

자유는 본래 '약자의 어젠다'이다. 왜냐하면 억압과 구속은 강자의 속성이고, 그것을 벗어나고자 하는 것(자유)은 약자의 속성이기 때문이다. 그런 자유가 언제부턴가 강자의 어젠다로 변했다.[16] 자유가 본래 약자의 어젠다라는 점을 감안하면, '종교교육의 자유'와 개인이 '종교를 믿을 수도 있고, 안 믿을 수도 있는 자유'가 충돌했을 때에는 당연히 약자인 학생의 권리가 우선시되어야 한다. 그렇지 않으니 '종교의 자유'의 이름으로 '종교의 자유'를 짓밟는 우를 범한다.

헌법 제20조 제2항에는 "국교는 인정되지 아니하며, 정치와 종교는 분리된다"라고 쓰여 있다. 그러나 하나의 정해진 국교가 없다고 해서 정교분리가 이루어졌다고 말할 수 있는가. 현 상태는 국가가 종교의 새로운 신도 유입을 상당 부분 책임져준다고 해도 과언이 아니다. 종교사학의 입장에서 아직 멋모르는 어린 신입생들은 노다지 선교 텃밭이다. 신도만 대주나? 아니다. 다른 일반사학과 마찬가지로 학교 운영자금의 대부분을 대준다. 그 외에도 국가는 종교계에 종교지원금, 교부금 보조, 세금 면제 등 다양한 특권을 준다. 국가는 복지나 해외구호도 종교계와 함께 추진한다. 국가와 종교계는 일종

---

16 그것은 '자유' 개념이 '공산독재'의 반대말로서 자본주의나 반공주의와 결합하면서 본격화된 것으로 보인다. 특히 오늘날의 신자유주의로 인해 '자유' 개념은 세계 최고 부자들의 자유가 우리 모두의 자유라는 극단적 분열증에 시달리고 있다. 종교사학의 '종교 강요가 종교 자유의 실현'이라는 모순이 통용되는 것도 이러한 분열증의 연장선상에 있다.

의 파트너 관계에 있다고 할 수 있다.

종교사학에서 학생은 국가와 종교로부터 이중으로 억압받는다. 그러나 국가와 종교계로서는 둘 다 '윈-윈'하는 일이다. 종교계로서는 새로운 신도를 확보할 수 있으니 좋고, 국가로서는 보수적이고 맹목적이며 순종적인 예비 시민이 육성되니 좋다. 통치하기 가장 좋은 신민臣民은 결국 종교적 신민이다. 철학자 화이트헤드는 이런 말을 했다. "교육의 본질이란 종교적이 되는 것이다. 종교교육은 의무와 외경畏敬을 거듭해서 가르친다. 의무란 사건들의 진행에 대한 우리의 잠재적 통제에서 생겨난다."[17]

학교와 종교계는 서로 궁합이 잘 맞는다. 입시교육과 종교교육은 둘 다 일방적 주입식이다. 학교와 종교계는 조직구조와 운영방식도 유사하다. 둘 다 비민주적이고, 권위적이며, 중앙집권적이고, 폐쇄적이다. 이렇게 서로 궁합이 잘 맞는 데에는 역사적인 이유도 있다. 근대 이전 학교와 종교는 한 몸이었다. 중세 유럽은 물론이고, 우리나라에서도 조선시대까지 준종교적 성격을 가진 유가儒家가 교육을 장악했다. 그런 측면에서 보면, 종교가 학교를 지배하는 종교사학은 일반 학교보다도 전근대성이 더 노골적으로 남아있는 공간이다.

나는 부정비리와 학생인권침해의 가장 중요한 토대가 폐쇄적 이사회 구성이라는 점을 여러 번 강조했다. 폐쇄성에 있어서 종교사학은 일반사학보다 더하면 더했지, 결코 덜하지 않다. 종교사학도 다른 일반사학들처럼 친인척과 측근들로 이사회가 구성되는 것은 비

---

17 알프레드 노스 화이트헤드, 유재덕 옮김, 『교육의 목적』(처음, 2003), 31쪽.

숫하다. 종교사학은 여기에 종교적 동질성이 추가된다. 성직자, 장로 등으로 구성된 이사장과 이사들은 물론, 교장, 교감 이하 모든 교직원이 교인으로 채워지는 경우가 많다(심지어 부정비리와 전횡을 막기 위해 설치된 개방이사까지도).

하나의 신앙으로 똘똘 뭉친 집단적 동질성은 부정비리와 인권침해를 심화시키기 쉽다. 이해관계로만 얽혀 있는 일반사학과 달리 이해관계와 종교적 신념이 함께 얽혀 있는 종교사학 구성원들은 부정비리와 인권침해에 있어서도 무서운 단결력을 과시하곤 한다. 생각해보면, 앞서 다루었던 광주 인화학교나 평택 에바다학교는 모두 종교사학이었다. 인화학교는 장로가 이사장이었고, 에바다학교는 목사가 이사장이었다. 언뜻 생각하면 종교사학에서 인권침해가 덜 생길 것 같지만, 현실은 반대다. 그 무서운 폭력성은 종교를 매개로 한 교직원들의 정신적·정서적 유대가 학교를 더욱 폐쇄적으로 만들기 때문에 가능하다.

6

학교, 성범죄의 온상 ①
교사의 성폭력

군대 못지않은 학교 성범죄

〈보이지 않는 전쟁The Invisible War〉이라는 미국 다큐멘터리가 있다. 군대 내 성폭행 문제를 다룬 것으로 아카데미상에도 노미네이트된 작품이다. 감독 커비 딕과 에이미 지어링은 대학을 돌며 이 영화를 상영하고, 관객들과 이야기를 나누었다. 대학생들과 이야기를 나누던 두 감독은 다소 충격적인 반응을 접하게 된다. 여학생들이 성폭행에 있어서 '대학도 군대와 다를 바 없다'는 반응을 보인 것이다. 이에 영감을 얻은 두 감독은 대학 내 성폭행을 다룬 다큐멘터리를 또 한 편 만들게 되는데, 그 영화 제목이 〈사냥터Hunting Ground〉다. '보이지 않는 전쟁'이 남자 군인들의 끊임없는 성폭행 위협으로부터 자신을 보호하기 위한 여군들의 은밀한 투쟁을 의미한다면, '사냥터'는 여학생들이 성적 먹잇감으로 전락한 캠퍼스를 상징한다.

사실 군대는 여러모로 권력형 성범죄가 발생하기 안성맞춤인 곳이다. 군대는 살인과 파괴를 목적으로 한 '폭력조직'의 성격을 갖고 있으며 조직 운영방식도 민주주의나 자유, 평등과는 거리가 멀다. 남성중심주의와 가부장적 권위주의가 절대적으로 지배하는 공간이고, 폐쇄적이다. 그런 폐쇄적 공간에서 소수인 여군들이 득실대는 남자 군인들과 숙식을 함께한다. 상관에 대한 '절대복종'이 요구되는 것은 여군이라고 해서 다르지 않다. 상관이 회식 자리에 오라면 가야 하고, 블루스를 추자면 춰야 한다. 이런 분위기에서 성폭행이 비일비재하게 발생한다.

그러나 대학은 군대가 아니다. 대학은 군대만큼 폐쇄적이지 않다. 군대처럼 학생들이 일정한 공간 내에서 24시간 숙식하는 것도 아니다. 오히려 대학은 그와 정반대의 이미지, 즉 개방, 자유, 평등의 이미지를 갖고 있다. 대학들이 '우리 대학은 열린 사고를 지향한다'든지, '세계로 뻗어가는 대학'이라고 광고하는 것을 생각해보라. 혹은 '자유롭고 평등한 학문공동체'라는 훔볼트의 대학에 대한 정의를 생각해보라. 그런 점을 상기하면, 대학에 성폭행이 만연한다는 것은 선뜻 이해가 안 된다. 그런데도 대학에서 군대 못지않게 많은 성폭행이 일어난다. 이것은 무엇을 의미하는가?

여기서 우리는 대학도 '학교'라는 점을 다시 한번 상기해야 한다. 대학도 초중고와 마찬가지로 가부장적 위계질서가 지배한다. 대학생은 어릴 때부터 가부장적 위계질서에 기반한 교육을 누구보다 충실히 받아들인 까닭에 대학에 입학했을 것이다. 영화 〈사냥터〉에 따르면 미국 여자 대학생은 5명 중 1명꼴로, 남자 대학생은 33명 중 1명꼴로 동료 학생들에게 성폭행을 당한다. 한 해 10만 건에 달하는 성폭행 사건 중 신고되는 비율은 5퍼센트도 안 된다고 영화는 말한다.' 그러면 우리나라는 어떨까? 우리보다 훨씬 개방적이고 민주적으로 운영되는 미국이 이 정도라면 우리의 경우는 훨씬 심할 것이라고 예상할 수 있다.

학내 성폭행의 실태를 있는 그대로 보여주는 통계는 없다. 그러나 양상을 가늠할 만한 통계는 있다. 정의당 심상정 의원이 2015년 8월 인권위에서 제출받아 공개한 자료에 따르면, 2013년부터 2015년 6월까지 공공부문에서 성희롱에 대한 진정이 가장 많았던 곳은 학교(45건)였다. 2위가 국방부(7건), 즉 군대였다.[2] 공공기관에서 벌어지는 성범죄는 주로 권력형 성범죄다. 그런 까닭에 외부로 잘 알려지지 않는다. 그런 점을 감안하면 통계가 보여주는 건수는 '새 발의 피'에 불과할 것이다. 그럼에도 이 통계는 우리나라에서도 군대 못지않게 학교에서 성희롱이 많이 발생한다는 것을 말해준다.

통계 하나 더 보자. 한국형사정책연구원에서 나온 연구보고서 「청소년 대상 범죄피해조사(2014)」다. 여기에서도 성범죄 피해 장소 1위는 '학교 교실'이었다. 교실에서 심지어 강간 사건도 발생한다. 중학생의 경우, 강간의 66.7퍼센트가 교실에서 발생했다. 사건 발생 장소 중 압도적 1위다. 고등학생도 마찬가지. 성범죄 피해 장소가 주로 학교였다. 평균을 내면 성범죄를 당했다고 말한 중고생 10명

---

1 손제민, 「'사냥터'가 된 캠퍼스, 눈감아온 당국 위선을 벗기다」, 『경향신문』, 2015년 3월 6일.

2 손봉석, 「인권위 성희롱 진정사건 2위 국방부, 1위는 학교」, 『경향신문』, 2015년 8월 20일.

중 4명의 피해 장소가 학교였다.[3] 이런 통계는 무엇을 말하는가? 청소년을 보호한다고 여겨지는 학교, 가장 안전한 장소로 여기는 학교가 실은 성범죄의 온상이라는 것을 말해준다.

교사의 학생 성희롱

교사는 학생을 보호하는 사람으로 여겨진다. 그래서 교사가 성범죄를 저지를 것이라고 의심하는 경우는 드물다. 대개 교사를 무조건적으로 믿는다. 그러나 이러한 믿음에는 다른 심리적 내막도 있어 보인다. 그 심리적 내막이란 이런 것이다. 부모들은 싫건 좋건 아이를 학교에 맡겨야 한다. 학벌이 아이의 미래를 좌우하기 때문이다(혹은 그렇다고 믿기 때문이다). 교사를 믿지 않으면 부모들은 하루도 정상적인 생활을 해나갈 수 없다. '믿어야 하니까 믿는 것' 혹은 '믿지 않으면 안 되니까 믿는' 측면이 있는 것이다.

일반적인 믿음과 달리 교사에 의한 학생 성추행은 드문 일이 아니다. 교육부에 따르면 2015년 상반기(1~6월) 성범죄로 징계를 받은 교원은 모두 35명이다. 방학 빼고 학생들이 등교하는 날(120일)로 계산하면 3~4일에 한 번씩 성범죄가 발생한 셈이다. 교육부는 2015년 8월 13일 성범죄로 형이 확정된 교원을 교단에서 퇴출하고 교원 자격을 박탈하는 '원 스트라이크 아웃제'를 실시하겠다고 발표했다. 늘어가는 교사 성범죄에 대한 비난 여론을 의식한 조치다. 성

3　이지웅, 「학교 성폭력 일상화…성범죄 피해장소 1위 '교실'」, 『헤럴드경제』, 2015년 8월 12일.

범죄가 발생하는 근본 조건, 성범죄를 조직적으로 은폐하는 구조를 방치한 채 처벌만 강화하는 것이 얼마나 효과가 있을지 지켜봐야 알 겠지만, 이러한 조치 역시 교원들의 성범죄가 얼마나 심각한지를 반증한다. 교원 성범죄의 실례는 너무 많다. 몇 가지만 소개한다.

사례 1.

부산의 한 특수목적고의 미술 교사는 여학생 5명에게 수차례 "몸이 예쁘다. 누드모델을 하면 되겠다"고 말했다. 그는 여학생들에게 "섹시하다. 남자친구와 잠자리를 했느냐. 엉덩이를 만지고 싶다"고 말하기도 했다.[4]

사례 2.

서울의 한 공립 고등학교의 영어 교사는 여학생들을 '기생', '황진이', '춘향이'로 부르거나 '원조교제 하자'는 말을 했으며, 노골적인 표현을 써가며 자신이 연예인과 성관계하는 상상을 이야기했다.[5]

사례 3.

2015년 8월 25일 열린 '대한민국 청소년 성교육 정책 바로세우기 대토론회'에서 나온 여학생들의 증언이다. "친구네 학교에서는 심폐소생술 시간에 선생님이 한 여학생에게 '홍콩 보내줄까'라고 물었대요."

---

4 김혜경, 「"엉덩이 만지고 싶다" 여학생 상습 성희롱 교사」, 『노컷뉴스』, 2015년 8월 6일.

5 김지연, 「교장이 먼저 성범죄 저질러 묵인」, 『조선일보』, 2015년 9월 1일; 신영규, 「성범죄 교사 교단에서 추방하라」, 『전북도민일보』, 2015년 8월 13일 참조.

"후배네 반에서 있었던 일이에요. 40대 중후반의 남자선생님이 수업 중에 정말로 뜬금없이 '너희만한 아이와 사귀어 본 적이 있다, 서로 사랑해서 교제했는데 학생 부모님이 반대해 헤어졌다'라고 말했대요."[6]

이런 언사가 수업시간에 버젓이 나온다. 성희롱은 대부분 남자교사가 하지만, 때로는 여교사가 하는 경우도 있다. 한 여기자의 학창시절 기억이다. "여자 '교련쌤'은 친구의 등짝을 후려치며 외칩니다. '속옷을 왜 이런 걸 입어. 요새 밤에 업소 나가?'"[7] 학교의 분위기가 그렇다. 교사들은 경찰이 전과 많은 피의자 대하듯, 학생에게 함부로 말을 툭툭 던진다. 말이 아이들에게 미칠 영향과 상처에 대한 고려는 없다. 고압적인 태도로 성희롱 발언을 아무렇지도 않게 한다. 민가영의 『가출, 지금 거리에 '소녀'는 없다』에는 이런 증언이 실려 있다.

저번에 1학년 땐가? 선생님이 제 입술을 보고 그러는 거예요. 애들 다 있는 데서. 남자들이랑 키스 많이 하고, 담배를 많이 피워서 입술이 두꺼운 거라고요.[8]

민가영의 책은 제목에서 보듯, 가출 청소녀들을 인터뷰해 썼다.

---

6   손지은, 「"'홍콩 보내줄까' 묻는 선생님, 아직도 학교에 있다"」, 『오마이뉴스』, 2015년 8월 25일.
7   엄지원, 「선생님들의 '성추행'보다 더욱 슬픈 것은…」, 『한겨레』, 2015년 8월 8일.
8   민가영, 『가출, 지금 거리에 '소녀'는 없다』(우리교육, 2003), 29쪽.

교사는 아마 이 학생을 문제아로 점찍어둔 상태에서 이런 말을 했을 것이다.

남학생에게는 아무리 문제가 있어도, 일탈 행동과 외모를 연관시키지 않는다. 이런 식의 조롱은 여학생에게만 퍼붓는다. 설사 그 여학생이 실제로 많은 남학생과 키스를 했다고 해도 그렇다. 그것은 여학생의 사생활이다. 당사자의 허락 없이 공개적으로 까발리는 것은 명백한 인권침해다. 키스를 많이 하면 입술이 두꺼워진다는 것도 얼토당토않다. 교사가 한 말을 곱씹어보면 알겠지만, 사실 이런 막말이 의미하는 바는 따로 있다. 거기에는 단지 '이 여학생이 문제아다', '일탈 행위를 많이 한다'는 것 이상의 의미가 내포되어 있다. '너는 걸레(창녀)나 다름없다'는 것이다. 그것이 '남자들이랑 키스 많이 하는 애'가 의미하는 바다.[9]

이 말은 우선 여학생이 가진 일체의 인격을 몰수하고 성적 대상으로 물화物化시킨다. 그런 다음 성적 대상 중에서도 가장 비천한 창녀와 동일시함으로써 여학생의 인격을 회복 불능으로 짓밟는다. 흔히 성희롱은 말로 하는 것이니, 별것 아니라고 생각하기 쉽다. 그러나 학생에게는 심각한 정신적 테러일 수 있다. 이런 말은 그 학생에 대한 또래집단의 평판에도 큰 영향을 미칠 수 있다. 교사는 학생들 사이에서 좋든 싫든 큰 영향을 미치기 때문이다.

---

9   이러한 성적 낙인은 문제 학생을 선도해야 한다는 보수적 관점에서 봐도 비교육적이다. '낙인'은 그 자체로 학생이 개선될 가능성을 완전히 차단하기 때문이다. 낙인은 '너는 원래 그렇다', '너는 이미 싹수가 노랗다'는 메시지를 전달함으로써 상대방의 개선 노력과 의지를 무력화시킨다. 이것을 '낙인효과(stigma effect)'라고 한다. 낙인은 교육적 관점에서는 실패를 예정한다. 그러나 학교의 또 다른 기능, 즉 '계급 재생산'의 측면에서는 성공적이다.

나아가 이 말은 또 다른 물리적 폭행을 낳을 수도 있다. 만에 하나 어떤 남학생이 그 말을 듣고 '아, 쟤가 아무하고나 키스하는 걸레구나. 나도 언제 쟤랑 키스 한번 해봐야겠다' 혹은 '나도 한번 따먹어 봐야 겠다'고 생각해, 실제로 결행하면 어떻게 되는가. 성희롱이 성폭행을 낳는 꼴이 된다. 이것은 기우가 아니다. 현재 십대의 세계는 생각 이상으로 정글의 세계다. 부모와 교사에게 제대로 보호받지 못하고 있다고 판단된 아이, 부모와 교사에게 내쳐졌다고 생각되는 아이가 폭력의 대상, 폭력의 표적이 되는 경우가 많다.

교사의 학생 성추행

우리는 흔히 '군대에서는 고참이 함께 샤워를 하다가 비누를 떨어뜨려서 쫄따구에게 줍게 한다'는 식의 이야기를 듣는다. 물론 농담이다. 성욕은 왕성하지만 여자를 만날 수는 없는 상황이 만들어낸 '웃픈' 농담 말이다. 그러나 이런 일이 실제로 벌어진다면, 그것도 성희롱이다. 여기서 중요한 것은 이것이다. 고참은 맘만 먹으면, 이런 상황을 얼마든지 연출해낼 수 있다. 군대에서 고참이 비누를 주우라 하면 쫄따구는 주워야 한다. 학교도 마찬가지다. 교사는 자신의 권위를 이용해 얼마든지 성적 불쾌감을 유발하는 상황을 만들어낼 수 있다.

선생님들이 성희롱해요. 체육 선생님들이요. 뜀틀에서 구르기 시키면서 애들 만져요. 교복 치마 입은 채로 구르기 시키는 선생님도 있어

요. 또 옷 나와 있다고 넣어준다고 만지고.[10]

한 여학생의 증언이다. 여기서도 마찬가지다. 체육교사가 '오늘은 앞구르기를 하겠다'며 구르라면 굴러야 한다. 하지 않을 도리는 없다. 잘 못 구르면? 교사가 도와준다며 만진다. 심지어 교사가 뜀틀 옆에 서서 모든 여학생의 엉덩이를 차례로 만지며 굴려줬더라도 학생들은 뭐라 할 말이 없다. 교사의 손길이 싫어도 자기 차례에 구른다음, 기껏해야 입을 삐죽거리며 자기 자리로 돌아갈 것이다.

'옷 나와 있다고 넣어준다고 만지는 것'은 어떨까? 그것은 교육의 필요성과는 무관하지만, 거부하기는 쉽지 않다. 만에 하나 학부모가 알고 '성추행 아니냐'며 따진다면, '아이 속옷이 나와 있어서 다른 아이들이 볼까봐 (부모가 아이 옷매무새 고쳐주듯) 넣어주었다'는 식으로 변명하면 그만이다. 그렇다면 치마를 입은 채로 구르기 시키는 것은? 이것은 아마 체육복을 갖고 오지 않은 여학생에게 이렇게 한 것같다. 만약 그랬다면, 교사는 체육복을 갖고 오지 않은 학생이 오히려 잘못이라고 주장할 수 있다. 역시 교사의 '배려 없음'을 탓할 수는 있지만, 성희롱으로 신고하거나 처벌하기는 쉽지 않을 것이다.

한 가지 예를 더 들어보자. 남자교사가 여학생에게 기합으로 '엎드려뻗쳐'를 시켰는데, 그런 자세로 기합을 받다가 속옷이 보이면 누구 잘못인가? 실제로 많이 있는 일이다. 그 경우에도 교사가 할 수 있는 변명거리는 많다. 학생이 기합을 받을 만한 짓을 한 것이 잘못

---

10 김고연주, 『길을 묻는 아이들』(책세상, 2004), 89쪽.

이라고 할 수도 있고, 여학생의 치마가 다소 짧은 것을 탓할 수도 있으며, 여학생이 기합 자세를 제대로 취하지 않아 옷이 흘러내렸다고 할 수도 있다. 이렇듯 성추행인 것 같기도 하고 아닌 것 같기도 한 모호한 상황을, 교사는 자신의 권력을 이용해 얼마든지 연출해낼 수 있다.

좀 더 적나라한 방법을 동원한 성추행도 있다. 부산의 한 고등학교에서 있었던 일이다. 기간제 영어 교사 A는 휴대전화 메신저를 통해 "시험문제를 미리 알려 주겠다", "영어로 좋은 대학에 진학하는 법을 알려주겠다"며 접근해 여학생들을 성추행했다. 이 사건에 대한 부산시 교육청 관계자의 말이다. "시험문제 몇 개 더 인지. 뽀뽀 한 번 더 해주면 시험문제 가르쳐주고…."[11] 이 교사는 아예 시험문제를 팔아 학생들의 성적 서비스를 매수하는 형식을 취하고 있다. 이것은 교사의 핵심 권력을 동원했다는 점에서 너무 정직한 성추행이었다. 어찌 보면 교활하지 못한 경우라 할 수 있다. 이 교사는 어찌되었을까? 즉각 해임되었다. 물론 기간제 교사라는 낮은 신분도 가차 없는 처벌에 영향을 미쳤겠지만.

요즘에는 초등학생을 대상으로 한 성폭행도 많다. 언뜻 생각하면 초등학생은 어리기 때문에 성폭행 대상이 잘 안 될 거라고 생각하기 쉽다. 내가 어릴 적만 해도 초등학생은 대개 성적으로 무화無化한 존재로 여겨졌다. 그러나 요즘에는 오히려 어리기 때문에 범행 대상이 될 수 있다. 지금의 초등학생들은 예전과 달리 몸의 발육이 빠르다.

11 "학교에서 성희롱 일삼은 '인면수심' 교사 해임", 〈주말뉴스 토〉, TV조선, 2015년 6월 13일.

그러면서 중고생보다 성폭력 개념이 희박하고, 선생님 말을 잘 듣는다. 교사는 이를 악용해서 훨씬 대담하게 성범죄를 저지를 수 있다.

실례를 보자. 서울의 한 초등학교 5학년 담임인 ㄱ는 학기 초부터 3개월간 반 여학생 10명 중 7명을 성추행했다. 한 여학생은 "허리를 세게 끌어당겨 무릎 위에 앉게 했다. 허벅지를 위아래로 쓰다듬거나 반바지 안으로 손을 넣어 속옷이 있는 곳까지 만졌다"고 진술했다. 다른 학생도 같은 자세로 교사가 "성기를 만지기도 했다"고 진술했다.[12] 담임교사가 자기 반 여학생 전체를 성추행한 경우도 있다. 울산의 한 초등학교 5학년 담임인 윤 씨는 수업시간에 17명의 반 여학생 대부분의 가슴을 만지고 치마 밑을 들추어 손을 넣는 등 지속적으로 추행을 일삼았다. 이를 견디지 못해 3~4명의 학생이 전학 갈 정도였다.[13] 이처럼 초등학생 대상 성추행은 중고생보다 훨씬 대담하고 무차별적으로 벌어지는 양상을 보인다.

성추행 거부하면 보복하는 교사들

학생이 교사의 성추행을 거부하면 어떻게 될까? 여성학자 권인숙의 경험을 들어보자.

한 남자선생님이 나이에 비해 성숙하고 예쁜 여학생 여럿을 빈번히

---

12 서영지, 「초등 담임, 5학년 여학생 7명 집단 성추행 논란」, 『한겨레』, 2014년 7월 24일.

13 신동명, 「초등 담임교사가 여학생 상습추행」, 『한겨레』, 1999년 12월 7일.

껴안고 키스를 하고 가슴을 만지기까지 했다. 은근히 선망의 대상이 되기도 했던 그 여학생들 중 한 명이 이런 교사의 터치에 반항을 했고, 그 여학생은 운동장 한복판에서 교사에게 공개적으로 온갖 욕설과 함께 구타를 당했다. '건방지게 선생님이 저 예뻐서 귀여워한 것에 반항해'라는 게 내가 기억할 수 있는 그 교사의 격분 요지였다.[14]

이 학생은 성추행으로 한번 짓밟히고, 그것을 거부해 다시 물리적 폭행을 당했다. 이중으로 당한 것이다. '이거 성추행 아니냐?'고 따지거나 성추행을 거부하는 것조차 교사의 권위에 대한 도전으로 받아들여져 보복당할 수 있다. 보복은 욕설이나 구타처럼 폭력적인 것만 있지 않다. 인천 송도국제도시 ㅁ초등학교에서는 이런 일이 있었다. 담임교사가 수개월간 자기 반 여학생 12명을 성추행했는데, 이 교사는 성추행을 거부한 여학생을 아예 없는 사람처럼 '투명인간' 취급했다.[15] 교사가 학생을 '왕따'시킨 것이다. 이것은 정신적 학대다. 보복은 이런 식으로 교묘하게 이루어질 수도 있다.

우리는 권인숙의 글에서 "나이에 비해 성숙하고 예쁜 여학생"들이 "은근히 선망의 대상"이 되었다는 말에 주목할 필요가 있다. 다른 학생들은 성추행당하는 여학생들이 교사들의 관심과 애정을 듬뿍 받는 것처럼 느끼고 그것을 부러워했다는 말이다(물론 조숙하고 예쁘다고 모두 범행 대상이 되는 것은 아니다. 그중에서도 대개는 만만한 집안의 아

14 권인숙, 「일상적 남성문화가 문제다」, 『한겨레』, 2000년 6월 27일.

15 장호영, 「초등생 12명 성추행 의혹 교사…거부하면 왕따」, 『오마이뉴스』, 2015년 8월 27일.

이들이 범행 대상이 된다). 교사에게 사랑받는 것은 좋은 일이다. 그러나 성추행은 '폭행'이다. '사랑받는 것'과 '폭행을 당하는 것'은 정반대이다. 그러나 성추행은 어린 학생들에게 이 둘을 구분하기 어렵게 만든다.

용인의 한 초등학교에서 발생한 교사 성추행 사건에 대해 한 학생은 이런 메모를 남겼다. 선생님이 "성적으로 발달된 아이들에게만 (성추행 행위를) 해 외모차별"이라는 것이었다.[16] 자칫 '아이가 성추행을 당하고 싶어 하나?' 하는 오해를 불러일으킬 수 있는 메모이다. 물론 아이가 원한 것은 성추행이 아니라 교사의 관심과 사랑이다. 이 메모도 그러한 마음에서 쓴 것이다. 그러나 한편으로는 아이들이 성추행과 사랑받는 것을 많이 혼동한다는 것을 보여준다.

아이들이 혼동하는 것은 단지 나이가 어리거나 성추행 관념이 희박하기 때문만은 아니다. 여기에는 다른 이유도 있다. 앞서 나온 초등학교 담임교사 ㄱ의 성추행 사건으로 돌아가 보자. 피해를 당한 학생들은 경찰 조사에서 "학기 초만 해도 담임은 '좋은 선생님'이었다"고 진술했다. 학생들과 장난도 치고 이야기도 잘 들어주었다는 것이다. 그런데 4월 초부터 담임선생님의 행동이 조금씩 달라지기 시작했다고 말했다.[17] 여기서 "'좋은 선생님'이었다"는 말은 무엇을 의미할까?

아이들의 말을 들어보면, 담임교사는 학기 초부터 신체 접촉이 잦

16 권혁준, 「용인 50대 초등교사 '상습 성추행' 논란…학생들 '폭로 메모' 충격적」, 『경기일보』, 2015년 7월 21일.

17 서영지, 앞의 기사.

았던 것 같다. 그러나 처음에는 전혀 의심할 만한 행동이 아니었다. 이를테면 학생을 간질이기도 하고, 힘내라고 어깨를 토닥이거나, 잘했다고 머리를 쓰다듬어 주었을 것이다. 이것을 '착한 터치'라 하자. 아이들은 이런 선생님에게 당연히 호감을 가졌을 것이다. 그것이 "학기 초만 해도 '좋은 선생님'이었다"는 진술의 의미다. 그러나 착한 터치도 '터치'다. 아이들은 이런 터치를 통해 선생님의 터치에 '익숙해진다.' 이것이 중요하다. 학생들이 교사의 터치를 별 반감 없이 받아들이는 것은 본격적인 범행을 실행할 수 있는 중요한 여건이 된다.

'착한 터치'와 '나쁜 터치(성추행)'는 한 끗 차이다. 착한 터치와 나쁜 터치는 매끄럽게 연결된다. 아이들은 그 변화를 알아차리기 어렵다(이렇게 하면 성인들도 한동안 헷갈릴 수 있다. 하물며 초등학생이야 말해 무엇하랴). 대개는 성추행이 상당히 반복되고 난 후에야 아이는 자신이 나쁜 일을 당하고 있음을 인지하게 된다. 그걸로 끝이 아니다. 교사의 성추행으로부터 벗어나기 위해서는 강력하게 거부 의사를 표시하거나 부모에게 알려야 하는데, 그것은 또 다른 용기를 필요로 한다.

ㄱ교사에게 피해를 입은 초등학생들은 왜 피해 사실을 부모에게 곧바로 알리지 않았느냐는 질문에 이렇게 답했다. "선생님이 복수하거나 혼낼까봐 불안해서 말을 못했어요", "'하지 마세요'라고 말하면 다음 날 선생님 얼굴을 보지 못할 거 같아서 말하기가 쉽지 않았어요."[18]

18 서영지, 앞의 기사.

초등학생들은 교사와 나이 차이도 많이 나고, 물리적인 힘도 약하다. 그래서 더욱 무서워할 수도 있다. 그러나 여기에는 제도적인 이유도 있다. 초등학교는 중·고교와 달리 담임이 주요 과목을 다 가르친다. 그런 만큼 담임교사와 접촉면이 넓고, 접촉시간도 길다. 학교생활에서 담임의 역할 비중이 절대적인 만큼, 그 손길을 거부하거나 추행을 부모에게 알리는 것은 더 많은 용기를 필요로 한다.

교장, 배움터 지킴이도 성추행

학교 내 성추행은 일반 교사에 의해서만 발생하는 것이 아니다. 교감이나 교장에 의해서도 발생한다. 인천의 한 여자중학교에서는 교장이 학생 이마에 입맞춤하고 명찰을 바로잡아주거나 교복에 붙은 실밥을 떼 준다며 여학생들의 몸을 만진 혐의로 직위 해제되었다.[19] 제대로 달리지 않은 명찰을 바로잡아준다며 여학생의 가슴을 만지는 행위는 가장 흔한 성추행 방식 중 하나다. 사람들은 이런 뉴스를 접하면 그냥 '교장이 훈계를 하다 성추행을 했구나'라고 생각한다. 그러나 이런 정황은 그 자체로 자연스럽지 않다. 생각해보라. 복장 불량 같은 사소한 이유로 교장이 학생을 직접 훈계하는 것은 흔한 일이 아니다. 군대로 치면 대대장이 졸병을 상대하는 꼴이다. 그것은 훈계를 하다 보니 성추행이 발생한 것이 아니라, 애초 여학

---

19 김희연, 「시교육청, 여학생 성추행 혐의 교장 직위해제 처분」, 『기호일보』, 2015년 8월 27일; 이창호, 「성추행혐의로 직위 해제된 교장 1차 조사서 범행사실 일부 시인」, 『기호일보』, 2015년 9월 3일. 이 교장은 그전에도 학생 성추행 혐의로 주의 처분을 받았다.

생에게 접근한 의도 자체가 의심스러운 경우라 하겠다.

'배움터 지킴이'가 학생을 성추행하는 경우도 있다. 경남 창원의 ㅈ초등학교에서 있었던 일이다. 직업군인 출신인 ㅇ는 운동장 구석진 벤치에서 1학년 여학생(8)의 몸을 더듬는 등 저학년 여학생 9명을 50여 차례 성추행했다. 피해학생들은 쉬는 시간에 운동장 벤치, 창고, 배움터 지킴이 사무실로 이용되는 숙직실 등으로 ㅇ에게 불려가 성추행당했다. 경찰 조사 결과, 피해 장소들은 CCTV가 설치되어 있지 않은 곳이었다. ㅇ는 성추행한 뒤 과자를 사 먹으라며 500~1,000원씩 주는 수법으로 입막음을 했다.[20]

이런 사건을 바라보는 언론의 논조는 비슷하다. '학생의 안전을 지키고 보호해야 할 배움터 지킴이가 어떻게 학생을 성추행할 수 있느냐'는 것이다. 과연 그럴까? 그것은 그렇게 놀랄 만한 일일까? 여기서 잠깐 '배움터 지킴이'에 대해 알아보자. 배움터 지킴이는 학교와 학교 주변에서 폭력사고나 성추행 등이 빈번하게 일어나자 그것을 예방한다며 2006년부터 운영된 제도이다. 배움터 지킴이는 주로 전과가 없는 퇴직 교사·경찰·직업군인 등이 학교장에게 위촉되며, 교육청에서 활동비를 받는다.

이 제도가 생긴 애초의 명분은 각종 폭력으로부터 학생들을 지킨다는 것이었다. 그러나 그들이 실제 하는 일은 청원경찰과 비슷하다. 은행에서 근무하는 청원경찰이 '고객'보다 '은행'을 지키듯이, 배움터 지킴이도 '학생'보다는 '학교'를 지킨다. 배움터 지킴이는 외

---

20 최상원, 「초등생 성추행 학교지킴이, '과자값'으로 입막음」, 『한겨레』, 2012년 7월 30일.

부인이 함부로 학교에 들어올 수 없도록 막고, 불량학생들이 학교 주변을 어슬렁거리면 쫓아낸다. 방과 후에는 쓸데없이 학교에 남아 노는 아이들을 내쫓기도 한다.

그들이 하는 일은 '학교에서' 골치 아픈 사고가 나지 않도록 하는 데 집중되어 있다. 업무 지시도 주로 교장에게 받는다. 이것은 관료주의에 도움을 주는 제도이지, 학생을 위한 제도가 아니다. 학생들에게는 간섭하고 통제하고 지배하는 사람이 하나 더 늘어난 것에 불과할 수도 있다. 이런 점을 이해하면 배움터 지킴이가 학생을 성추행했다고 해서 그리 이상할 것도 없다. 교사나 교장만큼 권력이 있는 것은 아니지만, 배움터 지킴이도 '안전과 보호'를 이유로 학생을 간섭하고 통제하고 지배한다. 그리고 그를 이용해 성추행할 수 있다.

학교가 안전하다는 것, 학교가 청소년을 보호한다는 것은 신화에 불과하다. 우리는 흔히 '선생님 말씀 잘 들으라'는 말을 귀에 못이 박히게 듣고 자란다. 그러나 '선생님 말씀을 잘 들어서' 성추행당할 수도 있다.[21] 이것이 현실이다. 학교는 청소년을 보호하는 것이 아니라 가둔다. 교도소도 죄수를 가둔다. 누구도 그런 교도소가 죄수를 보호한다고 말하지 않는다. 학교도 마찬가지다. 학생이 학교 안에 있다고 해서 학교가 학생을 보호한다고 할 수는 없다. 학교는 청소년을 보호하는 것이 아니라 지배한다. 교사에 의한 성폭력 역시 그 지배구조의 연장선상에서 이해해야 한다.

---

21 교육적 차원에서도 선생님 말은 무조건 잘 들어야 하는 것이 아니다. 오히려 제대로 된 교육이라면 선생님의 말이나 지시라도 그것이 합당한지 그렇지 않은지를 따져보고, 합당하지 않다고 생각되면 저항하거나 거부할 수 있다고 가르쳐야 한다.

7

학교, 성범죄의 온상 ②
서열 문화와 성폭력

성범죄가 문화가 된 학교

2015년 8월, 언론을 떠들썩하게 했던 학교 성추행 사건이 있었다 (언론에서는 주로 '서울 공립고 성추행 사건'으로 보도되었다). 이 사건은 서울 서대문구에 위치한 가재울고등학교에서 발생했다. 교장과 보직교사 3명(부장 교사, 진학담당교사, 성고충 상담교사), 평교사 1명 등 총 5명이 여학생과 여교사를 2년간 지속적으로 성추행하고 성희롱한 사건이다. 직접적으로 성추행을 당한 여교사는 최소 8명, 여학생은 최소 20명이며, 수업 중 입에 담기 힘든 성희롱 발언을 들어야 했던 여학생은 100명이 넘었다.

성추행의 주요 정황은 이렇다. 교장은 신임 여교사 회식 자리에서 20대 여교사들의 신체를 만지고 신체 사이즈를 묻는 등 추태를 부렸으며, 부장 교사는 노래방에서 여교사의 점퍼가 뜯어질 정도로 심한 성추행을 했다. 한 가해교사는 수업 중에 "공부 못하면 남자는 군대 가고, 여자는 미아리(성매매 집결지) 간다"는 등의 성희롱 발언을 했으며, 교실 앞 복도에서 지나가는 여교사의 몸을 만지기도 했다. 또 다른 가해교사는 과학실 등에서 여학생들의 엉덩이를 주무르거나 옷 속으로 손을 넣어 가슴을 만지려 했다. 이런 일도 전체적으로 보면 '새 발의 피'에 불과했다. 성추행과 성희롱은 일상적으로 집요하게 자행되었다.

피해자가 130여 명에 이른다면 이들은 그야말로 학교에서 성적 파티를 벌였다고 봐야 되지 않을까 싶다. 나는 앞의 장에서 학교가 성적 먹잇감을 사냥하는 사냥터에 비유될 수 있다고 말했다. 학교는 사냥터다. 그것도 어리고 젊은 여성들이 대량으로 끊임없이 공급되는 최상의 사냥터. 그런 점에서 학교는 군대보다 좋은 사냥터다. 여학생과 여교사는 사방이 막힌 사냥터(학교) 안에서 남자 권력자들에게 이리저리 쫓겨 다니다 붙잡히면 성추행당한다.

가재울고의 한 피해교사는 라디오 프로그램에서 전화 인터뷰를 통해 이렇게 말했다.

성범죄가 문화로 자리 잡았다는 게 지금 돌아보면 너무 소름끼치는 부분이 아닌가라고 생각을 하고 있습니다.……(학생들이) 입에 담을 수 없는 그런 수위의 성희롱 발언을 계속 들으면서 처음에는 그걸 엄청나게 충격적이라고 받아들인 것 같아요.……그러다가 한 학기 내내 성희롱 발언을 들으면서 그런 분위기 속에서 익숙해진 아이들이 옳고 그름의 판단이 흐려지는 거죠. 정말 제일 안 좋은 것은 그런 것들이 일상으

로 내면화되는 분위기가 있었던 거예요.[1]

성범죄 문화가 "내면화되는 분위기가 있었"다는 말은 두 가지로 해석할 수 있다. 우선 학생들이 잦은 성추행과 성희롱에 무감해졌다는 말로 읽을 수 있다. 다른 한편으로 가해교사들의 행동을 보고 학생들이 따라할 가능성에 대한 우려로 읽을 수도 있다. 문화의 힘은 엄청나다. 우리는 가정폭력을 당한 아이가 커서 가정폭력을 행사하는 것을 일상적으로 본다. 피해자가 가해자로 바뀌는 것은 순식간이다. 성폭력도 마찬가지다. 학교의 철저한 위계질서에 기반한 하향폭력으로서 성폭력을 경험한 아이들은 자신도 모르는 사이 '나보다 서열이 낮은 아이들에게 (성)폭력을 행사해도 된다'고 생각하기 쉽다. 교사에 의한 성폭력이 위험한 이유가 여기에 있다.

공립학교에서 대규모 성범죄가 발생한 이유

가재울고는 공립학교였다. 그럼에도 대대적인 성범죄가 발생했다. 이에 대해서는 좀 더 설명이 필요하다. 왜냐하면 나는 이제까지 성폭력을 비롯한 각종 비리와 부정의 주범으로 사학을 꼽아왔기 때문이다. 이렇게 큰 규모의 성범죄는 본래 족벌사학처럼 설립자와 재단 일가가 마음대로 전횡을 휘두를 수 있는 곳에서 발생한다. 그러나 공립

---

[1] "성추행 피해교사 '학교 은폐 속 성추행이 문화로…'", 〈박재홍의 뉴스쇼〉, CBS, 2015년 8월 5일 방송.

학교의 교원들은 그 신분이 국가가 뽑은 공무원이고, 교장을 포함한 모든 교원이 교육청의 발령을 받아 근무하는 까닭에(일상적으로 교원들이 이합집산하는 까닭에) 사립학교 같은 전횡과 그에 기반한 대규모 성범죄가 발생하기 어렵다. 공립학교에서도 교사에 의한 성범죄가 발생할 수는 있지만, 이렇게 큰 규모로 발생하기는 어렵다는 말이다.

그럼에도 이런 사건이 발생한 것은 가재울고가 생긴 지 2년밖에 안 되는 신생 학교였기 때문이다. 교장을 비롯한 가해자들은 모두 개교 이전부터 함께 학교 틀을 세운, 소위 '개설요원'이었다. 개설요원이란 무엇인가? 교육청은 공립학교를 지은 후 교장, 교감, 행정실장을 임명하고, '교장이 원하는 교사' 몇 명을 우선적으로 발령한다. 이렇게 개교 이전에 발령받아 개교를 준비하는 교원들을 '개설요원'이라 부른다. 개설요원이 하는 일은 많다. 학교 교훈을 비롯한 건학 이념을 세우고, 교과목 등 운영과정을 결정하고, 기자재 및 시설물 도입 심사, 교원 확보 등 모든 과정을 주도한다. 교육청이 아니라 개설요원이 공립학교를 세운다고 해도 과언이 아니다.

가재울고 설립에는 400억 원의 국민 세금이 투입되었다. 막대한 세금으로 설립되는 학교라면, 응당 학교 설립에 대한 방향 제시나 매뉴얼이라도 있어야 하지만, 그런 것도 없다. 교육청은 그냥 개설요원들에게 모든 것을 맡긴다. 이 과정에서 부정과 비리가 생긴다. 가재울고가 그랬다. 개설요원들은 설립자금이나 운영자금을 빼돌렸다는 의혹도 강하게 받고 있다. 기자재, 설비, 비품 등을 구입하는 과정에서 이해할 수 없는 대목이 많다. 한 학교 관계자는 "질도 낮으면서 쓸데없이 비싼 기자재들이 많다"며 "고가의 물품이 작동이 안 되는 것도 있고 사용하지도 못하고 폐기 처분한 것도 있다"고 했다. 또 다른 관계자는 "문제가 된 교사 한 명이 재무를 거의 전담했다"고 주장했다.[2]

공립학교 개설요원들의 부정비리는 사학보다 심할 수도 있다. 사학재단은 최소한 학교 부지라도 자기 돈으로 마련하고 국민 세금을 뜯어내지만, 공립학교 개설요원들은 자기 돈 한 푼 안 들이고 국민 세금을 꿀꺽할 수 있다. 가재울고의 성범죄는 개교를 준비하는 과정에서 서로 친해진 사람들이 그냥 저지른 사건이 아니다. 개교 준비 과정에서 부정과 비리를 중심으로 강고한 카르텔을 형성한 사람들이 저지른 사건이다.[3] 개교 후 학교 주요 보직을 차지한 개설요원들은 다른 교사들과 학생들에게 공공연하게 "내가 이 학교를 세웠다"는 식으로 뻐기고 다녔고, 학교에서 무소불위의 권력을 휘둘렀다. 사학의 재단 일가에게서나 볼 수 있는 행태가 공립학교에서 재현된 것이다.

일반적으로 신생 학교는 교사들이 전근 가기를 꺼린다. 학교 틀이 잡혀 있지 않아 해야 할 업무량이 많고, 일도 고되기 때문이다. 학교는 신입-중견-원로가 3:4:3으로 구성되어야 잘 돌아간다고 말한다. 그런데 전근을 희망하는 경력 교사가 없으니, 초임 교사나 기간제 교사의 비중이 높아질 수밖에 없다. 경력 교사들은 이리저리 전근

---

2 이대혁 · 김현수, 「'개교 공신' 완장이 성범죄 불렀다」, 『한국일보』, 2015년 8월 5일.

3 개설요원 중 '교장이 원한 교사'들은 교장과 예전부터 알던 사이기도 했다. 원래 그렇다. 교장이 자신이 모르는 사람을 발령 보내달라고 교육청에 요청할 수는 없기 때문이다. 예전부터 알던 사람들이 모여 학교를 개설하는 만큼 부정비리를 공모하기가 더 쉽다.

도 다니고, 이런저런 교원들의 행사나 모임에도 참여하면서 서로 이미 아는 사이인 경우가 많다. 그러나 초임 교사나 기간제 교사는 학교 일 자체가 낯설 뿐 아니라, 서로 얼굴도 모른다. 학교권력의 추는 더더욱 (자기들끼리 똘똘 뭉친) 개설요원들에게 기울 수밖에 없다. 이로 인해 가재울고에서는 개설요원들과 개학 이후 발령받아 온 교사들 간에 '갑-을 관계'가 형성되었고, 그중에서도 초임 여교사와 기간제 여교사들이 주된 성적 타깃이 되었다.

이 같은 과정은 공립학교도 설립 초기에는 개설요원들에 의해 얼마든지 '사유화'될 수 있음을 의미한다. 가재울고의 개설요원들은 학교 안에서 어떤 행동을 해도 거리낄 것이 없었다. 성범죄가 아니라 그 이상의 사건이 발생해도 하나도 이상할 것이 없는 분위기였다. 가재울고는 공립학교이기는 하지만, 사학과 다를 바 없는 분위기와 구조 속에서 성범죄가 발생했다. 이에 대한 일차적 책임은 그것을 관리감독해야 할 교육청에 있다. 그것은 교육청의 방임 내지 방조 속에서 가능한 일이었다.

여교사와 남학생 사이의 서열 투쟁과 성폭력

학교에서는 모든 교직원을 '선생님'이라고 부른다. 그런 까닭에 평등이 지배하는 사회처럼 보인다. 그러나 실제로는 반대다. 학교는 철저한 위계사회다. 교원은 '교장-교감-보직교사-평교사' 정도로 나뉜다. 그러나 평교사라도 다 같은 교사가 아니다. 정규직과 비정규직(기간제 교사)에 따른 위계가 있다. '연공서열'이라는 것도 있다.

선배 교사는 후배 교사보다 높은 지위를 차지한다. 여기에 성차별이 가세한다. 교사가 남자냐 여자냐에 따라 위계가 달라진다.

성차별이 학교 내 권력관계에서 차지하는 비중은 생각보다 크다. 성차별은 교원들 사이에서만이 아니라 교사와 학생들 사이에서도 작동한다. 조영선은 『학교의 풍경』에서 학교 내 권력관계를 이렇게 도식화했다.[4]

> 교장, 교감 〉 남교사(체육 교사, 생활지도부 교사) 〉 일진, 우등생 〉 나이 든 여교사 〉 젊은 여교사 〉 보통 아이들 〉 왕따 아이들

이 도식에 동의하지 않는 사람도 있겠지만 남학생들이 여교사, 그중에서도 젊은 여교사의 권위에 도전하는 경우가 많다는 것은 부인하기 힘들다.

여교사들은 일상적으로 남학생들의 도전에 시달린다. 그에 대응해 자신의 권위를 지키기 위해 분투해야 한다. 젊은 여교사들이 선배 교사들에게서 가장 많이 듣는 조언은 학생들에게 '만만하게 보이면 안 된다'는 것과 '초장에 기강을 바짝 잡아놔야 한다'는 말이다. '그러지 않으면 아이들이 머리 꼭대기에 올라앉을 것'이라는 말도 듣는다. 간혹 남자교사들보다 심하게 체벌을 일삼는 여교사가 발견되는 것도 이런 맥락에서 파악할 수 있다. 그것은 여교사가 강하기 때문이 아니라, 약하기 때문이다. 약하기 때문에 자기 권위 수호

---

4 조영선, 『학교의 풍경』(교양인, 2011), 196쪽.

에 예민하게 반응하고, 그 반대급부로 더 강한 체벌을 가한다.

심지어 여교사들은 학생들에게 성희롱이나 성추행도 당한다. 구체적인 예를 보자. 2010년 '개념 없는 중딩들'이라는 제목으로 인터넷에 올라온 동영상이 있었다. 수업시간에 벌어진 일을 찍은 동영상의 내용은 이랬다. 학생들은 젊은 여교사에게 "애 낳아 보셨느냐. 낳을 때 아프냐?"고 물었다. 교사가 무시하자 학생들은 "첫사랑 누구?" "첫 키스 언제?"라고 물으며 수업 진행을 가로막았다. "너희 초등학생이냐"고 되받아쳤지만 학생들은 책상을 두드리고 박수치며 "첫 경험, 첫 경험"을 외쳤다. 이때 한 남학생이 "고등학교 때 하셨죠?"라고 묻는 소리가 들린다. 참다못한 교사가 가장 소란을 떤 학생을 노려보며 성큼성큼 다가오자 남학생은 "가까이 오니까 진짜 예쁘네"라고 소리쳤다.

엄기호의 『교사도 학교가 두렵다』에도 이런 예가 나온다. 고3 수업시간에 있었던 일이다. 한 여교사가 수업을 재미있게 시작할 요량으로 '초성게임'이라는 걸 했다. 영화나 책, 노래, 애니메이션 등의 제목을 초성만 적어놓고 모둠별로 맞히게 하는 게임이었다. 그런데 어떤 일이 생겼을까? "게임을 했는데, 아이들의 승리 세레모니가 지나친 거예요. 교탁을 붙들고 엉덩이를 앞뒤로 흔들지를 않나, 뜻대로 안 되면 욕설을 내뱉고 쓰레기통을 걷어차거나 벽을 치지를 않나, 과잉행동을 보였죠."[5]

여교사가 교탁 앞에 서 있는데, 거기에 대고 엉덩이를 앞뒤로 흔

5　엄기호, 『교사도 학교가 두렵다』(따비, 2013), 91쪽.

든 것은 명백한 성희롱이다. 이런 일은 학교에서 흔히 발생한다. 심지어 어떤 남학생들은 질문하는 척하면서 여교사를 다가오게 해서는 치마 속을 들여다보거나 휴대전화로 찍기도 한다. 이처럼 언론에서 '교권 붕괴' 운운하는 사건들은 대부분 여교사와 남학생 사이에서 발생한다. 이런 점은 학교 서열 체계에서 여교사의 위치를 다시 생각해보게 한다.

근본적인 관점에서 보면, 학생이 교사의 권위에 도전하는 것 자체가 생길 수 없는 일이다. 배우는 사람에게는 가르치는 사람이 고마운 사람이기 때문이다. 자신이 궁금해 하던 것을 알려주는 사람이니 왜 고맙지 않겠는가. 학생의 궁금증과 호기심을 중심으로 교육이 이루어진다면 누가 강요하지 않아도 학생은 교사를 존경할 것이다. 교사의 권위란 자연스럽게 학생들에 의해 형성되는 것이다. 그러나 우리가 일반적으로 말하는 '교권'은 반대이다. 그것은 아래(학생들)로부터 주어진 것이 아니라 위(국가)로부터 주어진 것이다. 교사는 국가권력이 원하는 지식을 청소년에게 주입함과 동시에 관료로서 청소년들을 일방적으로 통제하고 길들이는 역할을 한다. 국가권력은 그 역할 수행을 위해 교사들에게 '권위'를 부여한다.

그 권위는 평등하게 부여되는 것도 아니고 위계적으로 부여된다. 여교사들은 일반적으로 그 위계에서 가장 밑바닥을 차지한다.[6] 철저하게 위계가 지배하는 '학교'라는 사회에서는 학생과 교사 사이에서

---

6 주지하다시피 교직은 여성들이 가장 많이 진출하는 직업 분야다. 그럼에도 학교권력은 여전히 남자 교원들이 독차지하고 있다.

도 미묘한 서열 투쟁이 발생한다. 그 발화점이 여교사와 남학생 사이가 되는 것이다. 여교사도 교사다. 아무리 말단이라도 그렇다. 그러므로 여교사를 제압하거나 조롱할 수 있다면 급우들 사이에서 '교사도 함부로 대하지 못하는 놈', 혹은 '교사도 제 마음대로 대하는 놈'이라는 상징 권력을 얻게 된다. 다른 학생들과의 서열 투쟁에서 그것이 갖는 효과와 가치는 결코 작지 않다.

여교사가 학생들에게 피해를 입거나 수치를 당하면 교육 당국은 교권을 침해당했다며 목소리를 높인다. 이것은 매우 간악한 일이다. 왜냐하면 이런 주장을 통해 이득을 보는 것은 여교사가 아니기 때문이다. 이를 통해 더 큰 권력을 획득하는 것은 교육(행정)권력을 독점하고 있는 남자관료들이다. 이들은 결코 여교사 편이 아니다. 그것은 툭하면 터져 나오는 여교사를 상대로 한 (남자관료들의) 권력형 성폭력 사건들이 반증한다. 고위 교육관료들은 힘없는 여교사를 억압당하는 학생들 앞에 총알받이로 세워 자신들의 이득을 추구한다.

아이들이 서열 투쟁에 목숨을 거는 이유

학교생활에서 가장 중요한 것은 '서열'이다. '서열에서 내가 어떤 위치를 차지하느냐'에 따라 학교생활이 크게 달라진다.[7] 교원들은

---

7   학교의 서열 구조와 문화는 학생들이 만든 것이 아니다. 그것은 사회의 최고권력자들이 만든 것이다. 그런 만큼 학생들의 서열 투쟁은 '주어진 조건 속에서의 분투'라고 말할 수 있다. '학교'라는 사회가 강요하는 압력에 의한 것이다. 그런 점에서 학생들의 서열 투쟁과 그로 인한 폭행 사건들은 '일탈 행위'가 아니다. 오히려 '제도적 결과'라고 할 수 있다.

직위와 연공서열, 정규직 여부에 따라 서열이 안정적으로 고정되어 있다. 그러나 학생들은 원칙적으로 다 똑같은 신분이고, 다 같은 또래이다. 학생들의 서열은 정해진 직위에 따른 것이 아닌 만큼, 한번 정해졌다고 해서 고정된 형태를 보이는 것도 아니다. 그 지위는 언제라도 다른 또래들의 도전에 직면할 수 있다. 그만큼 학생들의 서열 투쟁은 더욱 격렬한 양상을 띠게 된다. 서열을 둘러싼 경쟁과 갈등은 학생들의 일상을 지배하는 암묵적 기류이다.

윤성현 감독의 〈파수꾼〉이라는 영화가 있다. 학생들 사이에 '진정한 우정'이 존재할 수 있는가를 묻는 영화다. 곽경택 감독의 〈친구〉도 같은 주제를 다룬다. 영화 〈친구〉의 시대적 배경은 1970년대이고, 영화 〈파수꾼〉의 시대적 배경은 현재이다. 시대적 배경이 많이 다르다. 그럼에도 두 영화에서 공통적으로 등장하는 대사가 있다. "너 많이 컸다?" 친구들끼리 함께 잘 놀고 잘 지내다가도, 어느 순간 미묘한 적대적 긴장감이 형성되면서 이런 말이 불쑥불쑥 튀어나온다.

이 말은 '어, 이 놈이 평소 잘해줬더니(같이 놀아줬더니) 감히 나한테 기어오르네?' 하는 의미다. 매우 권위주의적인 말로, 상하관계에서나 나올 수 있다. 이 말은 아무리 친구 사이라도 서열보다 중요하지 않다는 뜻을 내포한다. 그 서열 관계를 흐트러뜨리는 것은 용납할 수 없다. 나의 서열 지위에 도전하는 것은 용납할 수 없다. 그것은 시시때때로 '시정해줘야' 하는 잘못이다. 본래 친구는 평등하고 친밀한 관계를 전제로 한다. 그런데 또래사회를 규정하는 것은 서열이다. 청소년들은 학교가 만들어놓은 서열화의 압력에 굴복하고, 그에 기반해 교우 관계를 형성한다. 여기에 비극이 있다.

오늘날 청소년들에게 '진정한 우정'이란 존재하기 힘들다. 함께 놀기 위해 필요한 것은 평등과 친밀함이지만, 서열 관계가 요구하는 것은 불평등과 거리감이기 때문이다. 아이들의 관계는 '서열 관계를 전제로 한 우정'이라는 모순 속에서 언제든지 뒤틀리고 어긋날 수 있다. 친한 친구라고 생각했던 아이가 어느 날 "내가 네 친구(같은 서열)로 보이냐?"는 식의 말을 하는 당혹스러운 사태가 얼마든지 예사로 발생한다. 함께 어울려 논다는 점에서는 친구지만, 평등한 관계를 용납하지 않는다는 점에서는 친구가 아닌 관계. 이런 분열적 모습이 청소년 교우 관계의 현주소다.

청소년의 서열 투쟁이 가장 격렬하게 전개되는 때는 상급학교로 진학한 직후이다. 일반적으로 학생들은 25퍼센트의 찌질이 계급, 50퍼센트의 중간 계급, 25퍼센트의 일진 계급으로 나뉜다. 이때 서열다툼에서 밀리면, 졸업할 때까지 학교생활이 피곤해지는 경우가 많다. 졸업하면 끝날까? 아니다. 초중고 생활은 지역에서 이루어진다. 학년이 올라가면 반 친구들이 바뀌고, 상급학교에 진학하면 또 새로운 친구들을 알게 된다. 그에 따라 아이들이 알게 되는 지역 내의 또래들과 선후배들이 많아지게 된다. 그런 까닭에 서열의 영향은 반 내부에 국한되지 않는다. 서열은 넓게는 지역 전체 청소년 사회에서 의미를 갖는다.

예를 들어 학교의 주먹 짱은 그 학교의 웬만한 학생들은 거의 다 알 뿐 아니라, 다른 학교 학생들에게까지도 소문이 난다. 외모 서열도 마찬가지다. 미모가 뛰어난 여학생에 대한 소문은 지역 내 많은 학생에게 퍼진다. 소위 '잘 나가는' 아이들에 대한 소문만 퍼지는 것도 아니다. '쟤가 어디 학교 왕따래' 하는 식의 밑바닥 서열을 차지하는 아이들의 소문도 퍼진다. 요즘에는 SNS를 통해 훨씬 더 쉽고 빠르게 소문이 퍼진다. 그런 까닭에 한번 '찐따' 취급당한 아이는 학년이 바뀌고 상급학교에 진학해도 계속 같은 취급을 당할 확률이 높다. 길게는 초중고 12년 동안 이런 취급을 당할 수도 있는 것이다. 아이들에게 서열 투쟁이 중요할 수밖에 없는 이유다.

청소년의 서열 문화와 성폭력

2008년 대구의 한 초등학교에서는 깜짝 놀랄 만한 사건이 있었다. 5~6학년 남학생들이 3~4학년 남녀 학생들을 대상으로 집단성폭행과 성추행, 성적 괴롭힘, 성폭력 강요 등 갖가지 성폭력을 저지른 것이다. 이에 관련된 가해·피해학생의 수가 100명이 넘었다. 성폭력이 벌어진 장소는 학교 정원과 테니스장, 놀이터, 부모가 없는 집 등이었다. 성폭력은 주로 남학생들 사이에서 일어났지만, 여학생을 상대로 한 집단성폭행도 여러 차례 있었다. 고학년 남학생이 저학년 남학생을 상대로 구강·항문성교까지 강요했고, 심지어 여학생을 포함해 50여 명의 학생이 지켜보는 가운데 성행위를 한 사례도 있었던 것으로 알려졌다.

이 사건이 터지자 언론은 주로 '음란물의 영향'에 초점을 맞추어 보도했다. 가해학생들이 음란물에 중독된 결과라는 주장이었다. 이러한 시각을 '음란물 프레임'이라 하자. 또 다른 관점으로는 '철부지 프레임'이 있었다. 철없는 어린아이들이 벌인 철없는 장난이라는 시각이다. 이 두 프레임은 어느 정도는 사실이다. 가해학생들이 음란물에 노출되어 있는 경우가 많고, 사건은 '음란물 따라 하기' 형태를 띤다. '철부지 프레임'도 마찬가지다. 실제로 가해학생들에게 '왜 그랬느냐?'고 물으면, 가장 많이 나오는 이야기가 '장난으로 그랬어요', '그냥 재미로 그랬어요'다.

그럼에도 '음란물'과 '어린 나이'에 모든 혐의를 덮어씌워서는 안된다. 왜 그런가? 막말로 요즘 학생들 중에 음란물에 노출되지 않은 학생이 얼마나 된다고 생각하는가? '거의 없다'가 정답이다. 정도의 차이는 있겠지만 대부분의 청소년들은 일상적으로 음란물을 접하고 산다. 청소년들이 음란물을 자주 보는 가장 큰 이유는? 마땅한 놀이문화가 없기 때문이다. 우리나라 청소년들은 입시체제에 갇혀 놀 시간도, 놀 공간도, 놀 상대도 없다.

고교 서열화로 입시 스트레스는 초등학생들에게까지 내려간 상태이다. 그러나 아이들이 스트레스를 풀 만한 놀이는 사실상 전무하다. 가장 손쉬운 놀이는 언제 어디서나 접속할 수 있는 인터넷과 SNS이고, 그런 공간에 넘쳐나는 것이 음란물이다. 그렇게 보면, 설사 음란물에 탐닉하는 청소년이 있다 해도 그것은 청소년의 놀이문화를 사막화해버린 교육 당국에게 가장 큰 책임이 있다 할 것이다. 그런데도 교육 당국은 이런 일이 생길 때마다 오히려 처벌자, 심판자의 모습을 하고 나타난다. 언론도 교육 당국과는 무관한 것으로 선을 긋고, 청소년 성범죄가 발생하면 '음란물 프레임'을 대중에게 들이민다.

'철부지 프레임'도 마찬가지다. 물론 아이들은 어리다. 그러나 어리다고 다 이런 식으로 노는 것은 아니다. 아이들이 이런 방식으로 노는 현상은 예전부터 있었던 일이 아니다. 그것은 명백한 우리 시대의 특징이다.[8] 그리고 이러한 현상을 만든 가장 큰 주범은 폭력적인 교육 시스템과 교육문화다. '아이들이니 그럴 수도 있다'는 시각을 통해 면죄부를 받는 것은 가해학생만이 아니다. 면죄부를 받는 더 큰 주범은 따로 있다. 바로 교육 당국이다.

청소년 성범죄의 특징 중 하나는 '집단화'다. '2005년 대검찰청 범죄분석'에 따르면 청소년 성범죄자의 집단성폭행 경향이 어른보다 강하다. 성인 강간범의 경우 70퍼센트가 단독범행을 저지른 반면 십대 강간범의 경우 50.7퍼센트가 공범이 있었다.[9] 청소년 집단 성범죄에 대한 뉴스가 나오면, 사람들이 가장 먼저 떠올리는 것은 '음란함'이다. 언론도 이런 뉴스를 좋아한다. 선정적으로 기사를 쓸 수 있기 때문이다. 그러나 청소년의 집단 성폭력은 단순한 성적 욕망이나 음란함 때문이 아니다. 단지 성적 욕구 해소가 목적이라면 이렇게 집단적인 형태를 띨 이유는 없을 것이다.

청소년 성범죄가 집단화하는 데는 우선 성범죄가 '놀이'로 인식되고 있기 때문이다. 청소년문화에서 성폭력과 놀이의 경계는 붕괴했다. 청소년들은 '왕 게임'을 하면서 옷을 벗게 하거나, 휴대전화 · 디지털카메라로 치마 속을 찍어 돌려보거나, 엉덩이 · 가슴을 만지면

---

8 청소년 성범죄의 특징 중 하나는 '저(低)연령화'다. 나는 이것이 입시 스트레스에 시달리는 연령이 더욱 낮아진 것과 관련이 있다고 본다. 특히 이명박 정부 시절 도입된 '고교 서열화 정책'이 결정적인 영향을 미쳤다고 본다.

9 전예현, 「청소년 강간범 2명중 1명은 집단성폭행」, 『내일신문』, 2007년 4월 27일.

서 놀리는 것은 물론 집단으로 성폭행하는 것까지도 놀이로 생각하는 경우가 많다. 엄밀하게 말하자면 성性 자체가 주요한 놀이문화적 요소로 부상한 것인데,[10] 그것이 청소년들의 폭력적 정서와 결합하면서 성추행이나 성희롱, 나아가 강간까지도 놀이 형태로 미끄러져 들어간다.

그러나 성범죄가 집단화하는 더 큰 이유는 따로 있다. 그것은 청소년의 서열 문화다. 예를 들어 일진 아이들이 여학생을 집단성폭행한다면, 그들은 함께 범죄를 저지르고 있다는 생각보다는 그것을 통해 자기 그룹의 결속을 다지고 있다는 생각을 더 많이 한다. 공범의식을 통해 자기 그룹에 대한 소속감이나 연대감이 높아진다고 여기는 것이다. 또 하나는 성폭력이 서열 확인 기능을 하기 때문이다. 집단성폭행에 가담하는 것은 피해학생에게 '너는 내 아래다'라는 것을 확인시켜주는 수단일 뿐 아니라, 공범들에게 '나도 이 정도 폭력은 아무렇지도 않게 행사할 수 있다'는 존재감을 드러내는 수단으로 작용한다. 공범들 사이에서도 일정한 서열이 존재하는데, 그러한 담대함(?)을 보여줌으로써 자기 서열을 유지하는 것이다.

대구 초등학교 성폭력 사건에서도 핵심은 서열 문화였다. 언론 보도에 따르면 고학년 가해자는 소수였지만, 저학년 가해·피해자들은 아래로 내려갈수록 많아지는 피라미드 구조였다. 고학년 남학생들은 음란물에서 나오는 성폭력을 저학년 남학생들에게 강요했고, 성폭력을 당한 저학년 학생들 가운데 일부로 하여금 또래 학생들에

---

10 이러한 현상이 생긴 데에는 음란물의 영향 뿐 아니라 선정적인 대중문화의 영향도 크다.

게 같은 행위를 하도록 강요했다. 그리고 그것을 거부하는 학생들에게는 폭력을 휘둘렀다.[11] 이렇게 연쇄적 하향 폭력의 성격을 띠면서 성폭력은 하나의 문화가 되어 아이들에게 확산되었다.

집단 성폭력의 강한 유인誘因으로 작용하는 것은 청소년의 서열 문화와 그 서열 문화가 갖는 폭력성이다. 그리고 청소년의 서열 문화를 만든 것은 학교의 서열 문화다. 교장으로부터 순차적으로 내려오는 관료적 서열 체계, 가부장적 상명하복 문화, 청소년에 대한 학교의 위계적 통제관리, 약자에 대한 일상적인 차별과 하향 폭력, 청소년들을 한 줄로 세우는 입시체제가 청소년 서열 문화 형성의 주범이다. 청소년들은 학교에서 서열 관계에 따른 하향 폭력을 일상적으로 배우고, 그것을 하나의 문화로 받아들인다. 성폭력도 이러한 서열 폭력의 일환으로 이해해야 한다.

11 박주희, 「'초등교 집단 성폭력' 음란물 흉내 놀이처럼 번져」, 『한겨레』, 2008년 4월 30일.

8

학교, 성범죄의 온상 ③
학생 간 성폭력

학교 폭력의 범주

'학교 폭력' 하면 누구와 누구 간의 폭력이 떠오르는가? 아마 '학생 간 폭력'이 떠오를 것이다. 이런 생각이 드는 것은 순전히 정부와 언론 때문이다. 그동안 정부와 언론이 '학생들 사이에서 발생하는 폭력'만을 '학교 폭력'으로 지칭하며 써왔기 때문이다. 사태의 본질을 은폐하는 기만적인 용법이 아닐 수 없다. 학교 당국은 더 심하다. '학내에서 발생한' 학생 간 폭력만을 '학교 폭력'으로 본다. '학교 폭력 예방 및 대책에 관한 법률' 제2조에도 "학교 내외에서" 학생을 대상으로 발생한 폭력을 '학교 폭력'으로 정의하고 있음에도 그렇다. 학교가 이러는 이유는? 자신의 책임 범위를 최소화하려는 것이다.

학교에서의 폭력은 학생 간에만 발생하는 것이 아니다. 교원 간에도 발생하고, 교사와 학생 사이에도 발생한다. 말의 문제는 중요하다. 말이 바로 서지 않으면, 사태가 제대로 인식이 안 된다. '학교 폭력'이라는 말이 실태를 반영하려면, '학교에서의 폭력'이라는 장소 중심적 의미보다는 '학교 구성원 간의 폭력'이라는 관계 중심적 의미로 쓰여야 한다. 학교 구성원들 사이에서 발생하는 폭력이면 학교 내에서 발생한 것이든, 학교 밖에서 발생한 것이든, 모두 '학교 폭력'이라 불러야 한다. 학교의 위계질서와 문화가 학교 안에서뿐만 아니라 학교 밖에서도 고스란히 작동되고, 그 결과로 폭력 사태가 발생하기 때문이다.

학생 간 성폭력을 포함해 학교 구성원들 사이에서 발생하는 성폭력 사건들은 기본적으로 학교의 서열 문화에 기반한 '권력형 범죄'다. 성폭행도 마찬가지다. 강자가 약자의 성을 유린하는 것은 자랑스러우면 자랑스러웠지, 부끄러운 일이 아니다. 자신이 높은 서열에 있음을 확인시켜주는 일이기 때문이다. 서열 경쟁을 통해 윗사람에게 인정받기 쉬운, 소수의 성적 좋고 집안 좋은 학생들은 더 위로 올라가려는 '상향 투쟁'을 지속한다. 그러나 그렇지 못한 학생들은 약자를 짓밟고 괴롭히는 '하향 투쟁'을 통해 자신의 지위를 확보하고자 한다.[1] 학생 간 성폭력 역시 그 연장선상에서 발생한다.

학교의 서열 문화 속에서 강자가 약자를 지배하는 것은 당연하다. 자기보다 서열이 낮은 아이를 폭력적으로 대하는 것은 결코 이상한 일이 아니다. 그것은 강자의 권리다. 학교 폭력 사건에서 가해

---

1 물론 이것은 대체적인 양상이 그렇다는 것이지, 성적 좋고 집안 좋은 학생들이라고 해서 집단성폭행에 가담하지 않는다는 말은 아니다. 성적 좋고 집안 좋은 학생들도 얼마든지 성폭행에 가담할 수 있다.

학생들이 피해학생에게 흔히 내뱉는 말이 있다. "걔가 원래 좀 그랬어요." 피해학생에게 책임을 전가하는 말이다. 가해학생만 이런 이야기를 할까? 아니다. 사건을 목격한 학생이나 심지어 교사들도 이렇게 말한다. '좀 그런' 이유는 다양하다. 못생겼으니까, 뚱뚱하니까, '없어' 보이니까, '병신'이니까, '다문화'니까, '변태'니까, 인기가 없으니까, 이상하니까 등. 결론적으로 폭행을 당한 아이가 '당할 만해서 당했다', '당해도 싸다'는 것이다.[2]

이러한 논리가 "맞을 짓을 했으니 맞아야겠다"고 말하는 폭력적인 교사·부모·군대 고참의 논리와 똑 닮아있는 것은 우연이 아닐 것이다. "맞을 짓을 했으니 맞아야겠다"는 말은 그 자체로 어불성설이다. 세상에 맞을 짓이라는 게 어디 있는가. 설사 학생이 잘못이나 실수를 했다 해도 그것은 가르쳐야 할 일이지 때려야 할 일은 아니다. 그리고 앞서 여러 번 말했듯, 폭행을 당해야 할 이유라는 것이 어이없을 정도로 자의적이다. 더 큰 문제는 사소한 것을 빌미로 폭력의 강도가 (성폭행까지 포함해) 무한대로 높아질 수 있다는 점에 있다.

가해학생에게 죄책감이 없는 이유

학생 간 성폭력 사건을 언론에서 접할 때, 사람들이 가장 놀라는 것 중 하나는 가해학생들에게서 도무지 죄책감을 발견하기 힘들다는 것이다. '어떻게 저럴 수 있지?' 싶을 정도로 죄책감이 없다.

---

2   배경내 외, 『그리고 학교는 무사했다』(교육공동체벗, 2013), 69~76쪽.

2007년 경기도 가평의 한 중학교에서 남학생 6명이 여학생을 집단 성폭행한 사건이 있었다. 이 사건에서도 그랬다. 경찰이 "징역 3년을 받는 범죄"라고, 아버지가 "세상에서 제일 나쁜 짓"이라고 꾸짖자 가해학생들은 비로소 자신이 한 행동의 심각성을 인지했다고 한다.[3] 가해학생들은 경찰에서 조사를 시작하고, 피해자 부모가 와서 울부짖고, 기자가 몰려와야 비로소 사태의 심각성을 깨닫는 경우가 많다.

언론이 주로 지적하는 원인은 무지, 즉 '학생들이 성폭력이 무엇인지 몰라서 그렇다'는 것이다. 그러면서 대개는 올바른 성교육이 절실하다고 결론을 내린다. 물론 올바른 성교육은 필요하다. 그러나 위 사건의 경우 중학교 3학년 학생들 사이에서 벌어진 일이었다. 중학교 3학년이 성폭력이 무엇인지 모른다는 것도 정상은 아니지만, 진짜 모른다 하더라도 그것이 죄책감 없음에 대한 알리바이가 되기는 힘들다. 왜냐하면 그것은 '무지'의 문제 이전에 '폭력에 대한 감수성'의 문제이기 때문이다.

성폭행은 상대방의 의도와 저항을 무시하고 내 마음대로 상대방의 몸을 유린하는 행위이다. 그것은 폭력에 대한 감수성이 조금만 있어도 인지가 가능한 일이다. 그런데 이런 범죄를 저지르고도 양심의 가책이 전혀 없다는 것은 심각하게 비정상적이다. 더구나 옳고 그름이 무엇인지를 배운 학생들에게서 이런 문제가 나타난다는 것은 상식적으로 납득하기 힘들다. 그렇다면 학생들이 '학교에서 옳고

---

3 신윤동욱, 「몰라서 더 위험한 아동의 성폭력」, 『한겨레21』 제709호(2008년 5월 8일).

그름이 무엇인지를 배움에도' 그런 행동을 하는 것이 아니라, 오히려 '학교를 다니기 때문에', 즉 학교가 학생들의 도덕적 감수성을 갉아먹었기 때문에 생겨난 현상이라고 봐야 하지 않을까?

가해학생들은 흔히 피해 여학생을 '따먹었다'고 표현한다.[4] 이런 말은 가해자들의 범죄의식을 희석시킨다. 성폭행을 성취의 의미로 치환함으로써 폭력에 대한 감수성을 무디게 만든다. 이 말의 뉘앙스는 이것이다. 성폭행은 온라인 전투게임에서 점수를 획득하듯, 남자로서 일정한 성과를 올린 것이다. '따먹었다'는 표현에서 중요한 것은 성관계에 본래 내포되어 있는 '상호 존중과 애정에 기초한, 인간적인 관계 맺음'이 아니다. 중요한 것은 숫자다. 몇 명을, 몇 번이나 '따먹었느냐' 하는 것이다. 이것이 수단과 방법을 가리지 않고, 과정이야 어땠든지 간에 '점수만 많이 따면 그만'이라는 입시제도의 논리와 닮아있는 것은 우연일까?

학교 공부에서는 배운 지식이 무엇을 의미하는지, 나와 우리 사회에 어떤 도움이 되는지는 중요하지 않다. 학교 공부에서 중요한 것은 오로지 숫자다. 내가 몇 점을 맞았고, 몇 등을 했느냐다. 학교 공부가 거의 완벽한 '자기 소외의 공부'이듯이, '따먹었다'는 것으로 표현되는 성폭행도 완벽한 '자기 소외의 섹스'이다. 보통 학생들이 '점수 따기' 경쟁을 하듯, 일부 남학생들은 '얼마나 많이 따먹었느냐'를 두고 경쟁한다. 많이 따먹을수록 또래 남학생들 사이에서 '대

---

4   이런 말이 남자들 사이에서 일상적으로 쓰인다는 것은 우리 사회가 얼마나 폭력적이며, 남근 중심의 마초적 이데올로기에 물들어 있는지를 여실히 보여준다.

단한 놈'으로 인정받는다. 시험공부가 학교생활의 '내전內傳'이라면 학생 간 성폭행 사건은 그 '외전外傳'이라 해도 좋을 것 같다. 성취 지향적 논리가 서로 같다.

청소년들에게 성폭행은 범죄가 아니라 놀이다. 그 일이 어른들에게 알려지면 혼날, 다소 위험하지만 자극적인 쾌락을 동반하는 놀이다. 위험하고 자극적이어서 오히려 스릴 있고, 더 재미있다. 놀이에 죄책감이 있을 리 없다. 윤리적 진지함도 있을 리 없다. 학생 간 성폭행 사건이 주로 집단적으로 이루어지는 것도 놀이와 관련이 있다. 놀이는 자고로 혼자 하는 것보다는 여럿이 해야 더 재미있다. 심지어 가해학생들은 저항하는 피해자와 실랑이하며 무력화시키고, 성폭행을 완료하는 과정까지도 놀이라고 생각한다.

집단성폭행은 주로 포르노를 따라 하는 형태로 진행된다. 우리나라 남학생들은 대부분 포르노를 통해 처음으로 성적인 지식을 접한다. 우리나라 남학생들의 성교육 교사는 포르노라고 해도 과언이 아니다. 가해학생들 역시 이를 통해 왜곡된 성의식을 갖고 있는 경우가 많다. 가장 문제가 되는 것이 여성의 '노No'를 '노'라고 받아들이지 않고 '예스Yes'로 받아들인다는 것이다. 피해자가 아무리 거부 의사를 강하게 비쳐도 가해자들은 그것을 '앙탈 부리는 것'쯤으로 오해하거나, 좀 더 폭행을 당하다보면 상대방도 기분이 좋아질 것이라고 믿는다. 심지어 피해자가 고통에 신음하는 것도 교성으로 오해한다.

현장에서 일하는 사람들의 이야기를 들어보자. 서울 영등포중학교 이혜란 보건교사는 "아이들을 상담하다보면 성폭력으로 붙잡혀 온 아이들이 '쟤(피해자)도 즐겼어요'라는 식으로 말하는 경우가 있다"며 "성행위를 담은 동영상 등을 자주 접한 아이들은 피해자가 겪을 고통을 모르고, 자신이 느낀 것을 상대방도 느꼈을 거라고 착각하는 경향이 있다"고 지적했다.[5] 가해학생들 중에는 폭행 도중 피해 여학생에게 "좋으면서 싫은 척하지 말라"고 반복적으로 말하는 경우도 있다.[6] 이렇게 왜곡된 성의식을 갖고 있는 가해자들에게 죄책감이 있을 리 없다.

가해학생들에게 죄책감이 없는 또 다른 이유는 집단성폭행이 말 그대로 '집단적 행위'이기 때문이다. 서울 여성의전화 부설 서울성폭력상담센터 문채수연 센터장은 "집단성폭행을 하면 죄의식도 n분의 1로 나누어 가지지 않겠느냐"고 말했다.[7] 여럿이 범행을 저질렀다는 점도 죄책감을 덜어주는 것이다.

개인이 조심하면 성폭행 안 당한다고?

가평 성폭행 사건 이야기를 좀 더 해보자. 사건의 시작은 이랬다. 사건의 주동자인 ㄱ군은 같은 반인 ㅇ양이 친구의 부모님을 험담했다며 같이 어울리는 친구들에게 혼내주자고 제안했다. 그들은 ㅇ양이 여학생이니 '남학생과 다른 방법으로' 벌주자고 했고, 다른 학생

---

5   김기성 · 김기태, 「동급생 성폭행 학교안에서까지…」, 『한겨레』, 2007년 3월 28일.

6   전예현, 「청소년 강간범 2명중 1명은 집단성폭행」, 『내일신문』, 2007년 4월 27일. 오해에 기반한 가해학생들의 이런 증언은 사건을 성폭행이 아니라 화간으로 결론내리는 데 주요 요인으로 작용한다. 포르노가 사건 조사 결과에도 영향을 미치는 것이다.

7   신윤동욱, 앞의 기사.

들도 이에 동의했다. 남학생들은 ㅇ양에게 할 말이 있다며 학교 안 병설유치원 놀이터로 불러내 처음으로 집단성추행을 했다. 그 이후 이를 약점으로 삼아 학교 안(화장실, 샤워실, 야외 체험학습장, 무용실, 빈 교실 등)에서 여섯 차례에 걸쳐 집단성폭행을 저질렀다. 성폭행은 점심시간에 이루어지기도 했고, 혁대와 막대기를 이용해 야동에나 나올 법한 상황을 연출하며 이루어지기도 했다.

놀라운 것은 가해학생들과 피해학생이 친구 사이였다는 점이다. 이 학교는 시골에 있어서 한 학년이 29명밖에 되지 않았다. 가해학생들과 ㅇ양도 3년을 내리 같은 반에서 수업한 친구 사이였다. 사건이 불거진 후 ㅇ양이 울음을 터뜨리면서 "어떻게 너희들이 나에게 이럴 수 있느냐"고 말한 것도 이들이 친구 사이였기 때문이다. 이에 가해학생들은 반성은커녕 "우는 여자는 딱 질색"이라고 차갑게 말하기는 했지만,[8] ㅇ양이 딱히 범죄의 표적이 되어야 할 이유도 없었다. '친구의 부모님을 험담했다'는 것도 빌미에 불과했다. 설사 험담을 했다 해도 그것이 성폭행당해야 할 이유가 될 수 없지만, 그마저도 빌미에 불과했다는 것이 경찰 조사에서 드러났다.

경찰 조사에서 '왜 ㅇ양을 폭행 대상으로 삼았느냐'는 질문에 가해학생들이 답한 말은 친구 부모님 험담에 대한 것이 아니었다. "(ㅇ양이) 온순한 성격이어서 별다른 저항이 없을 것 같았"기 때문이라는 것이다. 종합해보면, 주동자 ㄱ군은 야동에서 본 것을 (놀이삼아) 해보고 싶었던 것 같다. 그리고 그 대상으로 '만만해 보이는'

---

8 이진한, 「음란물 무차별 노출… '위험한 호기심'에 내몰리고」, 『동아일보』, 2007년 4월 14일.

○양을 찍었다. 만만해 보인 이유가 '온순한 성격'이라니. 어처구니 없지만, 이것이 현실이다. 청소년들 사이에서는 이렇게 친구가 성폭력 가해자로 돌변하는 일이 흔하다.

또 다른 예를 보자. 2015년 초, 경기도의 한 고등학교 3학년들 사이에서 발생한 성폭행 미수 사건이다. 피해자 A양과 가해자 B, C군은 절친한 친구였다. 사건 당일에도 A양은 여자친구와 헤어진 B군을 위로하기 위해 만난 것이었다. 그러나 B와 C군은 A양을 만나기 전, SNS를 통해 성폭행을 모의했다. 두 사람은 "수면제를 먹이자"는 등 범행 방법까지 의견을 주고받은 것으로 알려졌다. 성폭행을 당하기 전, 성추행 단계에서 위험을 인지한 A양이 현장을 빠져나와 최악의 상황을 모면할 수 있었지만, '믿었던 친구'에게 이런 일을 당한 A양은 큰 충격에 빠진 것으로 전해졌다.[9]

2004년 세간을 떠들썩하게 했던 밀양 여중생 집단성폭행 사건은 또 어떤가. 이 사건은 직접적인 가해자로 지목되어 경찰에서 조사받은 학생만 40여 명이고, 수사선상에 올랐지만 조사가 흐지부지된 용의자 70여 명이 더 있는 엄청난 규모의 사건이었다. 사건은 피해자인 J양(당시 14세, 울산 거주)의 여동생(당시 13세)이 전화번호를 잘못 누른 것으로 시작되었다. J양은 이를 계기로 고3인 김 군(당시 17세, 밀양 거주)을 알게 되었다. 이후 김 군은 "한번 만나자"며 J양을 밀양으로 유인해, 한 여인숙에서 고교 선후배 12명과 집단으로 성폭행했다. 그리고 그 장면을 휴대전화와 캠코더로 촬영했다.

9   임재성, "성폭력 피해자와 가해자의 이상한 동거", 〈KBS 뉴스〉, KBS, 2015년 2월 8일.

그 이후의 성폭행은 일사천리였다. 동영상을 인터넷에 올리고 학교에도 알리겠다고 협박하면 그만이었다. 그런 식으로 협박해 1년간 상습적으로 윤간했다. 가해학생들은 J양을 협박해 여동생과 사촌언니(당시 16세)도 유인했다. 여동생과 사촌언니는 폭행과 금품 갈취를 당하는 선에서 그쳤지만, 얼마든지 함께 성폭행당할 수 있는 상황이었다. 사람이 전화를 잘못 거는 것은 흔히 있는 일이다. 그런데 이런 일이 J양에게는 윤간이라는 끔찍한 재앙이 되었다. 청소년들 사이에서는 이렇듯 계기라고 볼 수도 없을 법한 일이 아무렇지도 않게 (성)폭력 피해의 계기로 작용한다.

다행이 여동생과 사촌언니는 성폭행을 당하지 않았다. 그러나 그것은 운이 좋았을 뿐, 얼마든지 성폭행을 당할 수 있는 상황에 있었다. 만약 성폭행을 당했다면, 그 계기는 단지 J양의 여동생이고 사촌언니였다는 관계 그 자체일 것이다. 그 관계는 친구가 될 수도 있다. 친구가 만나자고 해서 불려나갔는데, 그 친구가 아는 남학생들에게 성폭행을 당할 수도 있는 것이다. 혹은 가출한 절친을 보호할 요량으로 잠시 동반가출했다가 성폭행을 당할 수도 있다. 그럴 경우는 우정이나 의리가 성범죄 피해의 계기가 되는 셈이다.

이렇듯 사소한 일, 어찌 보면 사건의 계기라고 볼 수도 없는 성격의 일상적인 일이 성범죄 피해로 이어진다. 그것은 피해자 개인의 잘못 때문이 아니라, 청소년을 둘러싼 환경과 조건이 문제라는 것을 말해준다. 그 조건은 청소년들이 만들어놓은 것이 아니다. 기성세대와 국가권력이 만들어놓은 것이다.

지역 남학생들의 성노예가 된 피해자

밀양은 인구 11만의 조그만 도시이다. 그런 소도시에서 100명이 넘는 학생이 사건에 연루되었다. 이 정도면, 피해 여학생은 이 지역에서 웬만큼 논다는 남학생들의 공창公娼 혹은 성노예 취급을 당했다고 봐도 되지 않을까 싶다. 우리는 2차대전 시기, 일본 제국주의 군대에 유린당한 일본군 위안부 문제에 대해 지금까지도 공식 사과를 촉구하고 있다. 어떤 측면에서는 밀양 여중생 성폭행 사건도 이와 비슷한 것으로 볼 수 있지 않을까?

2007년 경기도 부천에서 발생한 집단성폭행 사건도 그랬다. 한 번의 성폭행 피해가 연쇄적인 피해로 귀결되었다. 이 사건은 부천공고 남학생 30여 명이 이웃 여학교 여고생을 10개월간 집단으로 성폭행한 사건이다. 사건을 폭로한 피해 여학생의 친구 B양에 따르면, 피해 여학생 A양(당시 19세)은 인터넷을 통해 S군(당시 18세)을 만났다. 그리고 S군에게 처음으로 성폭행을 당했다. 그 후 S군은 A양의 '신고를 막기 위해' 자신의 친구들을 끌어들여 집단성폭행했다. 가해학생들은 자신이 아는 친구를 새로 가담시켰고, 그에 따라 가해자의 수는 자꾸 늘었다. B양에 따르면 S군 등은 A양을 '부평걸(아마 부평에 산다고 이렇게 부른 것 같다)'이라 부르며, 같은 반 학생들에게 "부평걸이 친구 여러 명 데려와도 다 받아주고, 피가 나도 다음에 해주겠다고 약속했다"면서 자랑하고 다녔다.[10]

'부평걸'이라는 호칭 속에서 여학생의 인격은 무화된다. 사람을

---

10 김보미, 「남학생 30명, 한 여고생 100회 이상 성폭행」, 『브레이크뉴스』, 2007년 11월 23일.

성적 대상으로만 취급한다는 점에서 일종의 낙인이다. 이런 낙인은 교우 관계에도 영향을 미친다. '누가 부평걸이라더라' 하는 소문을 들은 학생들은 차별과 혐오의 눈으로 피해자를 쳐다보게 된다. 심지어 친구였던 아이들도 피해자를 멀리할 수 있다. 피해자와 가까이 하면 자신도 피해를 입지 않을까, 혹은 나도 같은 부류(걸레)로 취급받지 않을까 싶어 꺼릴 수 있기 때문이다. 만에 하나 친구의 부모가 이런 소문을 듣게 된다면? 그 부모도 자식에게 '저런 애랑은 어울려 다니지 말라'고 할 것이다. 성폭행 피해를 당한 것도 억울한 일인데 이런 낙인을 찍는다. 그 낙인은 피해자를 더욱 고립시킨다.

S군의 말은 '부평걸과 하고 싶은 애들은 다 내게 말해라, 내가 하게 해주겠다'는 뉘앙스를 짙게 풍기고 있다. 직접적인 가해자가 30명에 이르는 것을 보면, 실제로 그렇게 한 것 같기도 하다. 만약 그랬다면, S군은 인심 좋은 포주 노릇을 한 셈이다. 아무런 대가도 받지 않고 여자를 대주는 포주 말이다. S군이 다녔던 부천공고는 남학생만 득실대는 남학교다. 이런 학교의 아이들이 S군의 말을 들었을 때, 어떤 반응을 보였을까? 그것은 범죄라고, 나쁜 짓이라고 했을까? 아마 기쁨의 괴성을 지르지 않았을까?

고등학생이면 한창 성에 관심이 많을 나이다. 야동이야 보았겠지만 대부분 '실전'을 경험해본 적은 없을 것이다. 그런데 S군 덕에 드디어 실전을 경험할 기회가 생긴 것이다. "이런 기특한 놈! 넌 멋진 놈이야!" 소리 지르며 엄지를 치켜세웠을지도 모르겠다. 그것이 오늘날 청소년들을 지배하는 정서다. 나는 앞서 "십대의 세계는 생각 이상으로 정글의 세계"라고 말했다. 정글의 이미지를 빌려 비유하면 이렇다. 피해 여학생은 이미 S군의 성폭행으로 상당한 내상을 입었다. 약육강식의 세계에 자비란 없다. S군은 '내가 이미 사냥해놓은 먹잇감이 저기 있다'고 또래 남학생들에게 알렸다. 그 소식을 들은 남학생들이 굶주린 하이에나처럼 몰려든다. 그리고 이미 깊은 상처를 입어 비틀거리는 피해자에게 덤벼들어 물어뜯는다.

S군이 자신의 범행을 자랑스레 떠벌리고, 피해자를 낙인찍고, 공범들을 모집한 데에는 또 다른 이유도 있다. 그렇게 하는 것이 또래 내 서열 투쟁, 인정 투쟁에서 유리하기 때문이다. 북서부 아메리카 원주민의 행사 중에 '포틀래치potlatch'라는 것이 있다. 그것은 재산(사냥감, 음식물 등)을 아낌없이 사람들에게 나누어줌으로써 자신의 지위를 높이는 축제다. S군의 행위는 포틀래치와 비슷하다. 처음에는 '신고를 막기 위해' 친구들을 동원해 집단성폭행을 했을지 모르지만, 나중에는 또래의 인정을 얻기 위해 그렇게 했을 것이다. S군의 의기양양함은 거기에 기인한다.

겹겹의 포위망과 2차 폭력

나는 앞서 학교의 폐쇄성에 대해 여러 번 지적했다. 성폭행 사건에서도 다시 한번 이를 지적하지 않을 수 없다. 일본군 위안부든 성매매 여성이든 일회성 성폭력이 아니라 지속적으로 성적 유린(착취)을 당하는 상황에는 공통점이 있다. 그것은 바로 '감금'이다. 그러나 감금의 효과는 반드시 손과 발을 묶어놓거나, 비좁은 공간에 가두어야만 발생하는 것은 아니다. 효과적으로 협박하고 감시할 수 있는 조건을 갖추거나, 다른 곳에서 다른 방식으로 살 수 있는 조건들이 사실상 차단되어 있다면, 다소 이동의 자유가 있다 해도 감금과 동일한 효과가 나타난다.

학생들은 기본적으로 학교를 벗어날 수 없다. 학교를 그만둔다는 것은 어지간해서는 힘든 일이다. 성폭행을 당했어도 그렇다. 심지어 가해자가 학교에 있어도 성폭행 피해자는 학교에 나와야 한다. 그럴 때, '창살 없는 감옥'인 학교는 성폭행 피해자를 '독 안의 쥐'로 만든다. 기본적으로는 이 메커니즘이 성폭행 피해를 확대시킨다. 학생들은 일반적으로 학교, 집, 학원 등을 다니는 시간과 경로가 일정하게 정해져 있다. 가해자가 피해자를 괴롭히거나 재차 폭행하려고 마음만 먹으면 그 동선을 파악하는 것은 일도 아니다. 피해자가 다니는 길목에서 기다렸다가 언제든 다시 (성)폭행하는 것이 가능하다.

우리는 영화나 드라마에서 가해자가 피해자를 협박하는 장면을 종종 본다. 효과적인 협박을 위해 가해자가 필요로 하는 것은 피해자의 개인정보다. 피해자의 이름, 나이, 집 주소, 직장 주소, 휴대전화 번호, 가족 관계 등 개인정보를 파악하게 되면 피해자를 협박하고 공포로 몰아넣는 일은 식은 죽 먹기다. 그냥 '내 말을 듣지 않으면 죽이겠다'고 하는 것과 '네 직장도 알고, 집이 어딘지도 알고 있으니, 시키는 대로 하지 않으면 찾아가 죽이겠다'고 하는 협박이 주는 공포의 강도는 비교가 안 된다. 개인정보가 완전히 노출될 때 피해자는 심리적으로 가해자에게 완전히 포위된 느낌을 받게 된다. 심리적 감금 상태에 놓이게 되는 것이다.

'학교'라는 공간은 어떤가? 아예 프라이버시가 존재하지 않는 공간이다. 학교에 다니다보면 누가 어디에 살고 그 부모가 무엇을 하는지, 웬만한 정보는 다 알게 된다. 개인정보는 또래 뿐 아니라 교사에 의해서도 일상적으로 공표된다. 심지어 불우한 가정형편 등 알리고 싶지 않은 정보까지 낱낱이 까발리는 곳이 학교다. 학교라는 공간은 애초부터 개인정보가 무차별적으로 공유되는 공간이다. 가해자가 같은 학교 학생인 경우는 물론, 다른 학교의 학생이라도 마음만 먹으면 언제라도 또래 네트워크를 통해 피해자나 범행 대상의 신상정보를 알아낼 수 있다.

경찰이나 학교가 말하는 '목격자'도 있는 그대로의 목격자가 아니다. 흔히 목격자는 사건과 아무런 관계가 없는 사람이 지나가다가 우연히 사건을 본 것을 말한다. 그러나 학교 폭력에서의 목격자는 대개 가해자, 피해자와 함께 학교생활(공동생활)을 하는 학생들이다. 그 학생들 역시 학교의 폭력 구조와 또래집단 내에서 권력을 갖고 있는 가해학생(그룹)의 영향력 아래 있다. 목격자들이 이해관계나 사심 없이 사건을 바라보는 위치에 있지 않다는 말이다. 목격자들은 대부분 자기 신변의 안전을 위해 폭력을 보고도 모른 척한다. 그럴 때 피해자는 목격자들 역시 폭력의 방조자로 느끼게 된다.

여기에 '사이버 (성)폭력'이 가세한다. 피해자는 휴대전화를 통해 언제든 협박, 통제, 감시당한다. 언제 어디서나 접속되는 유비쿼터스 환경은 피해자에게 자신을 포위하는 또 다른 그물망일 뿐이다. 거의 완전한 통제와 감시, 고립감. 그것이 피해자에게 주는 심리적 압박은 상상을 초월한다. 그 속에서 피해자는 가해자들이 오라면 오고 가라면 가면서 지속적으로 성폭행을 당하게 된다. 사건이 학교나 부모에게 알려지면 폭력적인 상황이 끝날까? 그렇지도 않다. 학교나 부모에게 알려져도 상황이 종료되지 않는다. 오히려 그 반대다. 그 다음부터 2차 폭력이 쓰나미처럼 몰려온다.

나는 앞서 경기도의 한 고등학교에서 고3 친구 간에 발생한 성폭행 미수 사건을 언급했다. 남학생 둘이 여학생에게 수면제를 먹여서 성폭행하자고 모의한 사건 말이다. 이 사건을 예로 들면, 학교는 사건을 인지한 후에도 가해자와 피해자를 격리하지 않았다. 성폭력 사건에서 가장 시급한 일이 '격리'라는 것은 상식에 속한다. 피해자가 가해자를 보는 것만으로도 심한 불안감을 느낄 수 있고, 교사나 부모에게 알렸다며 피해자에게 보복 폭행을 가할 위험도 있기 때문이다. 그러나 학교는 피해자를 위해 어떠한 실질적 보호 조치도 취하지 않았다.[11] 그 결과 피해 여학생은 졸업할 때까지 가해자와 함께 학교를 다니며 가혹한 심적 고통에 시달려야 했다. 피해 여고생의 상담 기록을 보자.

"(가해자인) B군과 부딪히는 것이 무섭고, 싫다. B군이 아무렇지도 않은 것을 보면 화가 난다. B군의 친구들이 B군을 봐주라고 한다. B군을 매일 보는 것이 너무 힘들다."

"밤만 되면 더 생각난다. 그날의 일들… SNS 내용… 다 생각난다. 친구들이 쑥덕거리는 것 같아 학교도 못가고 있다. 내가 죽으면 (가해자

---

11 학교는 가해자인 B군에게 '접근 금지' 명령을 내렸지만, 이는 요식행위에 불과했다. B군은 특별교육과 사회봉사 처분만 받고 말았다.

가) 반성하지 않을까…."[12]

결론적으로 말하면 교육 당국은 아무것도 하지 않는다. 요식행위에 불과한 몇 가지 조치만 취할 뿐이다. 피해자에 대한 사후 보호와 심리치료도, 가해자에 대한 적절한 처벌과 치유도,[13] 피해자에게 가해지는 2차 폭력인 낙인에 대한 관심과 대책 마련도, 아무것도 하지 않는다. 그 방조 속에서 학교 폭력은 끊임없이 재생산된다.

---

12 임재성, 앞의 방송 보도.

13 가해자도 크게 보면 학교 폭력의 피해자이므로 치유 받아야 할 대상이다. 이 조치가 피해자 치유 못지않게 중요하다.

9

가해자 대신 처벌되는 피해자들

폭력에 폭력으로 대응하는 교사들

나는 앞서 학생 간 (성)폭력 사건이 학교나 부모에게 알려져도 상황이 종료되기는커녕 2차 폭력이 쓰나미처럼 몰려온다고 썼다. 이런 견해는 일반적인 통념과 어긋난다. 일반적으로 학생들은 '무슨 문제가 생기면 어른들에게 말하라'고 종용받는데, 이 말 자체가 부모나 교사가 상황을 해결해줄 수 있음을 전제로 하기 때문이다. 그러나 현실은 다르다. 부모나 교사에게 말해도 상황이 개선되기는커녕, 오히려 그때부터 더 큰 고통에 직면하는 경우가 다반사다.

혹자는 이 말을 듣고 이렇게 반문할지 모르겠다. '그게 무슨 말인가? 그렇다면 무슨 문제가 생겨도 교사나 부모에게 알리지 말아야 한다는 말인가?'

나도 어떤 문제가 생기면 교사나 부모에게 말하는 것이, 말하지 않는 것보다는 일반적으로 낫다고 생각한다. 부모나 교사에게 말하지 않으면 폭력이 지속되어 피해자의 육체와 영혼을 파괴해버리고 말 것이기 때문이다. 요즘 아이들의 폭력은 싸움이 아니다. 괴롭힘이다. 싸움과 괴롭힘은 다르다. 싸움은 일회성이지만, 괴롭힘은 지속적으로 집요하게 이루어진다. 게다가 괴롭힘은 강자가 일방적으로 약자에게 행하는 것이다.

성폭행 사건처럼 심각한 사건이 일단 발생하고 나면 최선의 해결책이란 존재하지 않는다. 굳이 말하자면, 최악最惡과 차악次惡 중 무엇을 선택하느냐만 남아있을 뿐이다. 그러나 피해 사실을 말한다 해도 최악의 상황을 피하게 해준다는 보장은 없다. 그렇게 해도 사태는 얼마든지 최악으로 치달을 수 있다. 그럼에도 부모나 교사에게 알리는 것이 낫다고 한 것은, 일단은 폭력의 흐름을 변화시켜 그나마 최악의 상황을 피할 가능성이 조금이라도 생기기 때문이다. 현실은 그 정도로 참혹하다.

학교 폭력 문제를 다룬 『그리고 학교는 무사했다』에는 '현철'이라는 고2 남학생을 인터뷰한 내용이 나온다.[1] 이 학생의 경험은 학생 간 폭력 사건을 교사에게 말했을 때 어떤 일이 발생하는지를 잘 보여준다. 현철 군은 폭력에 대한 감수성이 예민하고, 정의로운 학생이었다. 인터뷰를 시작할 때, 현철 군은 자기소개를 해달라는 요구에 이렇게 말했다. "이게 자기소개일지는 모르겠는데 용기 있고 자

---

1   배경내 외, 『그리고 학교는 무사했다』(교육공동체벗, 2013), 131~140쪽. 다음에 나오는 현철 군의 증언은 모두 여기에 실린 것이다.

신감 있는 사람이 되기 위해 노력하는 사람입니다." 비겁하지 않고, 스스로에게 당당한 사람이 되기 위해 노력한다는 말이었다. 그러나 현철 군은 그런 성격과 기질 때문에 학교를 자퇴해야 했다. 왜 그랬을까?

현철 군이 처음으로 학교 폭력을 목격한 것은 초등학교 6학년 때의 일이다. 몇몇 아이가 다른 아이들에게 아침마다 돈을 걷는 것을 보았다. 이른바 '삥 뜯기'였다. 그 아이들은 현철 군에게도 돈을 달라고 했다. 그 일이 옳지 않다고 생각한 현철 군은 어떻게 하면 좋을지를 아빠와 상의했다. 아빠는 담임선생님에게 말하는 것이 좋겠다고 말해주었고, 현철 군은 그렇게 했다. 그 결과 어떤 일이 벌어졌을까? "선생님이 돈을 걷은 애들을 불러서 호되게 때렸어요. 정말 호되게요."

아이가 아무리 잘못했더라도 다짜고짜 때려버리면, 아이는 자신의 잘못을 뉘우치지 못할 뿐 아니라 반감만 생긴다. 그리고 십중팔구 고자질한 놈이 누구인지를 알아내 보복하게 된다. 이 경우도 그랬다. 가해학생들은 현철 군이 고자질했음을 알아냈고, 현철 군 역시 보복을 당할까 두려워해야 했다. 이처럼 교사의 체벌은 늘 또 다른 폭력을 낳는다.

다행히 현철 군은 보복 폭행을 당하지는 않았다. 대신 돈을 걷은 아이들 중 하나가 다가와 이렇게 말했다. "너 내가 왜 돈 걷는 줄 알아?" 그 아이의 말에 따르면, 중학교에 가기 전부터 자기들을 후배처럼 다루었던 중학생 형들이 돈을 가져오라고 시켰다는 것이다. 안 가져가면 막 맞는다고. 가해학생들 역시 폭력의 피해자였던 셈이다.

교사는 그것도 모르고 마구잡이로 체벌한 것이고.[2]

제보자의 신변 안전은 안중에도 없다

현철 군이 중학생 때의 일이다. 반에는 다른 아이들을 괴롭히는 일단의 아이들이 있었다. 한번은 그 아이들이 한 아이를 집단으로 발로 차고 짓밟았다. 자주 있는 일이었지만, 이번에는 그냥 두고 보기 힘들 정도로 꽤 심했다. 현철 군이 담임에게 이 사실을 알렸다. 그러나 담임은 아무런 조치도 취하지 않고, '그냥 좀 두고 보자'고 했다. 담임의 무대응에 실망한 현철 군은 '어떻게 하면 선생님이 내 말에 좀 더 귀 기울여줄까?' 하고 고민했다. 그리고 '학교 폭력 일지'를 쓰기 시작했다. 몇 월, 몇 일, 몇 시에 누가 누구에게 어떤 폭력을 저질렀는지 일일이 기록한 것이다.

"일주일 정도 적으면 어느 정도 채울 수 있지 않을까 예상했는데 2, 3일 정도 하니까……누가 봐도 '으아~' 할 정도로 많이 나오더라고요. 저도 깜짝 놀랐어요. 저는 사실 한두 명 정도의 친구들만 학교 폭력을 당하고 있다 생각했고, 그래서 그런 일을 안 당하려면 저만 피하기 위해 좀 노력하면 된다고 여겼거든요."

현철 군의 말이다. 그냥 보는 것과 본 것을 적는 것은 차원이 다른 문제다. 적기 위해서는 더욱 자세히 관찰하지 않을 수 없고, 그런 과

---

2 그나마 교사가 가해자에게 벌이라도 주는 것은 학생 간 폭력의 정도가 약할 때의 일이다. 매우 심각한 폭력 사건이 발생하면 교사, 아니 학교 측은 가해자에게 벌을 주는 것이 아니라 오히려 가해자를 두둔한다.

정은 대상의 실체에 육박해 들어가는 과정이 된다. 안 그래도 폭력에 대한 감수성이 예민했던 현철 군은 폭력 일지를 쓰면서 학교 폭력의 실태를 더욱 적나라하게 인식한 것으로 보인다.

현철 군은 그 일지를 담임에게 보여주었다. 그런데도 담임은 다시 '물증이 없으니 좀 더 기다려보자'고 했다. 현철 군의 좌절감은 이만저만이 아니었다. "아⋯⋯선생님이⋯⋯뭐랄까. 이런 일에 휘말리기 싫어하는 것 같았어요." 이 일로 현철 군은 학교에 정나미가 떨어졌다. 만날 학교에 가서 폭력의 타깃이 되지 않도록 노력해야 하는 것도 싫었고, 쉬는 시간에 아이들이 맞을 수도 있으니 안전하다 싶은 곳으로 데리고 가야 하는 것도 싫었다. 무엇보다 자신이 아무것도 할 수 없다는 것, 어른들에게 말하는 것 외에 할 수 있는 일이 아무것도 없다는 것이 싫었다.

그 즈음 아이들을 괴롭히던 아이들이 교무실에 자주 왔다 갔다 하는 현철 군을 의심의 눈초리로 보기 시작했다. 언제 그들의 폭력의 타깃이 될지 알 수 없는 노릇이었다. 담임에게 일지를 보여준 다음 날, 현철 군은 학교에 가는 것이 죽기보다 싫었다. 그래서 부모에게 '진짜 학교 가기 싫다'고 '학교 가면 나 진짜 죽어버릴 거라고' 울면서 말했다. 상황의 심각함을 깨달은 현철 군의 아빠는 담임에게 말했다. 이에 담임은 현철 군과 현철 군의 아빠, 가해학생들과 그 부모들까지 모두 모이는 자리를 마련했다. 담임이 제보자와 가해자들을 대질시켜버린 것이다. 제보자의 신원을 공개한 것이나 마찬가지였다. "아빠는 걔들 부모님하고 이야기를 하고 그동안 걔들은 다시 교실로 돌려보내졌죠. 근데 그때 직감적으로 위험하다는 느낌이 들었어요."

교무실에서 나온 현철 군은 평소 자주 가는 안전한 장소로 피신했다. 불안한 마음에 아이들한테도 '내가 여기 있는 거 아무에게도 말하지 말라'고 부탁도 했다. 그런데 조금 있다 한 아이가 와서는 담임 선생님이 찾는다며 '교실로 오라고 한다'는 말을 전했다. 가서 보니 기다리고 있는 것은 담임이 아니라 가해학생들이었다. 현철 군을 부른 아이도 그 아이들에게 협박당해 심부름을 한 것이었다. "제가 들어오니까 걔들 중 한 명이 제 멱살을 잡으면서 죽고 싶냐고 하더라고요.…… 진짜 진지하게 멱살을 잡으면서 죽고 싶냐고 묻는데 그게 너무 무섭더라고요."

때마침 아빠가 현철 군을 찾은 덕분에 현철 군은 그 자리를 무사히 빠져나올 수 있었다. 그걸로 끝이었다. 현철 군은 다시 학교로 돌아가지 않았다. 자퇴를 한 것이다. "저희 부모님은 사태가 심각하다는 걸 알고 저를 학교로부터 바로 격리했죠. 그런 면에서 저는 정말 축복받았다고 생각해요." 현철 군의 부모는 자식에 대한 믿음도 컸고, 무엇보다 '학교를 그만두게 할 수도 있다'는 열린 사고를 갖고 있었다. 그것이 그나마 더 큰 재앙을 막았다(현철 군은 자퇴 후 대안학교에서 중학교 과정을 마치고 인문계고에 진학했다).

만약 현철 군의 부모가 현철 군을 가해자들과 즉각 격리하지 않고, 학교를 계속 다니게 했다면 어땠을까? 사태는 최악으로 치달았을지 모른다. 그것은 기우가 아니다. 『그리고 학교는 무사했다』에는 이런 대목이 나온다. 교사이자 대구학생인권연대에서 활동하는 진냥의 글이다.

2011년 대구에서도 이런 일이 있었다. 한 학생이 학생 간 폭력을 교사에게 제보했는데 교사가 가해자와 제보자를 함께 교무실에 불렀다. 신원이 공개된 제보자는 학생 간 폭력의 타깃이 되었고, 견디다 못한 그 학생은 투신자살했다. 하지만 학교는 그의 죽음을 교통사고로 인한 사망으로 교육청에 보고했다.[3]

우리는 현철 군이 "저는 정말 축복받았다고 생각해요"라고 말한 것을 곱씹어봐야 한다. 자퇴가 축복이 되는 현실, 그것이 학교 폭력의 현주소다.

피해자인 자식을 혼내는 부모들

다시 생각해보자. 교사나 부모는 학생 간 폭력 사건이 발생하면 피해자에게 "왜 진작 내게 말하지 않았느냐?"라고 다그치곤 한다. 그러나 학생 간 성폭력 사건의 경우, 가해자는 '말을 듣지 않으면 성폭행 사실을 학교나 부모에게 알리겠다'고 협박하기도 한다. 앞의 장에서 언급했던 가평, 밀양, 부천에서의 학생 간 성폭행 사건이 그랬다. 가해자들은 성폭행 사진 등을 인터넷에 올리고 성폭행 사실을 학교나 부모에게 알리겠다고 협박했고, 그것이 이후의 지속적 성폭행을 가

---

3 배경내 외, 앞의 책, 141쪽. 좀 더 자세히 사건의 개요를 말하면 이렇다. 한 여학생이 왕따를 당하는 학생을 대신해 익명으로 교사에게 편지를 썼다. 편지를 받은 교사는 반 학생 전체에게 벌을 주며 공개적으로 처리했다. 이 과정에서 제보자의 신원이 드러나자, 화가 난 몇몇 학생이 이 여학생을 괴롭혔다. 다음 날 이 여학생은 자살했다. 이명선, 「"아빠, 자살하면 기분이 어떨까?" 묻던 아들, 실제로…」, 『프레시안』, 2012년 8월 21일 참조.

능케 했다.[4]

이상하지 않은가? 똑같은 일, 즉 학교나 부모에게 사건이 알려지는 것이 해결책으로 여겨지기도 하고, 협박도 된다는 사실이. 일반적인 성폭행 사건에 비추어보면 이상한 점이 더욱 두드러진다. 사회에서 성인 여성을 대상으로 발생한 성폭행 사건의 경우, 범죄자가 자신의 범죄 사실을 외부에 알리겠다며 피해자를 협박하기란 힘들다. 그것은 자승자박自繩自縛의 어리석은 짓이다. 그러면 곧바로 체포되어 형사처벌을 받게 될 것이다. 그러나 청소년을 대상으로 한 성범죄에서는 효과가 큰 위협이 된다. 왜 그럴까?

무엇보다 부모가 사실을 알게 되면, 대부분 아이부터 혼내기 때문이다. 대구여성회 상임대표 남은주의 말이다.

학생을 대상으로 성교육 강의를 할 때면 '혹시 성폭력을 당하면 꼭 부모님과 선생님께 말해야 한다'고 하는데, 그럴 때 아이들 표정이 안 좋아진다. 얘기하면 안 된다는 것이다. 피해 사실을 말하면 '괜찮아. 네 잘못이 아니야'부터 시작해야 하는데, 실제 학부모 대부분은 혼부터 낸다. '왜 거기 갔어' '그런 애들이랑 놀지 말라고 했잖아.' 아이들과 가장

---

4   이렇게 피해자의 수치심을 볼모로 지속적인 성폭행이 가능하다는 것은 여성에 대한 억압과 차별이 성범죄의 악순환을 만들어내는 토대임을 말해준다. 우리는 이 수치심 문제에 대해서도 한번 고민해볼 필요가 있다. 여성 고유의 성적 수치심이라는 것이 있다는 것도 의심스럽지만(여성들은 교육과 훈육을 통해 강한 성적 수치심을 갖도록 강요받는다). 피해자의 성적 수치심이 가해자의 도덕적 수치심을 상회하는 것으로 여기는 것도 문제다. 가해자가 수치심을 느껴야지, 왜 피해자가 수치심을 느껴야 하는가? 피해자와 가해자 중 누가 수치심을 느끼게 만드는가는 정치와 제도의 문제다.

가까운 사람인 부모들부터 아이들 개인의 책임으로 돌리는 것이다.[5]

물론 부모는 아이가 성폭력을 당한 것이 너무 속상해서 그럴 수도 있다. 그러나 가장 당혹스럽고, 불안하며, 고통스러운 사람은 아이일 것이다. 부모의 방향 없는 분노는 아무런 도움이 되지 않는다. 이런 사건이 생겼을 때, 피해자가 현실적으로 기댈 데는 부모밖에 없다. 부모에게조차 위로받지 못하고 질책과 비난을 받는다면, 피해자는 사회는 물론 가정 내에서도 자신이 고립되었다고 느끼게 된다. 이것은 피해자를 심각한 심리적 고립 상태로 몰아넣는다.

성폭행 피해자는 대부분 여학생이다. 부모가 피해자를 비난하는 또 다른 이유는 가부장적 성 관념 때문이다. 가부장적 사회, 남성 중심의 사회에서 여자아이들은 성적 주체로 인정되지 않는다. 단지 어려서가 아니다. 똑같이 어리더라도 남자아이들은 어느 정도 성적 주체성이 인정된다. 예를 들어 남자아이가 다른 여자아이와 성관계를 가지면, 그것은 '실수' 정도로 여긴다. '잘했다'고 칭찬하는 부모는 없겠지만(간혹 '남자가 그럴 수도 있지' 하고 너그럽게 넘어가는 경우도 있기는 하다), 그렇다고 죽을 만큼 큰 잘못을 했다고 여기지도 않는다. 그러나 여자아이들은 다르다.

여자아이들은 스스로의 의지로 성관계를 가졌든, 아니면 성폭행

5   이순혁, 「"아쉽다, 조기에 대처했다면…"」, 『한겨레21』, 제709호(2008년 5월 8일). 이렇게 혼부터 내는 부모들이 많은 것은 공부와 성적을 이유로 자녀에게 잔소리하고 화를 내는 것을 자연스럽게 생각하는 일반적인 가정문화도 영향을 미치는 것으로 보인다. 입시경쟁체제가 평소 부모와 자식 사이를 얼마나 이간질시키는지 돌아볼 필요가 있다.

을 당했든 상관없이 치명적인 잘못을 저지른 것으로 비난 받는다. 그것은 기본적으로 여학생에게 성적 권리가 없는 것으로 여기기 때문이다. 여학생에게 없다면, 그 성적 권리는 누가 갖고 있을까? 바로 아버지다. 가부장적 논리에 따르면, 딸의 몸은 딸 자신의 것이 아니다. 그것은 아버지의 재산 일부다. 그래서 여학생이 (자의든 타의든 상관없이) 누군가와 성 접촉을 하는 것은 아버지 재산을 자신의 부주의로 축낸 것이 된다. 부모가 피해자를 비난할 수 있는 근거가 여기에 있다.

딸이 성폭행을 당했을 경우, 슬픔과 분노가 일어나는 것은 엄마나 아빠나 똑같다. 그런데도 아빠는 '당신은 애한테 신경을 쓴 거야, 안 쓴 거야?' 하는 식으로 엄마도 질책하곤 한다. 그것은 가사에 전념하는 주부에게만 해당하는 이야기가 아니다. 맞벌이를 하는 경우에도 이런 말이 튀어나오는 것은 늘 아빠 쪽이다. 그것은 가부장적 질서 속에서 엄마가 아버지를 대신해 자식을 관리하는 역할을 하고 있음을 의미한다. 엄마가 아빠에게 야단맞거나 서로 다투는 것을 보면, 피해자는 '다 내가 잘못해서 이렇게 되었구나' 하고 부모에게도 죄책감을 갖게 된다. 부모로부터 위로를 받아도 시원찮을 판에 부모에게까지 죄의식을 갖게 되는 것이다.

부모가 피해자를 질책하는 또 다른 이유는 무력감이다. 이런 일이 발생하면 부모들은 말할 수 없는 무력감을 느낀다. 피해는 자식이 당했는데, 부모로서 할 수 있는 일이 별로 없다고 느낀다. 부모는 무력감과 그로 인한 불안감을 피해자에게 투사하며 화를 낸다. 그럴 때 피해자는 자신의 불안에다 부모의 불안마저 떠안는 꼴이 된다. 이렇게 피해 여학생들은 가정에서조차 심리적 고립 상태에 처하고 2차 폭력에 시달린다. 많은 여학생이 성폭력의 위험에 노출되는 것은 가부장적이고 남성 중심적인 성 문화 때문이다. 그런데 사건이 불거진 후에도 가부장적 성 관념 때문에 다시 위기에 처한다.[6]

피해자를 처벌하는 학교

성폭행 피해 사실이 알려지면 피해자에게 불리하게 작용한다. 가해학생들도 그것을 직감적으로 알고 있다. 그래서 그것을 협박에 이용한다. 실제로 성폭행 피해 사실이 외부에 알려지면 어떤 현상이 발생하는가?

학교나 경찰은 기본적으로 피해자를 순수한 피해자가 아니라 '사건의 연루자'로 취급한다. 나쁜 아이들과 어울리니까 그런 일을 당했다고 생각하는 것이다. 학교와 경찰은 피해자를 가해자와 '별로 다를 바 없는 비행청소년'으로 취급한다. 이것이 피해자를 바라보는 학교와 경찰의 기본적인 관점이다.

폭력 사건에 대한 경찰 수사 과정에서 피해자에 대한 모욕이 자주 발생하는 것도 이 때문이다. 예를 들어 밀양 여중생 집단성폭행 사건을 조사한 울산남부경찰서 담당 경찰관들은 피해자 자매에게 '너

---

6   그것은 어제 오늘 일이 아니다. 병자호란 때 청나라에 강제로 끌려가 성폭행당하고 고향으로 돌아온 여성들은 집안에서조차 '화냥년'이라고 조롱하고 멸시당했다. 일제시대 종군위안부들 역시 비난과 멸시가 두려워 가족에게조차 피해 사실을 말하지 못한 경우가 많았다. 그 같은 현상이 지금까지 이어져오는 것이다.

희가 밀양 물 다 흐려놨다', '남자 유혹하려 밀양에 왔냐'는 등의 모욕적인 말을 해 논란이 되었다. 피해자에 대한 모독은 학교에서도 발생한다. 2011년 겨울, 집단 괴롭힘을 견디다 못한 대구 덕원중학교 2학년 학생이 자신의 집 아파트 베란다에서 뛰어내려 자살한 사건이 있었다. 이른바 '대구 중학생 집단 괴롭힘 자살 사건'이다. 사건이 난 다음, 한 기자가 그 학교의 교감에게 희생자에게 꽃 한 송이라도 바쳤느냐고 물었다. 이에 교감은 그 학생을 영웅으로 만들 일 있냐고 반문했다 한다.[7]

이 학교만 그런 것이 아니다. 일반적으로 학교들은 학교 폭력으로 인해 자살하는 학생이 생기면, 교사는 물론 학생들의 추모나 애도 행위도 못하게 한다. 이유는 면학 분위기를 해친다는 것이다. 보통 사람들로서는 잘 이해가 안 될 것이다. 그래도 학생이 죽었는데, 학교가 왜 이처럼 가혹하게 대하는지. 그것은 학교가 피해자를 피해자로 보지 않기 때문이다. 그럼 무엇으로 보는가? 가해자로 본다. 학교의 이미지를 실추시키고, 담임교사와 교감, 교장에 대한 징계를 유발하는 등 학교에 해를 끼쳤다고 보는 것이다. 그래서 가혹하게 대한다.

폭력 사건이 발생하면, 교원들은 관료로서의 자기 본색을 노골적으로 드러낸다. 스승이나 보호자로서의 모습은 온데간데없다. 폭력

---

7   배경내 외, 앞의 책, 23쪽. 그뿐이 아니다. 피해자 권승민의 어머니 임지영 씨가 쓴 『세상에서 가장 길었던 하루』에 따르면 학교는 사망확인서를 제출하기도 전에 아이를 제적했을 뿐 아니라, 책상에 국화꽃 한 송이도 올려놓지 못하게 했다. 앞서 왕따 학생을 대신해 교사에게 편지를 썼다가 집단 괴롭힘을 당해 자살한 여학생과 승민이는 같은 학교 학생이었다. 여학생이 승민이보다 5개월 먼저 자살했다. 학교 폭력에 대한 학교의 잘못된 대응이 어떻게 희생자를 양산하는지 보여준다.

사건이 발생하면 교원들은 우선 사건의 축소, 은폐에 혼신의 힘을 다한다. 그것은 교원들 개인의 인성이나 기질과는 상관없다. 본질적으로는 최상급기관인 교육부의 정책과 태도 때문에 생기는 문제다. 만약 교육부가 학교 폭력의 실태를 있는 그대로 밝히고 적극적으로 대책을 마련하는 학교에 지원을 아끼지 않고, 그런 학교들을 높이 평가해준다면 상황은 바뀔 것이다. 그러나 교육부는 폭력 사건이 불거진 학교에 오히려 관리감독 책임을 물어 각종 불이익을 준다.

학교 폭력 양산의 일차적 책임은 교육부와 국가권력에 있다. 비민주적이고 관료적인 학교 운영, 사학들의 극심한 부정부패, 극심한 입시경쟁으로 인한 학생들의 스트레스 심화, 놀이문화 소멸, 인성교육 부재, 학생 간 위계와 차별 심화(평등한 교우 관계 불가), 다양한 교육을 받을 기회 박탈, 교육 인력과 재원 부족 등 학교 폭력을 양산하는 조건과 환경을 만든 것이 교육부와 국가권력이기 때문이다. 교육부와 국가권력의 정책과 노선의 결과로 학교 폭력이 양산되는데, 그것이 사건화되면 불이익을 준다? 학교는 그것을 수단과 방법을 가리지 말고 폭력 사건을 은폐, 축소하라는 신호로 받아들일 수밖에 없다.

교육부와 국가권력이 자기 잘못과 그로 인한 파행을 하급기관인 학교로 떠넘기는 한, 학교도 책임질 부분이 없게 된다. 학교가 책임자가 아니라 중재자로 나서는 것은 그 때문이다. 가해자 측과 피해자 측 사이에 합의를 도출하는 중재자. 학교는 폭력 사건을 학생 개개인의 잘못으로 미루고, 그 해결을 미룬다. 학교는 자신의 중재하에 가해학생 부모와 피해학생 부모가 합의하고, 사건이 조용히 처리되길 바란다. 그 합의가 경제적 보상이든, 피해자나 가해자의 전학이나 자퇴든 상관없다. 학교가 바라는 것은 '조용한 마무리'다. 그렇게 최고권력과 최상급기관의 잘못에 대한 책임이 학생과 그 부모에게 전가된다.

학교가 가장 골치 아파하는 상황은 사건이 밖으로 알려지는 것이다. 그럴 때, 학교가 가장 먼저 하는 조치는 '언론과의 접촉 금지'이다. 가해학생과 그 부모는 물론, 교사와 학생들에게도 이런 지침을 하달한다. 물론 피해학생과 그 부모에게도 언론과의 접촉을 삼가 주십사 부탁한다. '사태 해결을 위해 학교가 최선의 노력을 다하고 있으니 시간을 달라', '피해학생의 신변 보호와 심리적 안정을 위해서도 사건이 더 외부로 알려지는 것은 좋지 않다'는 식으로 말하면서. 많은 피해자 부모가 순진하게도 학교를 믿고 그 말을 따른다.

학교가 폭력 사건을 은폐, 축소하려면 무엇이 문제가 될까? 바로 피해자다. 가해자야 선처를 바라는 입장이니, 당연히 학교 측에 적극 협조한다. 그러나 가해자에 대한 처벌과 진실 규명을 바라는 피해자 측은 그럴 수 없다. 학교와 피해자 측의 충돌은 불가피하다. 사건을 은폐, 축소하기 위해서는 피해자 측을 위축시키는 것이 필요하다. 그러려면 '선의의 피해자' 프레임을 깨야 한다. 학교는 사건을 가해자와 선의의 피해자 사이에 발생한 것이 아니라, 나쁜 놈(가해자)과 그와 별다를 바 없이 나쁜 놈(피해자) 사이의 문제로 둔갑시킨다. 그 과정에서 피해자에 대한 인권침해와 2차 폭력이 난무한다.

심지어 학교는 피해자를 학교 당국 뿐 아니라 다른 학생들에게도 피해를 입히는 가해자로 취급한다. 가해자와 함께 사고를 쳐서 다른 학생들의 면학 분위기를 해친 놈으로 취급하는 것이다. 사건을 은폐, 축소하고자 하는 학교의 방침에 불응하고 항의해서 사고 처리가 지연될 때, 학교의 이런 도덕적 비난은 더욱 강화된다. 학교 폭력의 주범은 학교다. 학교 폭력이 발생할 만한 조건을 조성하고 방치한 것이 다름 아닌 학교이기 때문이다. 그러다 막상 사건이 터지면, 학교는 피해자를 가해자와 더불어 나쁜 놈으로 몰고, 다른 학생들과 자신을 선의의 피해자로 설정한다. 그리고 이 나쁜 학생들(가해자와 피해자)로부터 다른 학생들을 분리시키고 보호하는 역할을 자임한다.

학교, 경찰, 법원을 통해 사건이 처리되는 일련의 과정은 피해자가 구제되는 것이 아니라 버려지는 과정이며, 가해자가 아니라 피해자가 처벌되는 과정이다. 사건이 은폐, 축소되는 과정에서 가해자는 관대한 처분을 받게 된다. 그리고 그 과정을 통해 궁극적으로 구제되는 것은 학교와 교육부, 그리고 국가권력이다. 교육부와 국가권력은 학교를 앞잡이로 세우고, 피해자를 제물로 삼아 스스로를 구제한다. 학교 폭력이 처리되는 과정은 이처럼 정치적이다.

2차 폭력은 사회적 사형선고다

피해자는 가해자로부터 1차 피해를 당한다. 그리고 사건이 불거진 후에도 학교와 가해자 측으로부터 2차 피해를 당한다. 지속적으로 회유, 협박, 폭언, 압력을 당하는 것이다. 일례로 밀양 여중생 집단성폭행 사건의 경우, 피해자는 가해자 가족들에게 "이렇게 (신고) 해놓고 잘사나 보자. 몸조심해라", "뒷일이 걱정되지 않느냐?"는 등의 협박을 받는 것이 일상이었다. 심지어 정신과 치료를 받는 곳까지 가해자 부모들이 쫓아와 "합의서가 있어야 한다"며 합의를 종용받는 등 괴롭힘을 당했다. 이렇게 2차 폭력을 당하는 피해자의 정신적 고통은 상상을 초월한다. 밀양 사건의 피해 여중생은 10분마다 자살을 생각했다고 한다. 이 여학생을 돌봐온 상담전문가에 따르면 피해자는 삶의 희망과 의지를 완전히 잃어 자포자기 상태가 되었고, 쏟아지는 냉대와 편견 때문에 끝내 학업도 포기해야 했다.[8]

2차 폭력은 다른 학생들에 의해 일어나기도 한다. 2005년 전북 익산에서 또래 중학생 8명에게 집단성폭행을 당한 여학생의 경우가 그랬다. 이 사건 역시 학교 측이 가해학생들에게는 별다른 조치를 취하지 않고, 피해 여학생만 다른 사유를 들어 타 지역으로 전학시킴으로써 사건을 은폐하려 했다. 피해자 어머니는 "사건 이후 아이가 학교와 집 이외에는 밖에 나가려하지 않는다"고 말했다. "지난해 겨울 시내를 거닐다가 우연히 예전 친구들을 만났는데, 그 아이들이 '너 때문에 철수(가명·가해학생)가 교도소 가고, 우리 선생님도 힘들어졌다'면서 욕을 하더래요. 그 이후로 학교·집 외에는 일절 밖에 나가지를 않는다"고 전했다.[9]

이런 기사를 본 사람들은 가해자의 부모나 다른 학생들을 비난하기 쉽다. 그러나 이런 2차 폭력이 가능하게 만들어준 것은 학교이다. 만약 학교가 명확한 기준을 갖고, 피해자는 물론 가해자의 앞날

8   「1년간 자살 생각한 성폭행 피해 여중생」, 『서울신문』, 2005년 11월 23일자 사설.

9   소성일, 「"피해자가 죄인되는 사회 무섭다"」, 『쿠키뉴스』, 2006년 4월 20일.

을 위해서도 벌 받을 것은 받고, 반성할 것을 반성하게 해야 한다는 태도를 견지한다면, 죄지은 자식의 부모가 이렇게 적반하장으로 나올 수는 없을 것이다. 그런데 사태에 책임을 져야 할 학교가 중재자로 한 걸음 물러섬으로써, 사건을 가해자 측과 피해자 측 사이의 개인적 이해利害 문제로 변질시킨다. 가해자 측과 피해자 측의 갈등이 증폭되는 것은 이 때문이다.

학교는 공평한 중재자가 아니라 은근히 가해자 편을 들어주는 부당한 중재자 노릇을 한다. 그러면서 가해자 측이 피해자에게 지속적으로 2차 폭력을 가하는 것을 방치한다. 가해자 부모는 학교를 등에 업고, 자신들이 원하는 대로 합의해주지 않으면 '철없는 애들이 실수한 걸 가지고(혹은 장난한 걸 가지고), 애들 앞길을 망치려 한다'는 식의 폭언도 마다하지 않는다. 이런 식의 폭언은 학교도 한다. 피해자 측이 위기에 몰릴수록 빨리 합의가 이루어지고, 그래야 사건이 축소, 은폐되기 때문이다.

일반적으로 가해자들은 학생들 사이에서 서열이 높은 축에 속한다. 이런 가해자들이 학교의 지원까지 등에 업었으니, 다른 학생들을 대상으로 피해자를 음해하기란 매우 쉽다. 1차 폭력보다 치명적인 것이 2차 폭력이다. 1차 폭력은 가해자에게 당하는 것이지만, 2차 폭력은 사회 전체로부터 당하는 것이다. 1차 폭력은 그야말로 '사건accident'일 뿐이지만, 2차 폭력은 사건을 바라보는 사회의 '관점viewpoint'을 내포한다. 그것은 피해자에게 사회적 사형선고나 다름없다. 그 결과 1차 폭력을 견뎌낸 많은 생존자가 2차 폭력을 견디지 못하고 자살 같은 극단적인 선택을 한다.

10

피해자의 자살이 의미하는 것

교사 자녀도 집단 괴롭힘으로 자살

승민이는 아버지 권 씨에게 "아빠, 자살하면 기분이 어떨까?"라고 물었다. 권 씨는 평소 독서량이 많은 승민이었기 때문에 충분히 그런 이야기를 할 수 있다고 생각했다. TV를 보다 나온 말이었고, 심각하게 물은 것도 아니어서 지나가듯 흘려들었다. 그로부터 50일 후 아버지를 닮아 착하고, 거짓말할 줄 모르고, 꾀부릴 줄 모르던 14살 승민이는 아파트 7층 베란다에서 뛰어내렸다.[1]

앞의 장에서 언급했던 '대구 중학생 집단 괴롭힘 자살 사건'에 대

---

1 이명선, 「"아빠, 자살하면 기분이 어떨까?" 묻던 아들, 실제로…」, 『프레시안』, 2012년 8월 21일.

한 기사의 일부다. 2011년 발생한 이 사건은 당시 큰 이슈였다. 몇 가지 이유가 있었다. 우선 피해학생의 부모가 모두 학교 교사였다. 어머니는 경북 영천의 중학교 교사였고, 아버지는 경북 안동의 고등학교 교사였다. 일선에서 아이들을 지도하고 관리하는 교사의 자식조차 '집단 괴롭힘'[2]의 희생양이 된 것이다. 그것은 '내 자식에게도 저런 일이 생길 수 있다'는 중산층의 불안을 자극했다. 예전에는 집단 괴롭힘의 희생자들이 주로 취약 계층의 자녀들이었다. 그러나 이 경우는 피해자가 학교 교사라는 번듯한 직장을 갖고 있는 중산층의 자녀였다. 이 사건은 중산층 자녀들도 더 이상 집단 괴롭힘에서 자유롭지 않다는 것을 보여주었다.

이 사건이 주목받은 또 다른 이유는 집단 폭행이 주로 피해자의 집에서 일어났기 때문이다. 부모가 맞벌이였던 탓에 승민이의 집은 자주 비어 있었고, 가해학생들은 매일 와서 놀고, 먹고, 괴롭히고, 장난감·먹을 것·돈을 빼앗았다. 심지어 가해학생들은 승민이네 집 도어키 번호까지 알고 있었다. 승민이의 유서에 따르면, 가해학생들은 게임 캐릭터 레벨(등급)을 올려놓으라며 온라인 게임을 억지로 시키고, 그것을 해놓지 않으면 구타했다. 게임 아이템 구매에 필요하다는 등의 이유로 매일 돈을 뜯어냈고, 그것으로도 부족해 알바를

---

2   집단 괴롭힘을 흔히 '왕따'라 한다. '왕따'는 일본말 '이지메'의 우리말이다. 그러나 이지메라는 말에는 '괴롭히다, 들볶다'라는 뜻이 들어 있지만, 왕따는 그저 '심한 따돌림'을 연상시킬 뿐이다. 권승민 군 자살 사건에서 보듯, 사태의 본질은 또래 아이들이 자기 집단에 끼워주지 않는 '따돌림'에 있는 것이 아니라 '괴롭힘'에 있다. 따돌림은 배제나 소외일 뿐이지만, 괴롭힘은 폭력이다. 언론이 이 사건을 '왕따 자살 사건'이라 하지 않고 '집단 괴롭힘 자살 사건'이라 부른 데에는 이유가 있다. 뉘앙스에 차이가 나기 때문이다. 왕따를 대체할 다른 말이 필요한 것으로 보인다.

해서 돈을 벌어오라고 시키기도 했다. 온갖 심부름은 물론 학교 숙제도 대신하게 했다. 노예가 따로 없었다.

심지어 승민이는 자기 집에서 무릎 꿇고 라디오를 들고 앉아있는 벌도 받고, 라디오 전원 선에 목이 묶인 채 끌려다녔으며, 화장실에서 물고문을 당하기도 했다. 공부하지 말라며 교과서를 빼앗기도 해서 수업시간에 공부도 할 수 없었다. 요즘은 SNS를 이용하면 얼마든지 24시간 괴롭힘이 가능하다. 승민이의 경우도 그랬다. 승민이가 죽고 난 후 경찰이 복구한 문자메시지에는 이런 내용이 있었다. '요즘 안 맞아서 영 맛이 갔네', '문자 답 늦을 때마다 2대 추가', '내가 죽일 거니까 혼자 디지지 마라', '물속에 처박자', '청소 그만하고 방에 가서 빨리 (내 숙제) 15장 써라', '자고 싶으면 빨리해라', '못 잔다. 지금 가서 샤워하고 잠깨라' 등. 가해학생들은 석 달 동안 무려 300여 통의 협박성 메시지를 보내 승민이를 조종했다.

보통은 SNS를 이용해 괴롭히는 경우에도 최후의 보루로서 실낱 같은 '안전 공간'은 남아있기 마련이다. 바로 집이다. 그러나 승민이의 경우에는 그마저도 남아있지 않았다. 승민이가 생활하는 시공간은 가해학생들에게 완전히 식민화되어 버렸다. 하루 24시간, 학교와 가정 어디에도 승민이의 피난처는 없었다. 이 사건은 맞벌이 등으로 부모가 부재한 경우, 집조차 청소년 범죄로부터 안전한 곳이 아님을 보여주었다. 승민이가 그들에게서 벗어날 길은 자살뿐이었다.

명색이 교사인 부모가 어떻게 아이가 이 지경이 되도록 모를 수가 있느냐고 의아해할지 모르겠다. 그러나 생각해보면 교사도 장시간 고강도 노동에 시달리는 노동자다. 하는 일이 학교의 행정업무,

자신이 맡은 아이들 성적·생활 관리일 뿐, 교사도 자식과 함께 보내며 대화할 시간이 많은 것은 아니다. 다른 부모들처럼 교사인 부모의 관심도 자녀의 성적에만 집중되어 있는 경우가 많다. 그런 까닭에 자식의 어두운 표정이나 짜증내는 것을 봐도 '사춘기라서 그런가보다', '학교 공부가 힘들어서 그런가보다' 하고 넘기기 일쑤다. 가혹한 입시경쟁체제에서 아이들의 어두운 표정과 짜증은 일상적이다. 아무리 교사라도 자식이 말하지 않으면, 어두운 표정이나 짜증만으로는 그것이 힘든 공부 때문인지, 학교 폭력 때문인지 알 수 없다.

그들의 자살에는 사회적 메시지가 있다

이런 자살 사건을 보면 사람들은 그저 '집단 폭행을 당해 힘들었나 보다'라고 생각하기 쉽다. 그러나 단지 집단 폭행을 당했다고 해서 자살하는 것은 아니다. 자살은 모욕과 낙인 등 견디기 힘든 정신적 가혹행위가 동반되었을 때 이루어지는 경우가 많다. 승민이의 경우에도 그랬다. 승민이의 유서에는 자살을 결심한 결정적 계기가 적혀 있다. "할머니 칠순 잔치 사진을 보고 우리 가족들을 욕했어요. 저는 참아보려고 했는데 그럴 수가 없었어요." 승민이는 자신이 육체적으로 가혹행위를 당하는 것은 참을 수 있었지만, 가족들까지 매도당하고 모욕당하는 것은 참을 수 없었던 것이다.

가해학생들이 구체적으로 무슨 말을 했는지는 알 수 없다. 그러나 입에 담아서는 안 될 모욕적인 말을 했던 것으로 보이며, 그것은 이제까지의 어떤 가혹행위와도 비교되지 않는 상처를 피해자에게 안

겨주었다. 넘어서는 안 될 선을 넘은 것이다. 그 말을 들은 승민이는 '너희들이 한 말이 무엇을 의미하는지'를 온몸으로 보여주고 싶었던 것 아니었을까. 한편으로는 자신 때문에 가족들까지 이런 모욕을 당한다고 생각했던 것 아니었을까. 그렇다면 '나만 없어지면 가족들까지 모욕을 당하지는 않겠구나' 하고 생각할 수 있다.

'모든 자살은 사회적 타살'이라는 뒤르켐의 말은 깊은 의미를 담고 있다. 그것은 흔히 '사회구조가 자살을 양산한다'는 의미로 읽히지만, 또 한편으로는 '자신만을 위해 자살하는 경우는 드물다'는 의미로 확장시킬 수도 있다. 모든 자살은 사회적 행위이다. 승민이는 가족들에게 더 이상 폐가 되는 것이 싫어서 자살했던 것으로 보인다(가족에 대한 애정은 승민이의 유서에도 잘 나타나 있다). 물론 부모의 입장에서 보았을 때는, 가족들에게 폐가 되기 싫어 자살한다는 것은 말도 안 되는 이야기지만.

『심리부검』의 저자 서종한은 한 언론과의 인터뷰에서 "죽겠다는 의지는 사실 살고 싶다는 의지, 살려달라는 내면의 호소"라고 말했다.[3] 이 말은 맞다. 많은 사람이 삶의 문제 때문에 혹은 그 해결책으로써 자살을 선택한다. 조금 오래된 사건이기는 하지만, 1990년 경북 성주에서 발생한 집단성폭행 사건의 피해자인 여고생 김 양(당시 18세)도 그랬다. 평소 알고 지내던 박 군에게 불려나간 김 양은 인근 비닐하우스에서 집단성폭행을 당했다. 그 뒤로 김 양은 두 번 자살을 시도했다. 한 번은 농약을 마셨지만 인근 병원에 실려 가 위세척

---

3 백승찬, 「"죽겠다는 의지는 역설적으로 살려달라는 내면의 호소"」, 『경향신문』, 2015년 12월 4일.

을 해 살았다. 그러나 얼마 후, 똑같은 방법으로 자살을 시도해 결국 숨졌다. 김 양이 남긴 유서에는 이렇게 쓰여 있었다. "죽어서라도 복수를 하겠다."

이 여고생은 복수의 방편으로 자살을 선택했다. 자살을 하면 '자신이 얼마나 힘들었는지' 세상에 알려지고, 가해학생들이 지탄을 받으며, 그로 인해 가해학생들이 양심의 가책을 느낄 것이라고 생각한 것이다. 이렇게라도 해서 피해자의 소원이 이루어진다면 얼마나 좋을까. 그러나 현실은 그렇지 않다. 피해자가 자살을 하면 오히려 사건은 빠른 속도로 종료된다. 자살을 한다고 해서 가해학생들이 반성할 것이라고 생각하는 것은 오산이다.

다시 승민이의 경우를 보자. 승민이가 자살한 후 가해학생 서모 군과 우모 군은 이런 문자를 주고받았다. "어쩌지? 선생님한테 혼나면 머라고 하지"라고 묻자 "몰라 그냥 인정하지 머 ㅋㅋㅋ"라고 답했다. 이어 "감방가게"라고 재차 묻자 이 학생은 "(감방) 안 간다. 내일 다시 이야기하자"고 적었다.[4]

나는 앞서 이런 태도가 청소년들의 '쿨'한 정서에서 비롯된다고 말한 바 있다. 혹은 아직 철이 없어 그렇다고 말할 수도 있다. 그러나 그런 점을 십분 감안하더라도 자신들 때문에 사람이 죽었는데, 너무 태평스럽다. 물론 가해학생들도 불안감은 있었을 것이다. 문자에서도 앞으로의 자기 신변에 대한 불안감은 감지된다. 그러나 죄책감은 찾아볼 수 없다. 이것을 정신분석학자 파울 페르하에허가 『우

---

4 김세훈, 「그들은 '자살' 알고서도 키득거렸다」, 『노컷뉴스』, 2011년 12월 29일.

제10장 피해자의 자살이 의미하는 것 **285**

리는 어떻게 괴물이 되어가는가』에서 말한 '신자유주의적 인격'이라고 말할 수 있으리라. 갈수록 이런 학생들이 사회에서 많이 발견되는 것은 개인적인 기질이나 성격의 문제가 아니라, 우리 시대의 사회적 산물이라는 것을 반증한다. 그 일차적 책임은 학생들이 대부분의 시간을 보내는 학교에 있다. 오늘날의 학교는 신자유주의적 인간형을 양산한다.

왜 부모나 교사에게 피해 사실을 말하지 않을까?

승민이는 왜 부모에게 피해 사실을 말하지 않았을까? 가족들에 대한 애정이 작지 않은데도 말이다. 우선 보복 때문이다. 승민이는 유서에 이렇게 적었다. "저는 그냥 부모님한테나 선생님, 경찰 등에게 도움을 구하려 했지만, 걔들의 보복이 너무 두려웠어요." 피해학생에게 보복에 대한 두려움은 크다. 그럼에도 그것은 어른들에게 말하지 못한 이유일 뿐 원인은 아니다. 원인을 말하려면 '왜 학교 폭력 피해자들은 보복을 피할 수 없는가'를 다시 물어야 한다.

다른 제도문화도 그렇지만, 학교라는 제도문화 역시 사람(학생)을 위한 것이다. 학교는 자아 발전이나 실현의 수단일 뿐이다. 학교가 수단일 뿐이라면 학교가 학생의 실존성 자체를 파괴하는 일은 일어나서는 안 된다. 또한 실존성을 위협할 때, 학생이 학교에 계속 머물러야 할 이유도 없다. 그런데도 많은 학교 폭력 피해학생들은 학교에 머물며 죽어간다. 그것은 청소년들이 '학생' 외에 다른 나를 상상할 수 없게 사회가 구조화되어 있기 때문이다. 이를테면 어른들의 경우, 한 사람이 직장인, 부모, 지역 유지, 동문회 간부 등 다양한 사회적 정체성을 갖는다. 그러나 청소년에게는 '학생'이라는 정체성밖에 없다.

'학생'이라는 정체성에서 가장 큰 비중을 차지하는 것은 '또래들과의 관계'이다. 학교생활은 또래집단 내의 생활이고 세계이다. 학생들은 또래집단 내에서 지배하는 위치에 있으면 있는 대로, 지배당하는 위치에 있으면 또 그런대로 자신의 삶 전체가 그렇게 느껴진다. 청소년들은 학교에서 말고는 다른 인간관계를 맺을 시간적·정신적 여유도 없다. 학교와 또래들과의 관계는 절대적인 세계이다. 이 '절대적'이라는 말이 중요하다. 또래집단 내에서 소외되는 것은 자기 삶이 송두리째 뿌리 뽑히는 것 같은 느낌을 준다. 또래들과의 관계가 너무 절대적인 까닭에 폭력과 소외를 당하더라도 오히려 거기에 매달리게 되지, 그것을 박차고 나올 생각을 하지 못한다.

지금의 십대들의 관계를 지배하는 것은 우정이 아니라 '지배와 피지배'이다. 또래집단에 편입되는 것은 불평등성을 받아들이는 과정이 된다. 이 말의 뉘앙스를 이해하는 것이 중요하다. 기왕이면 다른 학생들을 지배하면 좋을 것이다. 그러나 또래들로부터 놀림을 받거나 가혹행위를 당하는 것까지도 그 나름대로 또래집단에 편입되는 방식으로 여길 수 있다는 말이다. 학교는 차별과 모욕, 폭력이 일상적으로 묵인되는 공간이다. 일부 교사들은 기꺼이 스스로가 폭력의 주체가 된다. 그리고 대부분의 교사들은 권위적이다. 이런 상황에서 아이들이 어떻게 폭력에 예민하게 반응하고, 가혹행위가 '사건화'할 사안이라고 인식하며, 교사의 이해와 공감을 바라고 피해 사실을 알리겠는가.

부모는 어떨까. 부모는 혈육 관계이니, 자식의 고민을 이해하고 공감해줄 가능성이 더 높은 것은 사실이다. 그러나 돈 버느라 바쁘고, 자녀에 대한 관심을 성적에 대한 관심으로 치환시키는 많은 부모가 아이들의 삶 자체에 깊은 관심을 갖기 어렵다. 부모는 자녀를 부양하지만 그 부양은 의식주 비용과 교육비용을 대주는 것을 의미하지, 자녀 자체에 대해 깊은 관심과 애정을 갖고 양육하고 교육하는 것을 의미하지 않는다. 아이들은 바쁜 부모를 귀찮게 하는 것 아닌가, 말했다가 괜히 혼만 나는 것 아닌가 싶어 말하지 않는다.

아이들에게 학교와 가정은 자기 문제를 차분하고 충분히 논의할 만한 장이 아니다. 어른들은 교사든 부모든 너무 바쁘고, 마음에 여유가 없다. 여기에 '당할 만하니까 당한다'는 식으로 피해자에게 잘못을 덮어씌우는 지배적 프레임이 가세한다. 이 프레임에 따르면, 피해를 당한 것은 개인의 일이고 개인의 잘못 때문이다. 개인적인 일로 규정되는 한, 그것은 공론화되기 어렵다. 나아가 다소 사회적 의미가 있다 생각하더라도, 잘못한 당사자가 그것을 공론화할 수는 없는 일이다. 개인이 잘못한 일을 공론화하는 것은 조직을 번거롭게 하는 일, 조직에 해를 끼치는 것으로 치부된다.

'고자질' 프레임도 피해 사실을 알리는 것을 꺼리게 만드는 요인이다. 고자질은 가해자가 보복의 명분으로 삼는 주요 논리이기도 하다. 이유를 막론하고 '우리끼리 있었던 일을 부모나 교사에게 고자질하는 것은 나쁘다'는 논리다. 이런 논리를 가해학생만 쓰는 것은 아니다. 때로는 교사가 쓰기도 한다. 피해자나 목격자의 제보를 받은 교사가 가해자를 불러 혼을 내면서 동시에 "너희들도 그래. 친구가 장난이 좀 심했기로 사내자식이 그것을 고자질해?" 하고 나무란다. 그러면 제보자 역시 가해자와 똑같이 '나쁜 놈'이 된다. 학교 폭력에 대한 제보는 공익적 성격을 갖는다. 그럼에도 가해자와 제보자를 똑같이 취급하는 논리가 학교를 지배한다.

희생자와 유족에게 가해지는 3차 폭력

권승민 군 자살 사건에 대한 보도를 접한 사람들은 '부모가 교사여도 이런 일이 얼마든지 일어날 수 있구나' 하며 학교 폭력의 심각함과 그 불가항력을 떠올릴 수도 있다. 그럴 때 부모는 피해자로 여겨진다. 그러나 반대로 '부모가 교사인데도 자식을 제대로 돌보지 못해 저런 일이 생겼다'고 생각하면? 그 부모는 자기 책임을 다하지 못한 사람, 나아가 자식의 죽음에 일정한 책임이 있는 사람으로 전락한다.

그러나 설사 부모가 자식 돌봄에 미흡했다 하더라도 그것을 온전히 부모의 책임이라고 할 수 있을까. 오늘날의 장시간 고강도 노동이라는 일반적 노동조건, 거기에 만연한 비정규직 채용과 저임금화는 가족들과 충분히 교감할 시간적 · 정신적 여유를 박탈하고 있다. 정규직 교사였던 승민이 부모도 경제적 여유는 있었을지 모르지만, 장시간 고강도 노동이라는 일반적 노동조건을 피할 수 있는 것은 아니었다. 그렇게 보자면 부모들이 자식 돌봄에 미흡한 것까지도 사회구조의 문제라고 할 수 있다.

앞서 말했듯이, 피해자는 1차 폭력이나 2차 폭력으로 인해 자살한다. 그런데 그걸로 끝이 아니다. 3차 폭력이라 부를 만한 것이 또 따른다. 바로 희생자와 유족에 대한 모욕과 낙인이다. 사건을 축소, 은폐하고자 하는 학교는 희생자를 학교생활에 적응하지 못한 학생, 대인 관계가 원만하지 못했던 학생, 정신질환이 있었던 학생, 혹은 가정에 문제가 있었던 학생이었다며 낙인찍는다. 피해자는 원래 이런저런 문제를 갖고 있었던 학생이라는 것이다. 그렇다고 다른 학생이나 학부모들이 애도해주는 것도 아니다. 학교에서 애도를 허락하지도 않지만, 꼭 그것이 아니어도 학교를 지배하는 경쟁의 논리가 뿌리 깊은 탓에 희생자를 그저 탈락자쯤으로 여기는 경우가 적지 않다.

현실은 가혹하기 그지없다. 피해자에게 적용되는 '당할 만하니 당했거니' 하는 논리는 자살 후 '부모가 뭔가 잘못을 했으니 자식이 죽었겠지'라는 논리로 바뀐다. 자식 죽은 것도 원통한데, 위로를 받기는커녕 부모도 낙인의 대상이 되는 것이다. 슬픔에는 항상성恒常性, homeostasis이 있어서 외부로 일정 부분 표출되어야 하는데, 피해를 당하고도 위로받지 못하는 유족들은 어디 하소연할 데도 없다. 답답함과 분노는 유족들 내부를 향하기 일쑤다. 사회적으로 애도받지 못하는 죽음은 유족 내 불화를 야기하며, 유족들의 육체와 정신을 허물어뜨린다.

자식을 앞세워 저승길로 보내는 참척慘慽은 일생일대의 큰 사건이다. 그것은 이유를 막론하고 '자식을 지키지 못했다'는 부모의 자책감을 유발한다. 그런데 거기에 관료들은 자기 책임을 면하기 위해, 유족들에게 잘못을 덮어씌움으로써 죄책감을 자극한다. 분명 희생자는 있는데, 아무도 공적으로 책임을 지지도, 사회적으로 애도를 표하지도 않는 상황. 그것은 자식의 죽음을 허망한 것으로 만든다. 유족들이 '나 때문이다', '내 잘못으로 죽었다'며 오열하는 것은 그 때문이다. 학교나 교육부 관료의 책임 전가를 순순히 받아들이기 때문이 아니라, 부모인 나라도 책임을 떠맡지 않으면 자식의 죽음이 너무 허망하기 때문이다. 죽은 아이는 있는데 아무도 책임이 없다면, 그 책임은 대체 누가 져야 한다는 말인가. 결국 부모는 내 책임이라고 생각할 수밖에 없다. 무책임한 우리 사회의 자화상이다.

자살유족은 자살 고위험군에 속한다. 일반인에 비해 자살사고가 발생할 확률이 6배 이상 높다.[5] 특히 빈곤층의 경우 사고 후 곧바로 생계활동에 뛰어들어야 하기 때문에 상담을 받거나 자조모임self-help group에 참여할 시간적·정신적 여유가 없다. 그것은 그냥 하루하루 지나가는 것이 아니라 심리적 고통이 축적되는 과정이 된다. 희생자에 대한 사회적 무책임, 주변 사람들의 몰이해와 비난은 고립감과 무기력, 억울함과 분노를 만들어낸다. 자식의 죽음을 막지도 못했고, 자식이 죽은 후에도 할 수 있는 것이 아무것도 없다는 생각은 '나 같은 부모 있어서 뭐하나' 하는 존재감 상실로 이어지면서 자살을 유발할 가능성이 높다.

---

5   한설이, 「100만 자살 유족의 고통 "가족이 죽자 지옥문 열려"」, 『오마이뉴스』, 2015년 9월 8일.

학교를 그만둘 수도 있다고 생각하라

학생 간 폭력의 특수성은 학교를 졸업하면 끝난다는 것이다. 어떤 학교에서 일진이었던 사람이나, 빵 셔틀을 돌던 사람이나 졸업하면 더 이상 그런 행위를 하지 않는다.……직장에서 직장 상사가 괴롭히면 '죽어야지'라고 생각하는 게 아니라 직장을 옮긴다. 그런데, 학생들은 학교를 그만둘 생각을 못하고 버티다, 버티다 죽는다.[6]

교사이자 청소년인권운동가인 진냥의 말이다. 이 말처럼 상황이 여의치 않을 때에는 학교를 그만두면 일단 악순환의 고리를 끊을 수는 있다. 그러나 대부분의 부모들은 '학교를 그만두게 할 수도 있다'는 생각 자체를 하지 않는다. '학교를 그만두게 하는 것 = 자식의 미래를 망치는 일'이라는 도식이 너무 머릿속 깊이 뿌리박혀 있기 때문이다. 많은 부모가 '자식의 미래를 망칠 수는 없다'는 생각하에 자식을 학교 폭력에 방치함으로써 결국 자식을 망친다. 부모가 학교를 절대적으로 여기면, 그 영향을 많이 받는 자녀는 학교를 그만둘 수 있다는 생각을 더더욱 하지 못한다.

학교를 그만둘 수 있다는 생각을 하지 못하는 학생은 두 부류가 있다. 하나는 모범생. 모범생은 말 그대로 학교의 관료적 시스템에 잘 적응한 학생이다. 선생님이나 부모의 말을 거역하는 법이 없다. '가만히 있으라'고 하면 가만히 있는 스타일이다. 그런 학생은 학교

---

6   이명선 · 이대희, 「"2주에 한번씩 자살…학교는 폭력의 숙주"」, 「프레시안」, 2012년 6월 19일.

폭력에 노출되어도 학교를 떠날 수 있다는 생각을 잘 하지 못한다. 또 한 부류는 소외계층의 학생이다. 의식이 있고 학력이 높은 부모들은 학교 교육을 상대화할 수 있다. 그러나 졸업장이라도 있어야 먹고살 수 있다는 생각을 갖고 있는 소외계층은 학교 교육을 더 절대화한다.[7]

부모들은 '학교 폭력이 다소 심하다 해도 졸업할 때까지만 참으면 되지 않을까?' 하고 생각할 수도 있다. 이런 예를 보자. 경수(가명 · 19)는 중학교 2학년 때부터 학교 폭력 피해를 입었다. "애들이 천 원을 빌려달라고 해서 빌려줬는데 천 원이 만 원이 되고 십만 원이 되고……." 어느 날 아이들은 100만 원을 가져오라고 했다. 경수는 선생님에게 알렸다. 선생님은 아이들을 불러 때렸다. 그날 아이들은 경수를 불러 때렸다. 고등학교 갈 때까지만 꾹 참자고 생각했다. 그러나 고등학생이 되는 날, 경수는 절망했다. 가해학생들과 같은 학교를 배정받은 것이다. 경수는 결국 자퇴서를 냈다.[8]

이런 상황에 맞닥뜨린 아이들의 공포는 상상을 초월한다. 경수도 자퇴하지 않았으면 어떤 극단적인 상황에 몰렸을지 모른다. 아이들의 고통을 실감하기 위해 하나의 예를 더 보자. 서울 강남의 중산층 가정에서 자란 '세희'라는 여중생의 이야기다.[9] 세희는 초등학교 때

---

7 이명선 · 성현석, 「"'일진' 솎아내면 학교폭력 해결?…아무도 안 믿는 거짓말"」, 『프레시안』, 2012년 4월 24일.

8 김정남, 「떠난 이유 달라도…모두 '학교 부적응자'」, 『노컷뉴스』, 2014년 11월 24일.

9 이혜리, 「강남 학교 폭력은 왜 아무도 몰라야 합니까」, 『경향신문』, 2015년 10월 2일. 다음에 서술한 세희에 대한 사건은 이 기사를 요약한 것이다.

만 해도, 반 부회장에 뽑힐 정도로 성격이 활달한 아이였다. 그러나 중학교 입학 3개월 만에 상황이 바뀌었다. 친구였던 예진이(가명)와 사소한 다툼이 있은 뒤였다. 예진이가 페이스북에 글을 올렸다. "나만 나쁜 애 만드네. 애들 거의 대부분 너 좋아하는 건 아니니까 좀 조심하고 살아. 이 글 보고 찔리는 사람 있을 거다." 아이들은 그 글에 '좋아요'를 눌렀다.

그러던 어느 날 세희는 영문도 모른 채 갑자기 단체 카카오톡방에 초대되었다. 자신들을 '선배'라고 지칭한 5명의 아이들은 세희에게 욕설을 했다. "니 같은 새끼는 밟혀야 돼. 한번 확 밟아줘야 정신을 차리고 안 깝치지.""니 같은 애들 아무도 안 받아줘. 사회에서도, 학교에서도, 사람들 사이에서도. 니가 개 같은 성격 참고 있었다면 우리가 니×한테 이럴 이유가 없잖아.""니 신상 다 털렸어.""어디서 쓰레기 같은 ×이 이 세상에 굴러 들어와서 이 세상 물을 흐리냐." 카카오톡에서 세희는 남의 남자친구를 빼앗은 '꽃뱀'이 되어 있었다. 2시간 동안 600개가 넘는 메시지가 오갔다.

그 후로는 학교에 가도 세희 곁으로 아무도 오지 않았다. 육체적 폭행도 비일비재했다. 세희는 계란에 밀가루 세례까지 받기도 하고, 학교 쓰레기장에서 의자로도 맞았다. 점점 공포에 질린 세희는 학교를 못 가게 되었다. 집 근처에 산책을 나갔다가도 교복을 입은 아이들이 보이면 이내 엄마 뒤에 숨거나 다른 길로 돌아갔다. 결국 부모는 세희를 강화도의 중학교로 전학시켰다. 전교생이 50명 정도밖에 안 되는 시골 학교였다. 모두가 서로의 얼굴을 알고 이름을 불렀다. 말 그대로 '관계'의 회복이었다. 스마트폰과 페이스북, 카카오톡이 없는 그 학교에서 세희는 괴롭힘당했던 기억도 잊을 수 있었다.

그러나 전에 다니던 중학교 근처 고등학교로 진학하면서 공포가 다시 세희를 엄습했다. 첫 등교 날 아빠와 함께 교문 앞까지 갔던 세희는 눈물을 쏟으며 집으로 되돌아왔다. 그즈음 세희는 친구 하영이(가명)에게 휴대전화 메시지를 보냈다. "고민이 많다. 아빠 차 타고 교문 앞에 딱 차를 세웠는데 교복 입은 여자애들 보니까 막 무섭고 눈물이 펑펑 나고 그러더라고. 그래서 아빠 옆에서 한참을 울다가 아빠가 그냥 집으로 다시 데려왔어. 학교 갈 엄두가 안 나더라. (이 근처) 학교 가려니까 다시 생각나. 잊은 게 아니었어. 잠깐 묻힌 거지."

"분위기 괜찮았느냐"는 하영이의 말에 세희는 "끼리끼리 진짜 심해. 완전 교실이 여기저기에 덩어리로 모여 있어", "인간들은 다 쓰레기야. 이 동네에 있는 학교는 서로 다 이어져 있지. 어딜 가든 붙잡혀"라고 했다. 한번은 세희가 그날 학교에서 겪은 일을 엄마에게 털어놓은 적이 있었다. 친구들이 모여 앉아 자기 욕을 하고, "같잖은 게 친한 척한다. 재수 없다"고 했다 한다. 친구들에게 무시당하는 아이가 안타까워 도와줬는데 그 아이는 되레 "네가 왜 날 신경 쓰느냐"고 말했다는 것이다. 그러면서 세희가 말했다. "내가 잘못한 게 없는데 항상 내가 미안하다고 먼저 그러는 게 너무 속상해."

실제로 그랬다. 세희가 아이들한테 가장 많이 한 말은 "미안해"였다. "내가 마음대로 말 걸고 그랬던 거 불편했다면 미안해." "내가 너희랑 같이 다니는 거 애들한테 다 까이고 만만한 게 너희밖에 없으니까 온 거 아니냐고. 그렇게 생각할 수도 있겠다 싶었어. 미안해." "혹시 내가 실수했거나 기분 나쁘게 한 게 있었다면 미안해."

가족이 모처럼 외식한 날, 세희는 가족들에게 "자퇴하겠다"고 했다. 이야기 막바지에 세희 아빠가 물었다. "내일은 학교에 갈 거니?" 세희는 아무 대답이 없었다. 집으로 돌아온 세희는 음악을 듣고 싶다며 언니에게 이어폰을 빌려 옥상으로 올라갔고, 그렇게 옥상에서 몸을 던졌다.

세희의 예에서 보듯 학교 폭력으로 인한 트라우마는 몇 년 전학 간다고 해결될 문제가 아니다. 그것은 언제든 다시 타오를 수 있는 잠재적 불씨다. 세희의 죽음으로 가장 마음이 아픈 사람은 그 부모일 것이다. 그러나 세희의 고통을 좀 더 깊이 들여다보고 학교를 그만두게 했다면 어땠을까, 하는 아쉬움이 있는 것도 사실이다. 학교가 아무리 중요하다 해도 자녀의 목숨보다 중요하겠는가. 흔히 자녀에 대한 부모의 관심과 사랑이 중요하다고 말한다. 그러나 관심과 사랑이 어지간히 있어도 부모에게 인권에 대한 섬세한 감수성이 결여되어 있으면, 학교 폭력을 당하는 자녀의 고통을 깊이 이해하고 함께 해결해나가기 힘들다.

학교,
사회 폭력의 기원

우리는 모두 한때 수인囚人이었다

학교는 폭력적이다. 학교에서 벌어지는 물리적 폭력도 문제지만, 입시교육 자체가 폭력적이다. 청소년은 평균 9시간은 자야 한다. 그래야 건강에 좋다. 그런데 학교에서는 하루 8시간 이상 사람을 가두고 강제로 수업을 받게 한다. 게다가 야간자율학습도 시킨다. 야간자율학습이 끝나면 학원에 가서 또 공부해야 한다.

세계보건기구WHO 산하 국제암연구소IARC는 2007년 '야간노동'을 2급 발암물질로 규정했다. 오로지 시험을 보기 위한 공부, 자율성에 기반하지 않은 공부는 공부가 아니라 노동에 가깝다. 이런 점을 감안하면 밤 11시, 12시 심지어 새벽까지 이어지는 공부는 암을 유발하는 강제노동이다. 장시간 노동은 우울증과 자살도 유발한다. 우리나라 청소년의 높은 자살률도 낮은 성적에 대한 비관이 아닌, 장시

간의 공부 때문인지 모른다.[1]

거의 모든 사람이 학교를 다녔고, 그렇게 해서 성인이 된다. 그런 점에서 우리는 모두 폭력의 산물이다. 우리는 어릴 때부터 받아온 교육을 통해 폭력과 인권침해에 둔감한 사람으로 완성되었다. 군대에 간 사람들이 폭력에 둔감해지지 않으면 버티기 힘들 듯이, 학생들 역시 폭력과 인권침해에 둔감해지지 않으면 학교를 온전히 다니기 힘들다. 폭력과 인권침해에 적응하거나, 외면하거나, 자포자기하는 것이 생존방법이다.

학교에서 일상적으로 일어나는 폭력과 인권침해는 정상적으로 여겨진다. '비정상의 정상화'다. 비정상적인 것을 정상적인 것으로 만든다는 의미가 아니라, 비정상적인 것이 정상적인 것으로 취급되고 있다는 의미다. 비정상적인 것이 정상적인 것으로 취급되는 가장 큰 이유는 그것이 너무나 일상적으로 일어나는 일이고, '모두가 겪는다'는 점이다. 그러나 모두가 겪는다고 해서 부당한 것이 정당한 것이 될 수는 없다. 모두가 겪는 악은 거악巨惡일 뿐이다.

도정일은 한 인터뷰에서 이런 말을 했다. "교육의 구조가 폭력성을 띠었을 때는 반드시 폭력적 성향의 아이들을 길러내게 됩니다. 그 폭력이 학교 다닐 때 터져 나오지 않는다 하더라도 그 이후까지 봐야 되거든요. 사회에 나가서도 언제든 터질 수 있는 겁니다."[2] 청

---

1 우리나라 사람들이 세계 최장 노동시간을 곧잘 감내하는 것도, 어릴 때부터 장시간 학습노동에 익숙해진 탓인지 모른다. 중·고교 시절 내내 만성적 야간학습에 시달린 청소년들이 성인이 되어서 '저녁이 있는 삶'을 빼앗긴 노동을 잘 받아들이는 것은 아닌지 의심해보아야 한다.

2 신동호, 「인문학 르네상스의 중심 도정일 경희대 후마니타스칼리지 대학장」, 『주간경향』 963호 (2012년 2월 21일).

소년기에 뒤틀려버린 인성, 인격, 가치관은 사회인이 된 후로도 삶에 영향을 미친다. 학교는 우리 사회가 왜 이렇게 폭력적인지를 설명해준다. 학교는 폭력의 기원이다.

성원권 없는 학교의 주인

2009년 경기도 학생인권조례 제정을 위한 공청회 때 나온 어느 학생의 증언이다. 한 교사가 수업시간에 '천부인권설天賦人權說, Theory of Natural Rights'을 누가 주장했느냐고 물었다. 답은 '존 로크'였다. 교사는 그 질문에 올바른 답을 말하지 못한 학생들을 매질했다. 이것이 교육 현장의 실태다. 학교에서 '인권'에 대한 지식을 가르치기는 하지만, 그것은 시험을 보기 위한 암기사항일 따름이다. '민주주의'도 마찬가지다. 민주주의에 대한 내용이 교과서에 나오기는 하지만, 대부분은 헌법이 보장한 권리를 단순 나열한 채 '빈칸 채워 넣기' 등의 문제로 단원을 끝맺는다. 실생활에서 자기 권리를 보호받지 못할 때 어떻게 요구해야 하는지를 가르치지 않는다.

학교는 민주주의를 가르치는 것이 아니라 반민주적 의식을 습득시키고 체화시킨다. 민주적 의식이 발달하기 위해서는 '나는 내 삶의 주인이며, 내가 속한 조직의 주인'이라는 의식이 있어야 한다. 이러한 주인 의식은 자신이 속한 조직의 문제에 대해 발언할 수 있고 참여할 수 있을 때 생긴다. 그러나 청소년에게는 발언권과 결정권이 없다. 학교에서 지켜야 할 규칙, 공부하는 방식, 복장, 야간자율학습, 학생 평가 방법 등 모든 것은 교육부와 학교와 학부모들이 정한다. 청소년들의 생각은 늘 어른들이 대변할 수 있고, 충실하게 대변하고

있다고 가정한다.[3]

학교에서 학생들은 반장을 뽑고 학급회의도 한다. 그러나 이는 요식행위에 불과하다. 중요한 것은 학생들의 의견이 아니라 교사의 의견인 경우가 많다. 예를 들어 학급회의에서 반장이 학생들에게 손들고 말하게 하다 보면, 갑자기 담임이 개입해 정리하는 식으로 끝내버린다. 그나마 여기서도 발언권을 얻는 학생들은 성적이 좋은 아이들이다. 모든 것이 입시로 이어지는 학교에서 성적은 '목소리 낼 자격'을 의미한다. 이런 상황에서 '인간은 누구나 존엄하다'는 민주주의 교육은 위태로울 수밖에 없다.

학생들은 학교의 주된 구성원이지만, 정작 그들에게는 '성원권成員權, membership'이 없다. 성원권이 없다는 것은 '사람으로 취급되지 않는다'는 말이다. 학생들은 늘 무시당하고, 어떤 신호를 보내도 화답을 받지 못하며, 때로는 없는 사람 취급을 당한다. 자신의 운명을 스스로 개척할 기회와 권리도 갖지 못한다. 학생들의 말이다.

"선생님, 다른 건 몰라도 교육감 선거만큼은 우리 학생들도 참여하도록 보장해줘야 하는 것 아닌가요? 우리 학교생활에 직접적인 영향을 주는 교육감을 왜 어른들이 선택하느냐고요. 어쩌면 그들은 제3자인 거잖아요."

"하루 중 거의 3분의 2를 학교에서 보내는 우리들의 생사여탈권을

---

3 학생들이 발언할 기회가 좀처럼 주어지지 않는 까닭에 그들은 자신의 생각과 감정을 표현할 말도 잘 발견하지 못한다. 화나건 슬프건 충동이 생기건 아프건 "짜증나요"라고 말하는 아이들을 생각해보라.

기성세대가 틀어쥐고 있는 셈이잖아요. 아이들은 어른들이 주면 주는 대로, 시키면 시키는 대로 해야 하는 존재라는 이야기인데, 그럼 교육감 선거가 얼마 전 '세월호'하고 대체 뭐가 다른 거죠?"

"저희 엄마는요, 시장에 출마한 후보 빼고는 아무도 모른다고 말씀하셨어요. 시와 구의원 후보의 이름은커녕 둘을 구분조차 못하시더군요. 적어도 저는 누가 교육감에 출마했는지는 알고 있었는데, 엄마는 그조차 무관심했어요. 물론, 그런데도 투표는 동이 트자마자 서둘러 하셨어요. 저희 엄마만 그랬을까요? 솔직히 그런 투표 참여가 무슨 의미가 있을까 싶더라고요."[4]

국무총리실 산하 한국청소년정책연구원이 1998년 10월 개정 선포한 '청소년헌장'은 이렇게 시작한다. "청소년은 자기 삶의 주인이다. 청소년은 인격체로서 존중을 받을 권리와 시민으로서 미래를 열어 갈 권리를 가진다. 청소년은 스스로 생각하고 선택하며 활동하는 삶의 주체로서 자율과 참여의 기회를 누린다. 청소년은 생명의 가치를 존중하며 정의로운 공동체의 성원으로 책임 있는 삶을 살아간다. 가정, 학교, 사회, 그리고 국가는 위의 정신에 따라 청소년의 인간다운 삶을 보장하고 청소년 스스로 행복을 가꾸며 살아갈 수 있도록 여건과 환경을 조성한다."

이 말은 반대로 하면 현실에 딱 맞는다. "청소년은 자기 삶의 주인이 아니다. 청소년은 인격체로서 존중받을 권리와 시민으로서의 권

---

4   서부원, 「"박근혜의 고통을 아니?" 이 말에 고등학생 반응이…」, 『오마이뉴스』, 2014년 6월 9일.

리를 갖고 있지 않다. 청소년은 스스로 생각하고 선택하고 활동할 기회를 얻지 못하며 타율과 통제의 대상이 된다. 그에 따라 청소년들은 무책임한 삶을 살아간다. 가정, 학교, 사회, 그리고 국가는 청소년의 비인간적인 삶을 보장한다." 어떤가? 이것이 더 진실에 가깝지 않은가?

청소년에게 시민권을!

청소년헌장에는 묘한 표현이 하나 있다. 청소년은 "시민으로서 미래를 열어 갈 권리를 가진다"는 표현이다. 이 말은 청소년이 시민이라는 이야기일까, 아니라는 이야기일까? 이 문구는 '청소년은 현재 시민이며, 그 시민이 미래를 열어갈 권리를 가진다'는 말로 읽히기도 하고, '미래를 열어갈 권리를 가진 예비 시민', 즉 아직 시민이 아니라는 말로 읽히기도 한다. 청소년을 시민이라고 하기도 힘들고, 아니라고 하기도 힘들어서 일부러 모호한 표현을 쓴 것 같기도 하다. 그러나 청소년들이 처한 상황은 둘 다 아니다. 시민으로 인정받는 것도 아니요, 예비 시민으로서 적극적으로 교육되는 것도 아니다. 시민교육에 관한 한, 청소년은 그냥 방치되고 있다.

청소년이 시민으로서 대우받지 못하고 있다는 증거는 박근혜-최순실 게이트를 규탄하는 촛불집회에서도 볼 수 있었다. 당시 촛불집회에 참여한 청소년들은 어른들에게서 '어른들이 미안해', '대견하다', '기특하다'는 소리를 들었다. 혹은 '여기 학생들도 있으니 폭력시위는 안 된다'는 말을 들었다. 물론 선의에서 한 말이다. 그러나 이런 말은 청소년을 연대의 대상인 시민으로 생각하지 않는다는 것을 드러낸다. '어른들이 미안해', '대견하다', '기특하다'는 말은 청소년을 하등한 존재로 간주하는 것이다. '여기 학생들도 있으니 폭력 시위는 안 된다'는 말 역시 청소년을 동등한 연대의 대상이 아니라 보호의 대상으로 간주하는 말이다.

프랑스 영화감독 로랑 캉테Laurent Cantet의 〈클래스〉라는 영화가 있다. 프랑스 교육을 다룬 이 영화에 학생의 성적을 매기는 과정이 나온다. 여러 과목 교사들이 모여 성적을 매기는데, 놀라운 사실은 학생이 평가위원으로 참석해 있다는 것이다. 영화에서 교사들이 "이 학생은 수학 점수를 'B'를 줘야겠다"고 하자, 평가위원 학생이 "그 친구 굉장히 열심히 공부했다"며 자기가 보기에는 "'A0' 정도 받을 자격이 있다"고 말한다. 수학 점수만 보면 B일 수 있지만, 노력의 정도로 보았을 때 A0를 받을 만큼 노력했다는 것이다. 이런 장면은 우리나라에서는 상상할 수 없다. 성적을 매기는 것은 교사의 고유 권한으로 여기기 때문이다.[5]

학교에서 학생들이 성원권을 갖지 못하는 것은 사회에서 청소년이 시민권을 갖지 못하는 것의 연장선이다. 청소년에 대한 모든 정부 정책은 청소년을 부모가 부양하는 것을 전제로 한다(청소년이 부모에게 경제적으로 의존해야만 살 수 있도록 되어 있는 조건 역시 청소년 통제 정책과 결부되어 있다). 그러나 청소년은 부모에게서 일찍 독립해 살 수도 있고, 편모·편부·계모·계부와 살 수도 있으며, 친구들과 살 수도

---

5 이명선·이대희, 「"2주에 한 번씩 자살…학교는 폭력의 숙주"」, 『프레시안』, 2012년 6월 19일. 나는 청소년에게 투표권을 주지 않는 이유가 그들이 미성숙해서가 아니라, '아직 노예 의식이 자리 잡을 만큼 충분히 교육받지 않았기 때문'이라고 의심한다.

있고, 할아버지나 할머니와 살 수도 있다. 혹은 부모가 있어도 제대로 된 보살핌을 못 받을 수도 있고, 중국집이나 주유소에서 일하며 생활할 수도 있으며, 가계를 책임지는 '소년소녀 가장'으로 살 수도 있다. 그러나 국가는 이 모든 경우의 수를 무시한다.

청소년에게 시민권이 없다는 것은 경제 영역에서 노골적으로 드러난다. 정부는 청소년의 노동을 '용돈 벌이'로 치부하고, 성인의 '부분 임금'을 받는 것을 방치한다. 사실상 청소년에 대한 경제적 착취를 용인하는 것이다. 노동 현장에서 폭력, 폭언, 성추행, 임금 체불, 수당 없는 야간 근무, 근로계약서 미작성 등 부당한 일을 당해도 청소년 고용법과 공권력에 의한 최소한의 보호조차 받지 못하는 경우가 많다. 청소년은 이런 문제에 시달리지 않는 제대로 된 직장을 구하기 힘들다.

사회생활을 하는 청소년은 복지제도의 혜택을 받을 수 없다. 청소년은 실업중이라도 실업수당을 청구할 수 없다. 은행에서 돈을 빌릴 수도 없으며, 살 집을 자기 이름으로 계약할 수도 없다. 또한 노조와 정당에 가입할 수 없고, 집회·결사의 자유도 누릴 수 없다. 어떤 이유로든 가정을 벗어난 청소년은 동시에 국가와 사회에서 버려지는 신세가 된다. 그들은 정상적인 독립생활을 하지 못하고, 실업과 불완전고용을 반복할 수밖에 없다. 미래에 대한 불안은 청소년의 정신 건강을 심각하게 훼손할 뿐 아니라, 그들이 범죄와 일탈에 쉽게 빠지게 만든다. 이런 측면을 고려하면 청소년의 범죄와 일탈은 정부가 조장하는 것이나 다름없다.

학생 인권과 교사의 시민권

교사들 역시 시민권의 일부를 빼앗긴다. 교사들은 정당이나 정치 단체에 가입하는 것, 그 결성에 관여하는 것, 선거에서 특정 정당이나 특정인을 지지·반대하는 행위를 할 수 없다. 노조를 설립할 수는 있지만, 그 노조 역시 일체의 정치활동이 금지된다. 교사는 학생을 가르치는 사람이기 때문에 정치적 편향을 가져서도, 그것을 학생들에게 전달해서도 안 된다는 것이다. 교사는 교사이기 이전에 시민이다. 모든 시민은 헌법이 보장한 정치 기본권을 누릴 수 있어야 한다. 그러나 현실은 어린 학생들에게 부정적 영향을 미칠 수 있다는 이유로 교사의 정치 기본권을 제한한다. 이것은 국가의 학생 통제가 일선 책임자인 교사에게까지 영향을 미치고 있음을 보여준다.

본래 교사에게 요구되는 '정치적 중립'은 의무가 아니라 헌법이 보장하는 '권리' 개념이다. 우리나라 헌법 제31조 4항에는 "교육의 자주성·전문성·정치적 중립성 및 대학의 자율성은 법률이 정하는 바에 의하여 보장된다"라고 되어 있다. 교육의 정치적 중립을 헌법에서 보장해야 했던 이유는 무엇일까? 바로 독재정권 때문이었다. 우리나라는 오랫동안 군사독재에 시달렸다. 독재정권은 교육을 정권의 이데올로기 선전장으로 여겼고, 교사들에게 정권의 나팔수 노릇을 강요했다. 그래서 교육에 대한 권력의 부당한 간섭을 방지하기 위해 헌법이 정치적 중립을 보장하게 된 것이다.

그런데 이명박 정부 이후 보수 정권이 들어서면서 교육의 정치적 중립을 '의무사항'으로 해석하기 시작했다. 일부 교사가 '정치적 중립을 지키지 않았다'며 처벌받은 것이다. 예를 들어 2010년에 '6월

민주항쟁의 소중한 가치가 더 이상 짓밟혀서는 안 된다'고 전교조 교사들이 시국선언을 했다가 교육부에 의해 '정치적 중립의 의무 위반' 혐의로 고발당하고, 2014년 '세월호 특별법 제정 관련 공동수업 및 1인 시위' 역시 '정치적 중립을 훼손'했다며 교사들이 징계를 받았다.[6]

이런 처벌은 형평성에도 어긋난다. 똑같은 교원이지만 대학 교수는 아무런 제지를 받지 않고, 매우 적극적으로 정치적 자유를 누리기 때문이다. 우리는 교수들이 신문이나 방송을 통해서 정치적 발언을 마음껏 쏟아내는 것을 본다. 또한 교수들은 총선이나 지방자치단체 선거에 출마하기도 하고, 장관 같은 고위 관료에 임명되기도 한다. 심지어 교수직을 '휴직'하고 총선에 출마하거나 정부 고위직에 앉았다가, 낙선하거나 임기가 끝나면 다시 대학으로 돌아갈 수도 있다. 총선이나 대선에 출마하려면 90일 전에 교사직을 그만두어야 하는 교사에 비하면, 엄청난 특혜가 아닐 수 없다.[7]

교사들은 노동권도 약탈당한다. 고교 담임교사의 경우, 정규 근무 시간 외에도 저녁 10시나 11시까지 야간자율학습을 감독해야 한다. 기숙사가 있는 학교에서는 자정을 넘기기도 한다. 근로기준법에 명시된 근로시간 위반이다. 교사도 가정에 돌아가면 누군가의 부모이고 아내이고 남편이다. 당연히 생활인으로서 삶이 있어야 한다. 이

---

6 이러한 법 해석은 명백한 오류지만, '정치적 중립'이라는 모호한 표현도 문제가 있다. '정치적 간섭을 받지 않을 권리' 같은 명확하고 구체적인 표현이면 좋았을 것이다. '정치적 중립'이라는 표현은 나중에 논란이 될 것을 알면서도 쓴, 미필적 고의라는 의심을 거둘 수 없다.

7 이것이 '폴리페서(politics와 professor의 합성어)'라는 말이 생겨나는 이유다. 반면 '폴리처(politics와 teacher의 합성어)'라는 말은 생겨날 수가 없다.

러한 장시간 노동은 교사의 행복추구권을 훼손한다. 교사는 초과근무수당도 제대로 못 받는다. 일반 노동자는 초과근무 시 1.5배의 수당을 별도로 받게 되어 있다. 그러나 교사의 초과근무수당은 호봉에 따라 시간당 8,000원에서 1만 1,000원 정도밖에 안 된다. 그것마저도 1일 4시간까지만 적용되어 그 이상의 노동에 대해서는 수당을 받지 못하고 있다.[8]

교사는 나름 사회에서 인정받는 직업이다. 그런데도 자신의 행복추구권과 노동권이 훼손되는 상황에 노출된다. 학생에 대한 인권침해가 교사의 권리 침해로 이전되기 때문이다. 다시 말하지만, 학생의 권리와 교사의 권리는 서로 동떨어져 있는 것이 아니다.

교사에게 교육의 자유를!

교사들은 일선에서 학생들을 가르치고 관리한다. 교육 시스템의 문제와 부담을 최종적으로 넘겨받는 이도 교사다. 어떤 사고가 생기면 일선 교사에게 모든 책임을 떠넘기고, 학교 당국과 교육부는 빠져나가는 경우도 부지기수다. 전체 교육 시스템에서 보면, 교사는 결코 수혜자가 아니다. 가르치는 일과 관련해서도 교사는 자기 권리를 누리지 못한다. 가르치는 내용과 형식을 스스로 결정할 수 없다는 점에서 지금의 교사는 허수아비 스승이다.

교육 시스템은 궁극적으로 교사 한 사람 한 사람이 독립성과 자율성을 갖고, 자신이 가르칠 내용과 형식을 스스로 정하며, 정치적 신

---

8 김행수, 「'야자 폐지', 전 이 공약에 투표하겠습니다」, 『오마이뉴스』, 2016년 3월 19일.

념을 포함해 자기 생각을 자유롭게 학생들에게 전달하도록 변해야한다. 정치적 자유를 마음껏 누리는 사람만이 '민주시민'을 양성할수 있다. 교사도 한 사람의 지식인이다. 지식인이어야 한다. 지식인이 일정한 정치적 신념과 입장을 갖지 않는 경우가 있는가? 일정한정치적 신념과 입장이 없다면, 그런 사람을 지식인이라고 할 수 있는가? 그럼에도 정부는 '교육의 정치적 중립' 운운하며 교권을 침해한다.

'그러면 교사가 판단 능력이 미숙한 청소년들에게 편향된 정치적사고를 일방적으로 주입해도 좋단 말인가?' 하고 반문하는 사람들이 있을 것이다. 국가가 교육을 통해 편향된 정치적 사고를 주입하는 것과, 교사가 자기 생각을 전달하는 것 중 무엇이 더 나쁜가? 당연히 전자가 훨씬 더 나쁘다. 일방적 정치 영향력 측면에서 국가와교사 개인은 비교가 안 된다. 그리고 설사 교사가 어떤 정치적 견해를 표명한다고 해서, 학생들이 그것을 무비판적으로 받아들이는 것도 아니다.

앞의 반문은 '편향된 정치적 사고'를 나쁜 것으로 전제한다. 그러나 정치적 편향 그 자체가 나쁜 것은 아니다. 모든 정치적 사고는 편향성을 갖는다. 학생들이 편향된 정치적 사고를 갖는 것은 오히려그들 나름의 정치적 입장과 신념을 갖추어가는 것으로 보아야 한다.사실 앞의 반문은 강제 교육 시스템을 전제로 한 것이다. 그 시스템에서 학생은 좋든 싫든 교실에 앉아, 국가의 통제를 받는 교사가 가르치는 것을 받아들여야 한다. 만약 국가의 통제에서 벗어나 독립적이고 자율적인 교육 프로그램이 다수 생긴다면, 그 토대 위에서 학생이 교육의 주체가 되어 자율적으로 자신이 배우고 싶은 것과 배우고 싶은 교사를 찾아가는 시스템이라면, 이런 반문이 나올 수 없다. 학생들은 다수의 교사에게서 다양한 생각을 접하고, 그 과정에서 무엇이 옳고 그른지 판단할 수 있을 것이다.

궁극적으로는 국가 교육을 혁파해야 하지만 현실적으로 그것이 어렵다면, 우선 독일의 '보이텔스바흐 협약' 같은 사회적 합의라도 이루어지면 좋겠다. 이 협약은 1976년, 독일 좌우 진영의 학자들과 각 단위 정치교육 주체들이 독일의 작은 마을인 보이텔스바흐에 모여 세 가지 정치교육의 원칙에 합의한 것이다. 그 원칙은 이렇다. 첫째, 정치교육에서 교화敎化 및 주입식 교육을 금지한다. 둘째, 논쟁이 되는 사안은 논쟁 중인 것 그대로 소개한다. 즉, 주요 쟁점과 반대 의견을 모두 소개해 의견 차이 자체를 수용하는 태도를 갖추게 한다. 셋째, 당면한 정치 상황과 자신의 입장을 분석한 뒤 자율적으로 결론을 도출할 수 있는 능력을 키운다. 그리고 기존 정치 상황을 자신의 이해관계에 부응하도록 변화시키는 능력을 키운다.[9]

이런 시스템만 갖추어도 한편으로는 정치를 은폐하고 학생들을 비정치적으로 만들면서, 다른 한편으로는 특정한 정치적 사고를 강요하는 지금의 폐해를 극복할 수 있을 것이다.

입시교육 철폐와 학교 민주화

사람은 자신이 속한 삶의 현장, 자기 주변의 일에 우선적으로 반

---

9 추교준, 「교육 현장에 '더 많은' '더 사소한' 민주주의를」, 「광주드림」, 2017년 2월 1일.

응하고, 그것을 통해 세상을 인식해나간다. 이는 만고불변의 법칙이다. 청소년에게 삶의 현장은 일차적으로 '학교'이다. 청소년들은 학교에서 절대적으로 많은 시간을 보낸다. 진정한 교육을 하려면, 이곳에서 일어나는 일이 교육의 최우선 주제가 되어야 한다. 예를 들어 학생 중 누가 자살을 했다면, 학교는 그를 추모하는 시간을 가져야 한다. 집단 괴롭힘이나 폭력 사건이 있었다면, 이를 토론의 주제로 삼을 수 있어야 한다. 게임에 중독된 학생들이 많다면 그 이유에 대해 생각해보아야 한다. 그 모든 것이 교육의 주제가 된다.

그러나 학교는 입시교육에 몰두하느라 그럴 겨를이 없다. 즉 입시교육을 철폐하지 않고서는 학생의 인권도, 학교 민주화도, 제대로 된 삶의 교육도 불가능하다는 것을 의미한다. 입시교육은 간단히 말해 '기득권을 향한 줄서기'다. 그 기능이 가장 크다는 것은 부인할 수 없는 사실이다. 만약 높은 성적이 기득권층 편입을 보장하지 않는다면, 당장이라도 입시 공부를 그만둘 학생과 학부모가 얼마나 많을 것인가! 입시교육 시스템을 철폐하지 않고서는 학교에서 발생하는 폭력과 인권침해를 막을 수도, 개선할 수도 없다. 설사 학교 폭력 가해자를 엄벌에 처한다고 해도, 입시교육 시스템을 그대로 두는 한 폭력과 인권침해는 끊임없이 재생산될 것이다. 입시교육을 하는 학교 자체가 폭력을 양산하는 폭력기구이기 때문이다.

입시교육을 철폐해야 한다. 그래야 그 토대 위에서 학교 민주화를 진행할 수 있다. 민주주의는 국민의 자기 통치 원리를 기반으로 한다. 학교 민주화도 마찬가지다. 민주적인 선거로 구성된 학생회가 실질적으로 학교 운영에 참여하고, 학생회를 통해서 학교 운영에 학생들의 의견을 적극 반영하는 것이 핵심이다. 학교 민주화가 이루어 지면 청소년에 대한 폭력과 인권침해는 자연스럽게 줄어들 것이다. 그러나 학교 민주화는 쉽지 않다. 그것은 '교육의 탈국가화'를 동반 하고, 국가는 어떤 형태로든 교육에 대한 통제권을 놓으려 하지 않 기 때문이다. 그래도 다른 길은 없다. 우리는 그 길을 가야 한다.

학교는 민주주의를 가르치지 않는다
ⓒ 박민영, 2017

초판 1쇄 2017년 8월 18일 펴냄
초판 2쇄 2018년 5월 30일 펴냄

지은이 | 박민영
펴낸이 | 강준우
기획·편집 | 박상문, 박효주, 김예진, 김환표
디자인 | 최원영
마케팅 | 이태준
관리 | 최수향
인쇄·제본 | 대정인쇄공사

펴낸곳 | 인물과사상사
출판등록 | 제17-204호 1998년 3월 11일

주소 | 121-839 서울시 마포구 서교동 392-4 삼양E&R빌딩 2층
전화 | 02-325-6364
팩스 | 02-474-1413

www.inmul.co.kr | insa@inmul.co.kr

ISBN 978-89-5906-453-3 03300

값 15,000원

이 도서의 국립중앙도서관 출판예정도서목록(CIP)은 서지정보유통지원시스템 홈페이지(http://seoji.nl.go.kr)와 국가자료공동목록시스템(http://www.nl.go.kr/kolisnet)에서 이용하실 수 있습니다. (CIP제어번호 : CIP2017018849)